AF316560

DE LA

SERVITUDE RÉELLE USAGÈRE

DANS LES FORÊTS.

par

GABRIEL THOMAS,

Avocat

Docteur en Droit, Licencié ès-Lettres

———— ⚬ ————

THÈSE POUR LE DOCTORAT

———— ⚬ ————

NANCY

Imprimerie de N. COLLIN, rue de Guise, 21.

—

1870.

1871

§1. — Des éléments d'origines diverses ont contribué à constituer par leur fusion la nation française : il en est de même
pour sa législation : deux grands courants, pour ainsi dire, deux
ordres d'institution, chacun avec son esprit et ses applications,
ont formé, par leur combinaison, l'ensemble de notre Droit
Français.

La Législation Romaine apportait principalement avec elle
la rigueur des principes généraux, et le caractère scientifique
de la *Loi*.

La Législation Germanique apportait surtout les institutions
d'utilité, qui reposent moins sur l'ordre du législateur que sur
la *Coutume*.

Cette différence, qui apparaissait clairement dans l'ancien
Droit, et qui n'a point encore disparu aujourd'hui, se retrouve
plus facilement encore dans le sujet que nous abordons.

Par le courant Gallo-Franc et féodal, nous remontons aux
sources historiques qui nous révèlent l'origine des Droits d'u-
sage, et l'état de la propriété aux premiers âges de notre histoire.

D'un autre côté, par l'étude des institutions Romaines, nous
rattachons les règles du droit actuel dans notre matière, aux
principes du Droit Romain, qui a tant contribué à coordonner
le nôtre.

Par le premier ordre de recherches, nous nous attachons
donc plus particulièrement au fond du Droit lui-même, à sa
raison d'être ; par le second, à la *Réglementation*.

Tous deux réunis viennent aboutir, en ce qui regarde les

Droits d'usage, au dernier état du Droit Ancien, d'où naît, à son tour, notre Droit Actuel.

§ 2. — Dans ses origines, cette institution se présente à l'état embryonnaire : l'histoire nous fournit peu de renseignements certains : mais nous aurons en même temps à examiner rapidement les points d'histoire ou de droit qui se rattachent à notre matière et l'expliquent. Par exemple, les forêts étant le plus important objet de ces droits, nous aurons à les considérer d'une manière générale, aux débuts de notre histoire, jusqu'au moment où notre sujet se dégage, où les documents législatifs qui le concernent, apparaissent.

Dès lors, nous n'aurons plus qu'à nous y attacher spécialement, pour suivre de plus près le développement progressif de la législation. Mais, peu à peu, l'institution s'élargit ; sous l'influence du Droit Romain, les principes généraux du Droit coordonnent notre matière.

Dans un si vaste sujet, il nous faudra faire un choix ; et, laissant, par exemple, de côté la Police des Droits d'usage, réglementée par le Code Forestier, et les autres sujets analogues, nous nous attacherons seulement au fond du Droit, dans notre législation actuelle ; nous étudierons ce qui regarde l'acquisition, la perte et la conservation des servitudes usagères, ce qui se rattache enfin plus directement au Droit civil.

Tel est l'ensemble de notre travail.

INTRODUCTION

§ 1. — Si nous cherchons l'explication première de la servitude usagère, nous la trouvons évidemment dans cette donnée bien simple, que l'homme est porté naturellement à user des ressources que la nature met à sa disposition.

Dans un état plus avancé de la civilisation, il devra s'arrêter en présence d'un droit nouveau, celui de la propriété à titre privatif, et recourir aux moyens plus compliqués sans doute, mais plus perfectionnés, que les développements de la loi et de l'industrie humaine lui présenteront, je veux dire aux transactions, ayant pour but définitif l'échange des différents produits du sol et du travail.

Or, les droits d'usage, et le droit d'usage forestier, par exemple, ne sont autre chose que les dernières traces de cet état primitif.

A cette donnée philosophique, correspond aussi une notion économique facile à saisir.

Aux temps où la propriété mobilière occupe un rang secondaire, le régime de la grande propriété implique le besoin, chez ceux qui n'y participent point : d'où la nécessité pour les propriétaires, de consentir à abaisser le prix des produits du sol qu'ils détiennent, dans l'intérêt même de la mise en exercice de cette valeur.

Nous en trouvons la preuve dans l'histoire du Droit de notre civilisation occidentale, et cette preuve se manifeste de deux manières différentes.

En Gaule et en Germanie, le point de départ fut l'idée de la communauté des terres, dans une certaine mesure, entre les membres de l'association. Or, la participation de tous aux fruits de la terre possédée en commun, se perpétua sous une autre forme au Moyen-Age, et, du moment où les terres furent tombées, à titre privatif et pour de grands espaces, dans le domaine des seigneurs féodaux, produisit les Droits d'usage, au profit des cultivateurs, qui exploitaient ces grandes étendues de terrain. Dans cette origine, il est facile de constater *le principe d'un Droit*.

A Rome, l'idée du communisme primitif fut effacée par l'organisation stricte et prompte de la cité Romaine, ou plutôt, cette idée n'exista pas, puisque Rome reçut, dès son principe, une organisation complète, et non pas formée par la seule logique de l'histoire. Dès lors, cette vérité économique se révéla dans la société Romaine par l'obligation où furent les grands propriétaires de consentir sur leurs vastes domaines des droits larges, s'approchant presque du droit de propriété, qui, sans eux, eût été stérile, c'est-à-dire par le Régime Vectigalien, d'où sortirent plus tard, d'une part, le droit d'Emphytéose, d'autre part, le droit de Superficie (1).

Etudier ces trois sortes de droits, ce qui, au point de vue que nous indiquons, répondrait à l'étude des droits d'usage dans notre législation, serait une trop vaste entreprise. Du reste, elle nous écarterait trop de l'unité juridique dans notre travail.

D'autre part, nous verrons, quant aux servitudes usagères, qu'elles eurent en Droit Romain, une importance relativement minime : ce caractère, et l'absence de documents, nous obligeront à nous écarter de la filiation historique. Nous aurons donc à rattacher, du moins par le lien juridique, les sujets

---

(1) Troplong, du Louage, T I. p. 138 et 160. — A. Rivière. Hist. des Biens Communaux en France, etc. p. 72 et 76.

traités en Droit Romain et en Droit Français. Or, ce lien réside dans la nature juridique des droits d'usage, qui constituent, comme nous le verrons, une véritable servitude réelle.

Cet aperçu historique nous montre comment il n'y eut point à Rome, lieu aux droits d'usage, puisque nous ne sommes plus en présence des mêmes origines. La même nécessité économique, dans une civilisation différente, engendra des institutions de droit également dissemblables. L'idée de ce droit, au contraire, résulte, dans les institutions Germaniques, des époques primitives, idée qui survécut toujours, du moins à l'état de fait, pour reparaître enfin, claire et dégagée.

Il nous reste, pour compléter ces notions générales, à déterminer le moment où parurent les premières notions législatives dans l'institution qui fait l'objet de notre étude.

Si nous nous bornions ici à rechercher uniquement ce qui concerne l'usage, nous ne trouverions point de documents législatifs avant le XIIe siècle. Mais nous pouvons rassembler, dans cette introduction, quelques données historiques générales, dont l'examen précède naturellement l'étude spéciale de notre sujet.

§ 2. — La réglementation des différents droits d'usage a pour but protéger deux ordres d'intérêts distincts: d'abord l'intérêt général attaché à la conservation de la chose qui produit les fruits sur lesquels s'exerce le droit : ensuite l'intérêt particulier du propriétaire du fonds. Tantôt ces deux intérêts coexistent, et peuvent alors, en fait, sinon au fond des choses, se confondre: tantôt l'un d'eux seulement se présente. Prenons ici, pour objet de nos recherches, le plus précieux de ces droits d'usage, celui qui exige surtout la protection de la loi, autant par son importance que par la facilité de l'abus, je veux dire l'usage forestier.

Dans les temps primitifs, alors que la propriété n'était point encore protégée par des réglements, l'intérêt de la conservation de la forêt dut seule inspirer le législateur ; et encore ce fait ne dut se présenter qu'au moment où l'abus des produits du sol en put faire pressentir la destruction. La loi, en effet, exprime le besoin de l'époque où elle paraît. Ce raisonnement se trouve confirmé par l'histoire.

Il est certain qu'au début des civilisations, l'homme usa des produits du sol sans ménagement, ne songeant pas plus à son intérêt propre qu'à celui de ses successeurs. En effet, dans le premier âge d'un peuple, alors que les hommes, à demi-nomades, se groupent en tribus pastorales, la propriété foncière individuelle ne saurait être connue : la terre ne manque à personne, l'industrie humaine ne peut ajouter de valeur aux forêts, aux pâturages, que la nature déroule elle-même devant l'homme. Une fois épuisé le canton dont il avait fait choix, l'homme se déplace pour en chercher un nouveau.

Mais une fois que le développement naturel de la civilisation étend les liens de l'association, et oblige l'homme à une installation sédentaire, alors, en un mot, qu'il *cultive*, il doit chercher à protéger la forêt, nécessairement limitée, puisqu'il ne se déplace plus, et restreinte, puisqu'il a transformé une partie du sol (1). C'est alors, en effet, que paraît, dans l'histoire, la protection légale du sol forestier.

Nous trouvons, par exemple, qu'au Ve siècle avant l'ère chrétienne, la législation des Perses s'occupait des forêts, et que, dès cette époque, elle avait établi des gardes forestiers, par conséquent un système de défense. En effet, lors du second départ des Israélites pour leur patrie, après la captivité de Babylone, la Bible nous présente Néhémias obtenant du roi Artaxercès-longue-main un édit qui autorisait la continuation des travaux à Jérusalem (2).

_____

(1) Nous pouvons en même temps comprendre ici comment l'indivision des terres et la propriété individuelle ont pu coexister, l'indivision se rapportant au sol non cultivé, la propriété individuelle, au sol cultivé ; distinction que nous trouvons dans la *marche Germaine*, et dont nous parlerons plus tard.

(2) Bible. Néhémias, ch. II, al. 8.

L'institution équivalente existait en Grèce. Arist. Polit. L. VI. Cap. ult.

A Rome, le premier signe de l'attention que provoquent les forêts, consiste en une mesure d'Ancus Martius, qui aurait réuni le premier, selon Suétone, les forêts au domaine public. Plus tard, les décemvirs s'occupent dans leurs lois, des forêts et des pâturages : « *De arboribus, de glande, et pecorum pastu* (1).

A la fin de la République, nous trouvons la trace d'une administration forestière, puisque César, selon Suétone, reçoit avec le titre de Consul, le Gouvernement des Forêts, *provincia ad sylvam et colles* (2).

Il nous importe aussi d'examiner le rôle du sol forestier, aux premiers âges des peuples de la Gaule et de la Germanie, puisque c'est dans ce milieu que les droits d'usage prendront naissance. Ici, le sentiment religieux et l'intérêt de la défense précédèrent la législation, pour protéger les immenses forêts qui couvraient ces contrées (3). C'est là que les Germains occupaient leurs loisirs par de grandes chasses (4) ; c'est dans ces asiles impénétrables qu'ils se retiraient après la défaite, pour se rallier et réparer leurs pertes (5).

Quand ils eurent peu à peu renoncé à leur vie errante, pour s'occuper davantage du défrichement, il leur resta néanmoins assez de forêts et de pâturages pour que leur diminution et les abus de l'exploitation n'excitassent point la sollicitude du

(1) « Fuit et arborum cura legibus priscis. — Cantumque est XII tabulis ut qui injuria cecidisset alienas arbores, lueret in singulis æris XXV. »
(Pline, Hist. nat. L. XVII.)

(2) « Ab optimatibus datam operam fuisse ut provinciæ futuris consulibus silvæ collesque decernerentur » Sueton. in Cæsar.

(3) Totam Germaniam silvæ replent. Pline, Hist. natur., L. XVI, § 2.
Terra, etsi aliquanto specie differt, in universum tamen aut silvis horrida, aut paludibus fœda. » Tacite, *De mor. Germ.* V.

(4) « Neque multum frumento, sed maximam partem lacte atque pecore vivunt, multumque sunt in venationibus, » dit César, en parlant des Suèves (Souabe actuelle) *De bello Gallico* IV, 1.

(5) « .... More suo concilio habito, nuncios in omnes partes dimississe, uti.... liberos, uxores suaque omnia in silvas deponerent, » dit César à propos des Germains. *De bello Gallico.* IV-19.

législateur. Aussi ne trouvons-nous de documents, sur ce point, qu'à une époque relativement avancée, et postérieure à l'invasion des barbares : je veux parler ici des lois germaniques, reproduites dans les antiques recueils législatifs qui remontent aux XIIe et XIIIe siècles, et retrouvés au commencement du nôtre, dans les provinces centrales et occidentales de l'Allemagne (1). Ces coutumes nous fournissent de précieux renseignements pour éclairer les origines des droits d'usage. En effet, les institutions auxquelles elles s'appliquent, et nos droits d'usage, ont une source commune, puisque c'est dans les lois barbares que nous trouvons ces derniers mentionnés pour la première fois : or, l'importation en Gaule des institutions germaniques les mit en présence du Droit Romain, qui exerça sur elles son influence. Mais les points de législation qui, pour le fond du droit, ne trouvent pas leur explication dans la loi romaine, et n'ont été que modifiés par elle, doivent évidemment trouver leur raison d'être et leur corrélatif dans les premiers monuments de la législation germanique, rameau détaché d'une souche unique.

Nous retrouvons chez les Gaulois la même utilité des forêts et la même vénération religieuse qu'elles inspiraient (2). Ils les ménageaient aussi dans un but politique. César nous apprend, par exemple, que les Druides et les prêtres gaulois se réunissaient dans le pays des Carnutes, contrée presque entièrement boisée. C'était enfin leur plus sûr refuge en temps de guerre : (3) « *Oppidum vocant... quum*

______

(1) Antiquités du Droit allemand, de Grimm. Weisthümer, 4 vol. Gœttingue. — Michelet, Origines du Droit Français, L. II, chap. 2, sect. 1.

(2) Ce fut du reste un culte général : « Hæc fuere numinum templa, priscoque ritu simplicia rura etiam nunc deo præcellentem arborem dicant. » (Pline Hist. nat. L. XII § 2.)

(3) « Quum... ipsi densiores silvas peterent,... etc. » César *De bello Gallico.* L. III § 29.

« Qui quum propter siccitatem paludum, quo se reciperent, non haberent, quo perfugio superiore anno fuerant usi... » et « Menapii se omnes in densissimas silvas abdiderant. » (César, id. L., IV § 38.)

silvas impeditas vallo atque fossa munierunt. » (1) Pour forcer un ennemi invisible et sans cesse renaissant, César était obligé de diviser ses troupes et de les lancer à travers des contrées et des marécages inextricables (2). Aussi l'un de ses moyens de combattre était-il le défrichement (3). Lucain nous retrace vivement les douleurs des Gaulois, qui voyaient disparaître avec ces vastes forêts leur religion et leur indépendance (4).

Mais telle était dans les Gaules l'étendue des terrains consacrés aux pâturages, aux marais et aux bois, que le travail de la civilisation ne fit d'abord qu'adoucir la température et assainir le climat. La culture, presque inconnue dans l'Ouest, le Centre et le Nord, pratiquée seulement par les populations voisines de l'Italie et des centres de civilisation, se propagea rapidement et augmenta les richesses de ce pays naturellement fertile. En même temps les forêts qui subsistaient toujours sur les montagnes et les collines conservaient à la contrée, les sources et leurs produits.

Aussi, ne trouvons-nous point de mesures générales, prises pour la conservation du sol forestier ou consacré à la pâture. Le besoin ne se fit point sentir, sous la domination romaine, de ménager les ressources de cette nature. Ce n'est donc point encore à cette époque que nous pouvons trouver des documents législatifs d'un intérêt véritablement général. Il y eut certainement moins de terrains boisés à la fin qu'aux premiers temps de la période Gallo-Romaine ; mais l'intérêt des propriétaires de *latifundia*, d'une

(1) César Comm. V. § 21 *De bello Gallico.* — « Continentes silvas ac paludes habebant, eo se suaque omnia contulerunt. » Comm. L. III, § 28.

(2) « Longius prosequi veritus, quod silvæ paludesque intercedebant, etc. » César, Id. V. § 52.

(3) « Omnibus arboribus longe lateque excisis. » Id. passim.

César donna souvent des ordres dans ce but, et notamment il dirigea lui-même la destruction d'un grand bois sacré qui existait près de Marseille.

(4) . . . . gemuere videntes.
  Gallorum populi

part, et, de l'autre, l'intérêt de l'agriculture, qui dépassait encore à ce moment l'utilité des forêts, explique suffisamment le silence du législateur. En effet, par suite de la conquête, les terres vacantes étaient nombreuses ; les tribus vaincues ou dispersées avaient été dépouillées ; le pays appartenait au vainqueur qui dut, pour le coloniser, et le transformer par la culture, faire de vastes concessions aux riches propriétaires romains. Ainsi la Gaule subit à cette époque le régime général de l'Empire, et, sauf bien des variétés, les lois uniformes de la propriété romaine, comme l'atteste l'histoire, furent appliquées au pays nouvellement conquis. L'absence d'intérêt explique donc jusque-là l'inexistence d'un système légal, protecteur des forêts et terrains de pâture.

D'un autre côté, comme le temps des grandes propriétés foncières, des *latifundia*, fut celui de l'esclavage et du colonat pour les populations agricoles, nous ne pouvons guère rencontrer de véritables droits, existant au profit de ces populations. Il y eut alors, comme probablement sur toute l'étendue du sol Romain, de simples concessions de fait, accordées par le propriétaire aux cultivateurs, dans l'intérêt même de l'exploitation.

A ce point de vue, la conquête germanique changea seulement les maîtres : le servage, à ses différents degrés, succéda au colonat et à l'esclavage : c'est donc pour un motif analogue, sinon exactement semblable, que nous ne rencontrerons point de véritables droits reconnus avant la révolution qui émancipa les Communes, et les rendit capables par là même, de contracter avec les seigneurs.

Ce ne fut point avant cette époque que parurent des réglements généraux organisant l'usage et prévenant l'abus : nous en trouvons d'ailleurs une autre explication dans ce fait également historique, que les misères de l'invasion et tous ces bouleversements successifs, étendirent de nouveau et démesurément, les terrains vagues, propres à la pâture, les marécages et les forêts. Il fallait que la société pût se réorganiser et s'asseoir définitivement, avant que le sol forestier, de nouveau défriché et restreint, exigeât de nouvelles mesures de protection.

Cet examen historique nous permet de constater l'apparition des droits d'usage, bien définis et dégagés, vers la fin du XIe et le commencement du XIIe siècle. Avant cette époque, nous trouvons dans les Lois Barbares, dans les Capitulaires, des dispositions se proposant un but analogue: mais, d'une part, ce sont des mesures éparses ne se rattachant point à un ensemble de droits théoriquement reconnaissables; d'autre part, ainsi que nous l'avons dit, nous ne pouvons encore rencontrer, vu l'état des campagnes, et sauf de rares exceptions, que de simples états de fait.

Cependant, comme ces premiers documents signalent en quelque sorte l'apparition des droits d'usage dans notre pays, ils sont trop intimement liés à la question de leur origine, pour que nous puissions les en détacher et les traiter dans cette introduction.

Arrivé à ce point, où les faits généraux révélés par l'histoire sont remplacés par des textes législatifs spécialement consacrés à la servitude usagère, le sujet propre de notre travail apparaît. Il serait temps de dégager l'étude particulière des droits d'usage, de l'examen général auquel nous nous sommes livrés jusqu'ici, si nous ne pensions qu'il est utile de consacrer quelques développements, d'abord à l'importance qu'offre un système protecteur du sol forestier, ensuite à la valeur économique des droits d'usage, dans l'état actuel de notre civilisation.

§ 3. — Il est inutile de revenir sur l'utilité que présentent, aux époques primitives de la civilisation, les terrains consacrés aux droits que nous nous proposons d'étudier. Les peuples pasteurs menaient leurs immenses troupeaux à travers les forêts et les prairies, dont ils étaient les maîtres, sans songer à se partager le sol, qu'ils allaient bientôt quitter. Les rapports qui unissaient entre eux les membres de la tribu, étaient trop simples, pour que les hommes pussent alors sentir les inconvénients de l'indivision et chercher un système plus perfectionné. Tous ayant le même but, la volonté de l'un n'était point contrariée par la volonté d'un autre : l'espace, en outre, était trop grand, pour qu'un voisinage immédiat pût entraîner des froissements incommodes. Quant aux forêts, elles fournissaient aux hommes toutes les substances dont ils savaient tirer quelque utilité : le gibier, le bois nécessaire à l'alimentation de leurs feux, ou à la construction de leurs habitations (1) ; le gland mêr, dont ils firent leur première nourriture, s'il en faut croire la tradition générale de l'antiquité (2).

Aussi, en présence des avantages si nombreux qu'elle offrait (3), est-il juste d'affirmer que la forêt est le centre naturel où doit naître et commencer à se développer l'industrie humaine ; qu'elle est le berceau des associations primitives.

Mais, avec les progrès de la civilisation, le travail de l'homme resserre les limites des forêts. A mesure qu'une contrée reçoit de nouveaux habitants, la vie nomade offre plus de dangers et plus d'inconvénients ; les prétentions rivales s'élèvent, les groupes errants se croisent et se disputent le terrain sur lequel ils se rencontrent : tous sentent la nécessité de se plier à une vie sédentaire, et de fonder un établissement fixe sur lequel l'installation même crée des droits certains. L'homme alors s'attache à la terre, et, comme le sol est devenu plus restreint, il est obligé d'augmenter ses produits par la mise en œuvre de son industrie, c'est-à-dire par la Culture. Par la pro-

---

(1) « Mille præterea sunt usus earum, sine quis vita degi non possit. Arbore sulcamus maria terrasque admovemus ; arbore exædificamus tecta. » L. XII § 2.

(2) « ..... glandiferas, quæ primæ victum mortalium aluerunt, nutrices inopæ ac feræ sortis. (Pline. Hist. Nat. L. XVI § 1.)

Et Virgile. Géorgiques. L. I. Vers 147 et suiv.

> Prima Ceres ferro mortales vertere terram
> Instituit, cum jam *glandes*, atque arbuta sacræ
> Defecerent silvæ, et victum *Dodona* negaret.

(3) « Summum munus homini datum arbores silvæque intelligebantur. »
Pline Hist. Nat. L. XII, § 1.

gression naturelle du même phénomène, chacun des membres de l'association, éprouve la même tendance à établir entre lui et la terre qu'il cultive, des rapports directs et exclusifs. Il s'intéresse davantage au champ qu'il sait lui appartenir, et dont les produits viendront bientôt récompenser ses efforts. Nous trouvons ici un fait et une loi. Le fait historique, c'est l'apparition de la propriété individuelle ; et la loi économique dont nous constatons le développement, fonde la légitimité de cette propriété.

Mais en même temps que cette révolution s'opère, la forêt offre néanmoins, et doit offrir toujours une importance considérable. En effet, son rôle est double, et les services qu'elle rend, sont de deux ordres différents.

Ce que nous appelons *son utilité directe,* subsiste ; c'est-à-dire que ses produits, s'ils ne sont plus d'un usage aussi général, sont toujours indispensables dans les nombreuses applications de l'industrie humaine. C'est toujours là, par exemple, que l'homme ira prendre le bois qui lui est nécessaire, ou ramasser les fruits sauvages ; c'est là qu'il chassera le gibier, et fera paître les animaux domestiques. Si les troupeaux ne constituent plus désormais son unique richesse, ils en constituent encore un élément sérieux. Nous savons, par exemple, que les forêts de la Gaule septentrionale nourrissaient de nombreux troupeaux de porcs, surtout en Bourgogne, et nous trouvons une preuve de ce fait et de son importance, dans la loi Salique, qui consacre un titre spécial à protéger cette source de richesses (1).

Ainsi, les forêts, comme les terrains de pâture, offraient encore à cette époque la même utilité qu'aux premiers temps ; leur étendue était toujours plus que suffisante ; aucun motif nouveau n'exigeait une modification dans le régime de la propriété ou de l'exploitation. Ce fait, joint à l'ordre naturel des

(1) De furtis porcorum. Titre II. Ce titre comprend 20 articles. Voy. la Lex Emendata. Pardessus. Loi Salique, p. 277-8.

progrès de l'homme, nous explique donc la coexistence de l'indivision pour une partie du sol, et de l'appropriation privée, appliquée en général, sinon d'une manière absolue, au terrain cultivé. Dans cette période, ce régime mixte offre encore sa raison d'être et son utilité. Mais l'action toujours envahissante de la civilisation, va diminuant le domaine des forêts et des terrains de pâture, en sorte que les inconvénients déjà signalés, et résultant de rapports trop multipliés, apparaissent et grandissent. En même temps, un autre danger, plus grave et d'une portée plus générale, parce qu'il concerne l'intérêt public comme celui de l'avenir, se révèle pour les forêts.

L'expérience alors fait comprendre les inconvénients qu'offre l'abus de l'exploitation, et, par là, ce que nous appelons le second rôle de la forêt, et *son utilité indirecte*. L'examen des faits de l'histoire permet de poser ce principe d'une vérité générale, que, si la forêt précède la civilisation, sa disparition constitue une menace pour la civilisation. Il suffit, pour le prouver, d'étudier les avantages de la forêt amenée à ses justes limites. Il est aujourd'hui reconnu que les sources naissent aux lieux où les forêts, arrêtant l'évaporation ou la fuite trop rapide des eaux, favorisent leur accumulation insensible dans les réservoirs intérieurs, d'où l'écoulement peut se produire avec lenteur et régularité. Dès lors les rivières, puis les fleuves peuvent se former, et répandre partout sur leur passage la vie et la fertilité (1). Grâce à cette juste mesure, entre la disparition immédiate ou la stagnation des eaux, les forêts réduites à de suffisantes proportions, préviennent l'aridité, et facilitent le cours normal des eaux. Pour ce même motif, le climat est plus sain ; les fruits de la terre, perfectionnés par la culture, se multiplient, tandis que d'autres sont importés : les hommes, comme les productions végétales et les animaux domestiques, sont placés dans un milieu plus favorable. En

(1) « Les rivières sont des *chemins qui marchent*, et qui portent où l'on veut aller. » Pascal. Édition Havet. VII. — Pensée 37*, page 116.

même temps, les animaux malfaisants sont refoulés et détruits, à l'avantage du gibier et du sol forestier. Ainsi la question consiste à établir un juste équilibre entre le sol cultivé et le sol boisé, de façon à concilier les besoins de la nation et les conditions du terrain, en luttant contre les causes multiples de destruction (1).

Mais si la diminution raisonnée et prudente de la forêt produit de tels avantages, l'exagération du même travail produira, par cette progression de l'état contraire à celui que nous envisagions d'abord, des dangers également inverses. L'eau, constamment exposée aux brusques variations de la température, s'évaporera sous l'action immédiate des rayons du soleil, ou s'écoulera en torrents qui enlèveront la couche végétale, et porteront la dévastation où le fleuve, plus lent et plus régulier, exerçait son action fertilisante. Privée d'un tel secours, la terre desséchée se lassera de produire : la contrée entière, frappée de stérilité, réduite à sa charpente rocheuse, et brûlée directement par un soleil, dont les nuées ne peuvent plus que rarement tempérer la chaleur, n'offrira plus à l'homme qu'un sol ingrat, d'où la civilisation s'éloignera peu à peu, mais irrémédiablement.

Le point de vue sous lequel une nation considère les forêts varie donc selon les époques : aux premiers âges, les diminuer pour étendre la culture, est la seule préoccupation ; plus tard, il faut chercher au contraire à les ménager, à les conserver, ou même à les renouveler. Il est, en effet, curieux de constater quelles traces a laissées l'homme de sa présence et de ses travaux, aux lieux qui furent le siége des civilisations antiques. Ces contrées sont frappées de solitude et de stérilité ; la Judée, une partie de l'Asie-Mineure, ne présentent plus que

---

(1) Aujourd'hui cette limite est dépassée en France ; les besoins du pays excèdent la production. D'après les derniers états de douane, en effet, l'importation des bois de construction dépasse l'exportation de plus de cent millions, différence qui indique les besoins du pays que le sol ne peut plus satisfaire.

la roche nue brûlée par le soleil. De même, les forêts de l'Europe, si vastes autrefois, sont aujourd'hui réduites à de plus faibles proportions, et celles de l'Amérique septentrionale, où les premiers pionniers ont jadis porté la hache, reculent sans cesse sous l'action envahissante d'une civilisation nouvelle.

Ainsi, nous sommes témoins en quelque sorte des trois âges du sol forestier. L'homme, à son arrivée, trouve la forêt ; il lui dispute le terrain ; puis il laisse derrière lui le désert qui l'a chassé.

§ 4. — Cette loi serait inévitable, si l'homme ne pouvait lui-même en prévenir les effets par le moyen préventif d'une sage exploitation, et même, s'il le faut déjà, par le remède du repeuplement. Or, nous n'avons à nous préoccuper que du premier de ces moyens, et seulement en ce qui regarde notre sujet des droits d'usage : nous avons à nous demander quelle est la valeur économique de ces droits dans la période où nous sommes arrivés.

Pour les pâturages, on ne peut guère poser de règles générales. Dans les pays de montagnes, par exemple, dans les régions centrales de la France, où le granit affleure le sol, bien des cantons rocheux, peu susceptibles de culture, seraient absolument improductifs, si les troupeaux n'y trouvaient leur nourriture. Dans les forêts, au contraire, le droit de pâturage contribue évidemment à la détérioration des arbres, sinon à l'appauvrissement du sol. De plus, indépendamment du fait même de la pâture, la richesse du gazon, objet de ce droit, est généralement en raison inverse de la richesse de la forêt elle-même. Il y aura donc conflit entre l'intérêt du pâturage et celui de la forêt. Enfin, à mesure que la valeur du sol s'élève, ses produits naturels ne suffisent plus pour payer l'intérêt convenable de cette valeur. Il faut un travail perfectionné qui donne plus de produits en un moindre espace : dès lors, la prairie artificielle remplace le pâturage : les landes stériles sont conservées seules pour cet usage ; le droit de vaine pâture n'est donc économiquement utile que sur les terrains trop pauvres pour produire davantage.

Quant aux droits forestiers, pour l'usage du bois, par exemple, l'ayant droit sera naturellement porté à moins ménager l'intérêt du propriétaire, qu'il ne l'eût fait pour le sien propre (1). Sans entrer ici dans le détail des inconvénients bien connus que présente généralement l'indivision, il en est que la participation commune aux produits forestiers peut faire particulièrement ressortir. Nous avons expliqué la raison économique des droits d'usage aux époques primitives et sous le régime de la grande propriété territoriale. Mais aujourd'hui les transactions sont plus compliquées : le régime de la grande propriété s'efface. Sans doute, la nature même du sol forestier comporte surtout la grande propriété (2), mais il n'en est pas moins certain que le même mouvement de division s'opère en ce qui le concerne, bien qu'avec plus de lenteur, et dans la proportion de plus vastes étendues. L'homme sait mieux faire valoir le sol qui lui appartient : tout en lui demandant ce dont il a besoin, il est plus vigilant à sauvegarder ses propres intérêts. L'indépendance des propriétés assure l'indépendance de chacun, et prévient les conflits. En même temps le sol mieux exploité produit davantage, et le développement de la richesse privée favorise l'intérêt public. Aussi, à mesure que la propriété se divise, la participation en commun aux fruits d'un sol plus étendu, doit-elle aller en diminuant ; et la preuve de cette vérité se trouve dans l'un des modes même d'extinction

---

(1) « A la Révolution... les arbres furent sacrifiés aux moindres usages ; on abattait deux pins pour faire une paire de sabots (a). En même temps, le petit bétail se multipliant sans nombre, s'établit dans la forêt, blessant les arbres, les arbrisseaux, les jeunes pousses, dévorant l'espérance. » Michelet, Histoire de France, t. II, p 53-54.

(2) La protection des forêts est donc plus facile, puisqu'elles sont généralement, pour ce motif même, dans le domaine de l'État, des corporations ou de riches particuliers.

(a) Dralet, Description des Pyrénées, t. II, p. 74. Paris, 1813.

des droits d'usage, je veux dire le *Cantonnement*. La reconnaissance d'un droit de propriété anéantit la servitude, qui,
fondée primitivement sur un droit, établit une situation en
quelque sorte précaire, depuis que cette institution a traversé
les époques féodales et aristocratiques, où elle s'est développée
en modifiant son caractère. Ainsi le Cantonnement, au point
de vue historique, n'est autre chose qu'un tardif partage du
sol, après une indivision séculaire, partage fondant enfin une
situation plus conforme à notre civilisation actuelle. Il serait
donc permis de dire, si encore une fois, on peut établir ici un
principe général, qu'à notre époque, les droits d'usage n'ont
plus la même raison d'être, et doivent, par conséquent, tendre
désormais à disparaître. Les faits, du reste, confirment cette
assertion. Aussi pouvons-nous, de nos jours, suivre dans son
ensemble, l'histoire de la Servitude Usagère. Mieux que tout
autre, ce démembrement de la propriété foncière nous offre
déjà le tableau complet de ses origines, de ses développements
et de sa disparition.

PREMIÈRE PARTIE

DROIT ROMAIN

CHAPITRE Ier.

Recherches historiques sur les Droits d'Usage.

SECTION I. — *Origines.*

Nous avons rapidement indiqué dans l'Introduction, les Institutions Germaniques qui devaient plus tard se transformer sur le sol de la France, et donner naissance à nos Droits d'Usage.

Les commencements de Rome nous offrent un tout autre spectacle.

Les populations qui se groupèrent en un corps de nation pour former le peuple romain, étaient parvenues à un état relativement plus avancé de civilisation, lors de leur établissement en Italie : « Pour les peuples italiques, le passage de la vie pastorale à la vie agricole s'était effectué, dès avant leur arrivée sur le sol de la Péninsule (1). » Aussi, comme ils devaient adopter une vie plus sédentaire, leur installation fut-elle défi-nitive ; elle créa entre eux et le sol qu'ils avaient choisi, une relation plus intime. Ils étaient, par ce motif même, intéressés à le conserver, et, dans ce but, à le défendre contre les peu-plades environnantes. Entre les autres groupes, celui qui devait absorber les autres, et devenir le Peuple Romain, pré-sente surtout ce caractère. Renfermée dans d'étroites limites, entourée de petits peuples rivaux qui la pressent de toutes parts, Rome comprend, à son origine, une population peu nombreuse, mais garantie par une forte organisation militaire et politique. Les nécessités de la lutte concentrent dans les mains de l'Etat, toutes les forces de la nation ; l'Etat absorbe et réglemente tout ; le fruit de la conquête lui appartient ; dans tous les actes juridiques, il apparaît et décide.

Pour ce même motif, le droit privé, de bonne heure, reçut l'influence de cet esprit d'organisation. Chacune de ses insti-tutions, nettement définie, est strictement organisée, surtout la propriété foncière, car le terrain est précieux, puisqu'il est peu étendu. Tels sont donc les caractères particuliers que nous présente la société Romaine à ses débuts : territoire res-treint, nécessité de lutter, forte organisation, toute puissance de l'Etat.

Ces traits jettent le jour sur notre sujet. Sans doute, nous trouvons à l'origine la communauté agraire. Ce serait Numa, suivant la tradition, qui le premier aurait opéré le partage des terres conquises par Romulus (2). Mais nous ne trouvons ici rien de semblable à la communauté Germaine. A Rome, en effet, ce mode de propriété foncière fait partie de l'organisa-tion générale de la Cité. Chaque famille reçoit un lot, qu'elle

---

cultive ; et ce lot, s'individualisant aussitôt, reçoit sa marque et son nom du chef de la famille. Cette propriété est donc véritablement complète et exclusive. Cette famille, à son tour, est la base de l'Etat Romain, qui en a adopté les formes. Nous trouvons bien ici l'organisation primitive d'une population agricole. Telle fut, en effet, la forme première de la société Romaine, qui devait toujours en conserver les principaux éléments. C'est l'association des familles, représentées par leurs chefs, qui constitue la Cité. Ainsi : « la culture des champs est la base de tout le système.... : la politique guerrière et conquérante des Romains prend, comme la constitution, son point d'appui sur la propriété foncière : dans l'Etat, les propriétaires sont les seuls qui comptent (1). »

En même temps, la constitution du sol dans la campagne Latine prouve que la petite culture, qui suppose une propriété divisée, y est nécessaire à l'entretien de la vie (2). Ce fait seul explique la présence d'une population agricole nombreuse et pressée, dans un pays aujourd'hui désert et malsain. On devait donc exiger du sol tout ce qu'il pouvait donner ; et ce n'est point avec l'institution de la grande propriété et des droits d'usage, qu'un semblable résultat peut être obtenu.

Quand la conquête étendit le territoire Romain (*ager Romanus*), les causes que nous venons d'indiquer n'agirent plus avec la même rigueur. Mais un motif subsiste qui s'oppose à l'existence des droits d'usage. L'Etat est propriétaire souverain du sol : c'est lui qui a fait le premier partage des terres ; c'est de sa libéralité que les citoyens obtiendront les droits nouveaux qu'il leur concédera. Par conséquent c'est au seul titre de *citoyen* que le cultivateur sera redevable du droit accordé, et non au titre de *propriétaire*. Or, nous le savons, un élément constitutif de la servitude

<hr>

(1) Mommsen. Hist. Rom. T. I chap. XIII, *passim*.
(2) Dureau de la Malle. Economie politique des Romains. T. II.

réelle, c'est *l'existence d'un fonds dominant*. Donc ce n'est point le droit d'usage servitude réelle que nous pouvons découvrir.

Ce raisonnement doit nous mettre en garde contre les institutions nouvelles que nous allons rencontrer dans l'histoire Romaine. Avec l'extension du territoire Romain, des forêts, des pâturages, font partie de *l'ager Romanus*. Or, ces forêts et pâturages n'entrent point dans le partage du sol. L'Etat fait deux parts du sol conquis, *ager Romanus*. La première est *assignée* aux citoyens, et fonde la propriété à titre privatif; la seconde constitue l'*Ager Publicus*, le domaine public de l'Etat, et comprend généralement les forêts et les pâturages. Il est permis, en effet, de supposer que les forêts, comportant moins la petite division à laquelle étaient alors soumises les terres conquises, restaient dans ce domaine de l'Etat; ce qui le prouve, ce sont les traces d'administration et de réglementation forestières que nous avons signalées dans notre Introduction.

Ce fait lui-même permet à son tour de présumer que l'Etat, pour mettre en valeur ses domaines forestiers, et faire participer en même temps les citoyens à leur utilité, fit des concessions usagères, qui, sans avoir le caractère de servitude réelle que nous trouverons aux nôtres, présentaient néanmoins une utilité analogue. C'est précisément ce que nous atteste l'histoire. Il y eut des pâturages, et ces pâtu ges ne furent point la propriété des familles; ils restèrent à l'Etat, qui dut chercher à les utiliser. Il les offrit aux cultivateurs, qui purent y faire paître leurs troupeaux, moyennant une redevance légère (1). Or, « ce droit de pâture sur les terrains publics a dû

(1) Appien, à propos des terres conquises, nous parle de ce fait, et indique nettement son caractère : « Quant à la partie inculte, qui était quelquefois la plus considérable, on n'avait pas coutume de la mettre en distribution, mais *on en abandonnait la jouissance* à qui voulait la défricher et la cultiver, en réservant au domaine le dixme ou le quint des fruits perçus, *et pour les pâturages, on réservait aussi une redevance.* »
Appien. *De bello civili* L. I. § 7. Traduction de M. Giraud. — Recherches sur le Droit de Propriété chez les Romains. T. I L. II, chap. I. p. 168.

d'abord, et en fait, appartenir aux propriétaires des autres terres ; mais la loi n'avait point fait de l'état de propriétaire la condition légale de la jouissance partielle des pâtures (1). »

Cette institution doit participer du caractère général des institutions Romaines : c'est l'Etat qui, librement, dispose de ce qui lui appartient. Dès lors, quelles personnes doivent participer à ces concessions ? Les membres de la Cité, c'est-à-dire *les Citoyens*. Ainsi, nous ne sommes point en présence d'une servitude réelle d'usage, dans le sens juridique qui s'attache dans notre droit à cette expression, puisque la cause génératrice du droit fut le titre de *Citoyen*, non celui de *Propriétaire*.

Cette concession, accordée par l'Etat au citoyen, fait réellement partie du *Domaine public* ; c'est une sorte de *Res publica* (2), ou plutôt une *Res in patrimonio populi* (3), mais non une servitude usagère, semblable aux nôtres, et qui aurait grevé les domaines de l'Etat. A peine pourrait-on dire que les servitudes signalées au Digeste, à la loi 4 § 1 d'Ulpien, L. VIII, T. III : « Jus pascendi, jus silvæ cœduæ, arenæ fodiendæ » (D. Paul, loi 6 § 1 L. VIII T. III.) présentant ce caractère de servitude réelle, les droits d'usage qui ont pu leur donner naissance devaient, par conséquent, présenter eux-mêmes ce caractère juridique. Un tel argument serait aussi téméraire que l'induction peu fondée : en effet, nous ne croyons point

(1) Mommsen. Hist. Rom. T. I. p 260.

(2) « Bona civitatis abusive publica dicta sunt : *sola enim ea publica sunt, quæ populi Romani sunt.* » Ulpien, loi 15 D. L. 50. T. 16, de verb. signifie.

(3) « ... Nam littora publica non ita sunt, ut ea *quæ in patrimonio sunt populi*, sed ut ea quæ primum a natura prodita sunt... »
Neratius, loi 14 princ. D. L. XLI T. I. De acquir. rer. domin. — Mais la distinction que nous signalons ressort mieux encore de la loi 2 § 4 et § 5, d'Ulpien. L. XLIII, T. 8 Ne quid in loco publico vel itinere fiat. Voici ce texte : « Hoc interdictum, ad ea loca, quæ sunt in fisci patrimonio, non puto pertinere ; in his enim neque facere quicquam neque prohibere privatus potest ; res enim fiscales quasi propriæ et privatæ principis sunt. — § 5. — Ad ea igitur loca hoc interdictum pertinet, quæ publico usui destinata sunt... »

qu'il y ait à établir ce lien de filiation historique, lien qui ferait ici toute la base du raisonnement, entre les droits d'usage concédés par l'Etat, et les servitudes *Prædiorum rusticorum*.

Ces servitudes rentrent dans les droits concernant la propriété à titre privatif : les droits d'usage, au contraire, comportent une participation commune de plusieurs propriétaires, réunis en un groupe distinct, aux fruits d'un sol dont la propriété leur échappe.

Est-ce à dire que des particuliers n'ont pas pu contracter à leur profit, se réserver ou consentir des droits analogues qui participeraient du caractère des servitudes réelles ? Il serait téméraire de le nier. Mais l'absence de documents législatifs prouve, du moins, que de semblables faits juridiques n'eurent point assez d'importance et de généralité pour former une institution de droit susceptible d'un développement théorique, dans un état plus avancé de la législation. Le silence des jurisconsultes, et pour ce motif même, l'absence de textes législatifs, démontrent au contraire qu'ils y présentèrent toujours relativement peu d'importance, puisque ces droits d'usage réels entre particuliers sont relégués, sans développement spécial, au nombre des autres servitudes *prædiorum rusticorum*.

Enfin, le silence des auteurs (Caton, Varron, Columelle) qui, indépendamment des jurisconsultes et du point de vue juridique, auraient pu se préoccuper de cette question, nous prouve que ces droits d'usage étaient peu dans les mœurs romaines. P. Caton, dans son traité sur l'Economie rurale (1), parle de la glandée. Mais il ne donne, sur ce point, aucune explication : c'est là une trop vague indication pour que nous en puissions induire la moindre conjecture.

Quant aux droits d'usage concédés par l'Etat, ils eurent à l'origine peu d'étendue, et ne se transformèrent point : « D'ail-

---

leurs les domaines de l'Etat, à cette époque, ne jouent, il semble, qu'un rôle peu important dans le système économique ; les pâturages publics sont originairement peu étendus ; et quant aux terres conquises, elles sont aussitôt réparties et livrées à la culture, d'abord entre les familles, plus tard, entre les particuliers (1). » Bien plus, ils devaient disparaître. A mesure que la fortune et l'avidité des patriciens augmentèrent, grâce aux conquêtes de la République naissante, les usurpations du sol conquis se multiplièrent : le domaine de l'Etat, au lieu d'être réservé, soit pour le partage, soit pour l'usage commun des citoyens, était accaparé par ces riches et avides propriétaires (2). De là ces luttes incessantes qui agitèrent Rome, et provoquèrent les tentatives réitérées des Licinius Stolon, des Sextius (3) et des Gracques (4), pour obtenir par les lois agraires la restitution des terrains envahis. Mais ces questions nous éloignent de notre sujet.

Tel est le premier état de la législation romaine, en ce qui nous concerne. On voit que les droits d'usage, dont nous ne pouvons autrement constater l'existence dans la société romaine, sont de simples *Concessions de l'Etat*, et n'ont rien de commun avec le caractère juridique des servitudes réelles. I^l

---

(1) Mommsen, Id.

(2) Appien a compris et développé cette situation nouvelle : « Les riches s'emparèrent peu à peu de cette portion de terres non partagée et livrée au premier occupant, et, se confiant en la durée de leur possession, ils achetèrent de gré ou de force, aux petits propriétaires voisins, leurs modiques héritages, et formèrent ainsi de vastes *Latifundia*. Pour la culture et le service de leurs terres, ils employèrent les esclaves, genre d'hommes que le service militaire ne pouvait leur enlever, et qui s'accrut rapidement par leurs soins. De là l'immense accroissement des richesses territoriales de quelques hommes, et l'appauvrissement de l'ancienne population libre et indigène, sur laquelle pesaient encore des impôts, et le service militaire ; de là les mauvaises dispositions du peuple, et la corruption des mœurs en tout genre. » Appien. *De bell. civ. L I § 7.* Trad. Giraud, *loc. cit.*

(3) Ans 376-366 av. J.-C.

(4) 133-121 Id.

est certain que le titre de *citoyen* était *nécessaire* pour autoriser la participation à ces droits ; rien ne prouve, d'autre part, que ces concessions eurent ce caractère qui fait la base même et constitue la nature originale de notre institution.

SECTION II. — *Régime des* Latifundia.

La cause principale qui s'est opposée jusqu'ici à l'introduction de la servitude usagère dans la législation Romaine, résulte de l'influence toute puissante de l'Etat. Sans doute, d'autres causes agissaient en même temps, mais elles ne présentaient qu'une importance secondaire. Elles prennent, au contraire, le premier rang, et constituent le principal obstacle, après les vicissitudes dont nous n'avons pas ici à suivre le cours.

Quand les conquêtes des Scipion et de Paul-Emile eurent étendu le territoire Romain, et créé tout un monde Provincial, nous voyons disparaître cette race de vigoureux citoyens, petits propriétaires, dont l'honnête énergie avait jeté les premiers et plus sûrs fondements de la grandeur Romaine. La continuité des guerres avait amené la ruine de l'agriculture, et décimé la classe moyenne. L'augmentation des richesses, résultat des conquêtes, avait amené la corruption et l'avidité ; et, par l'amollissement des mœurs, les campagnes se trouvaient dépeuplées. En même temps, les hommes puissants profitaient de cette situation, pour étendre leurs domaines par l'usurpation des terres incultes et vacantes, ou des terres indivises : ils absorbaient les petits héritages voisins, et couvraient ces vastes propriétés, *latifundia*, d'esclaves employés à la culture et à la garde des troupeaux (1). Chassés par l'usure et par la concurrence des esclaves, les hommes libres abandonnaient les campagnes, et venaient grossir les rangs de

(1) Applen. *loc. cit.*

cette foule oisive qui déjà remplissait Rome. Le mal qui naissait alors, devait grandir et se prolonger désormais jusqu'à la fin de l'Empire. Déjà Pline constate qu'il s'étend aux provinces (1) : « Latifundia perdidere Italiam, jam vero et provincias » Sénèque (2) ajoute, pour nous donner une idée de l'immense étendue de ces domaines, que des rivières qui avaient séparé des nations ennemies, traversaient les domaines d'un simple particulier.

En même temps que la richesse des propriétaires grandit, la condition des populations rurales s'affaisse. De ce double mouvement inverse résulte cette profonde inégalité sociale qui fit le malheur de l'Empire, et amena sa chute. On comprend que dans une telle société, le petit propriétaire ne trouvait pas sa place. Ne pouvant se suffire à lui-même comme le propriétaire des *Latifundia*, il était incapable de soutenir la lutte, et devait disparaître. La même révolution s'opéra dans les Gaules, mais seulement après l'introduction des municipes, qui, dans les premiers temps, portèrent si haut la prospérité du pays. Il ne faut donc pas, à ce point de vue, assimiler complètement l'histoire des institutions de la Gaule, à l'histoire générale de l'Empire Romain.

Il est probable que le but du législateur fut de remédier à la situation, quand il consacra le *Colonat*, c'est-à-dire un état intermédiaire entre la liberté et l'esclavage. Nous trouvons des traces de son existence dès le temps d'Ulpien, de Paul et de Marcien, qui en parlent (3). Nous n'avons pas à examiner ici la condition juridique des colons. Il nous suffit de savoir qu'ils n'étaient pas propriétaires du sol auquel

(1) Plin. L. XVIII § 7.

(2) Sen. épist. 8⁹

(3) « Si quis inquilinos sine prædiis, quibus adhærent, legaverit... » Marcianus. D. lol 112 princip. De legatis I. L. XXX.

Item Paul Sent. L. III. T. VI § 48.

« Si quis inquilinum vel colonum... » Ulp. D. L. 50 T. 15 *De censibus* l. 4 § 8.

leur condition les attachait (1). Dès lors, au point de vue de notre objet, l'état des choses n'était pas modifié. Entre l'esclave ou le colon, et le grand propriétaire, on ne peut supposer la constitution d'un droit réel impliquant un droit de propriété sur lequel se fonde la servitude. Aussi, dans cet état social, ne pouvons nous trouver ni présumer, sauf de très-rares exceptions, que de simples *concessions de fait*, accordées dans l'intérêt de l'agriculture, et, par conséquent, à l'avantage du propriétaire lui-même.

Tel fut vraisemblablement le caractère de la jouissance que les populations agricoles, voisines des bois, pâturages ou marais, purent exercer sur ces fonds. Les biens de la terre, qui présentaient moins de valeur, leur étaient sans doute abandonnés pour améliorer leur situation. Dans ces vastes domaines, en effet, où l'on rencontrait même des villages, s'agitait tout un peuple d'esclaves et de colons : ils formaient comme une province dans l'Etat (2), chacun d'eux se suffisant à lui-même.

On le voit, dans cette société encore, les droits d'usage n'auraient pas eu de raison d'être, parce qu'ils n'étaient pas nécessaires. Ils ne durent pas non plus exister au profit des puissants propriétaires des *latifundia*, qui, lors de leurs grandes usurpations (IIe et Ier S. av. J.-C.), ne se seraient point contenté de servitudes usagères. Ils trouvèrent plus simple d'envahir entièrement les portions de l'*Ager publicus* placées

---

(1) Il y avait deux classes de colons : les uns, *censiti adscriptitii, tributarii*, se rapprochaient davantage des esclaves : leurs pécules étaient à leurs maîtres. Les autres, *coloni liberi, inquilinii*, se rapprochaient davantage des hommes libres, mais loin d'avoir des droits sur la terre à laquelle ils étaient attachés, ils en étaient les esclaves : « Ut licet conditione videantur ingenui, servi tamen terræ ipsius cui nati sunt, existimentur. » C. L. XI. T. 51 *De Colonis Thracensibus.* — Et : « Il etiam (adscriptitii) coguntur terram colere. » C. L XI. T. 47. Const. 18 Anastasius.

(2) Tacite. Ann. L. III § 53 : « Villarum infinita spatia, familiarum numerum et nationes. » Tous les métiers même y étaient exercés par des esclaves. D. *De inst. vel instrum. leg.* L. XXXIII. T. 7. 1. 12 Ulp. §§ 5-6.

à leur portée ; de se donner un droit exclusif, fondé non sur le titre de propriétaire, mais sur le fait d'une longue détention qui, peu à peu, transforma leur usurpation en droit de possession. *Possessiones*, tel fut le nom de ces portions d'*ager publicus* détenues à titre exclusif : *Possessor* fut un nom admis comme synonyme de détenteur de l'*Ager publicus* (1).

Mais ici encore, il faut se garder de poser un principe trop absolu et de nier la possibilité ou même l'existence des droits d'usage. Quand il s'agit, en effet, d'un aussi vaste territoire que celui de l'Empire, on doit s'attendre à la plus grande diversité, surtout dans les institutions qui se fondent, comme la nôtre, principalement sur la coutume et l'usage des lieux, en vertu de leur nature même.

Quelle que fût, par exemple, la généralité du système des *latifundia*, ils ne durent point absorber entièrement tout le territoire de l'Empire. D'abord, il est fort présumable que dans les plus anciennes provinces, la petite propriété, bien que restreinte, dut subsister et se soutenir, malgré le redoutable voisinage des *latifundia*. Ces petits propriétaires libres étaient donc capables, du moins en droit, d'acquérir des droits de servitude usagère sur des fonds limitrophes, forêts et pâturages, quels que fussent, d'ailleurs, les propriétaires de ces fonds.

En second lieu, nous savons que la politique romaine avait surtout pour but de prévenir les révoltes et d'apaiser les esprits dans les provinces nouvellement conquises. Elle devait donc sévir surtout contre les plus influents et les plus riches habitants de ces provinces, contre ceux qui avaient organisé la résistance dans les Gaules, par exemple. C'est en effet ainsi qu'elle agit, confisquant leurs biens et assignant à d'autres leurs terres. Cette expropriation absolue donnait lieu, tantôt à l'exploitation au profit du trésor public Romain, tantôt à la

_____

(1) Giraud, *loc. cit.* L. II. Chap. I.

vente à l'encan des terres qui en étaient l'objet (1). Les champs ainsi vendus se nommaient *agri quæstorii*: Le régime des *latifundia* devait sans doute les absorber aussitôt, car l'aristocratie romaine trouva toujours moyen de se porter adjudicataire à vil prix de *l'ager publicus*; mais rien ne s'opposait, en droit, à ce que la petite propriété les occupât, elle aussi, dans une certaine proportion.

D'un autre côté, cette petite propriété, dans les pays où elle existait, dut être ménagée (2) : la masse de la population devait passer plus inaperçue et n'avoir à subir que des mesures moins rigoureuses. Ce système, en effet, non-seulement empêchait l'exaspération, mais favorisait aussi l'agriculture, que Rome protégea toujours, et qui contribuait efficacement à pacifier les esprits par les occupations qu'elle impose. L'histoire nous offre des exemples de cette politique prudente et plus généreuse (3).

Ces motifs nous font présumer que la classe des cultivateurs libres, petits propriétaires ruraux, ne dut point entièrement disparaître; et comme l'association leur donnait de nouvelles forces, c'est par groupes organisés, par villages ou bourgs, que nous devons les rencontrer sur le sol de l'Empire. Dès lors, rien ne s'opposait à ce que des servitudes usagères fussent instituées à leur profit sur les bois ou marais voisins (4).

(1) Voir Giraud. Recherches sur le Droit de Propriété chez les Romains. L. II Chap. I.

(2) « Relicta sunt et multa loca, quæ veteranis data non sunt... etc. » Aggenus Urbicus, in Frontinum.

(3) Cicéron, in Verrem act. II. L. III § 6, dit, en parlant de la propriété municipale des villes de Sicile : « Siciliæ civitates sic i.. amicitiam fidemque recipimus, ut eodem jure essent quo fuissent : eadem conditione Populo Romano parerent, qua suis antea paruissent. »

(4) Nous en trouvons la preuve dans un texte important, isolé, il est vrai, mais qu'il est nécessaire de noter.

Nous avons expliqué les motifs pour lesquels la servitude usagère ne se rencontre point dans la législation Romaine. Les mêmes raisons n'existaient pas pour l'eau, nécessaire à l'irrigation des champs : dans le système de l'agriculture Romaine, et par suite des défrichements exagérés,

Une observation importante s'applique à toutes ces recherches.

Au point de vue rigoureux du droit, la *propriété romaine, dominium Quiritarium*, est seulement applicable à l'*ager Romanus.*

Des exceptions furent admises, à mesure que le territoire de la République s'étendit :

1º En faveur des Colonies, dont les habitants avaient le *jus commercii*, et communiquaient au sol leur capacité personnelle : « propter amplitudinem majestatemque Populi Romani, cujus istæ coloniæ quasi effigies parvœ, simulacraque esse quædam videntur (1). »

2º En vertu du *jus Latii*, qui emportait, sauf exception, le *jus dominii* pour le sol.

3º Une troisième exception fut contenue dans le *jus Italicum* (2), dont l'élément essentiel était la capacité de propriété romaine pour le sol.

4º Enfin le municipe avait le *commercium* du sol, c'est-à-dire

---

l'eau devait être aussi rare qu'elle était indispensable. Or un texte nous donne, précisément pour l'eau, l'exemple d'un droit d'usage ; c'est la loi 1 d'Ulpien §§ 41-42-43, au Titre *De aqua Cottidiand et æstiva*, L. XLIII. T. 20. « Permittitur aquam ex castello, vel ex rivo, vel ex quo alio loco publico ducere. Idque *a Principe conceditur ;* alii nulli competit jus aquæ dandæ. — Et *datur interdum prædiis*, interdum personis. *Quod prædiis datur, extincta persona non extinguitur :* quod datur personis, cum personis amittitur, ideoque neque ad alium dominum prædiorum, neque ad heredem, vel qualemcunque successorem transit. » Cette concession participe des servitudes prédiales, dans les cas où elle est établie au profit d'une terre, *prædiis datur :* elle est établie sur l'*Ager Publicus*, qui est le fonds servant, puisque c'est le prince qui concède le droit. Enfin elle offre le caractère de perpétuité, résultant de la nature des servitudes prédiales : *extinctâ persona non extinguitur.*

Mais, il faut le reconnaître, ce texte est isolé, et ne se rattache point à une institution générale qui nous aurait fourni l'exemple d'autres servitudes usagères.

(1) Aulu Gelle. *Noct. att.* L. XVI cap. 13.

(2) Giraud, *loc. cit.* L. II, chap. III § 5 p. 294.

que la propriété romaine pouvait s'appliquer à leur territoire.
Rien n'indique que des restrictions aient été apportées, sur ce
point, aux droits des municipes.

Sans doute, le *jus Italicum* reçut une grande extension;
mais, *en dehors de ces exceptions, le sol provincial* lui-même,
au point de vue du droit strict, n'était *pas susceptible du droit
de propriété.*

« Les peuples réduits en province perdaient la propriété de
leur territoire; on leur donnait quelquefois l'usufruit d'une
partie, moyennant une redevance, et le reste était vendu ou
rangé parmi les domaines de l'Etat, *ager publicus* (1). »

« Ainsi, Gaius nous apprend que le droit de *propriété romaine* n'était point admis, relativement aux fonds de terre
situés en province. Ils pouvaient être aliénés sans autre forme
que celle exigée pour les choses *nec mancipi*. L'établissement
des servitudes n'y était soumis à aucune forme protectrice,
ainsi que l'usufruit (2). »

Il y avait une autre cause pour laquelle le droit de propriété
romaine s'étendait difficilement : ce droit exigeait certaines
qualités, non-seulement *du sol*, mais aussi de la *personne* en
qui le droit réside : « La première condition de la légitimité
du droit de propriété foncière, était que le propriétaire fût
Citoyen Romain..... le pérégrin est *exclu de la propriété romaine*, et privé du droit de la transmettre, de la revendiquer
et de la défendre en justice : *Adversus hostem æterna aucto-
ritas esto* (3). »

Tels sont les principes rigoureux du droit : mais trois considérations viennent à leur tour atténuer notre observation :

1° Ces deux règles, l'une sur la nature juridique du sol,
l'autre sur la capacité personnelle, et fondées sur la volonté

(1) Giraud, — Recherches sur le Droit de Propriété chez les Romains.
L. II. ch. 3 § 5, p. 300.

(2) Giraud, *loc. cit.* p. 300.

(3) Id. L. II chap. 3 *passim*.

du législateur, fléchirent dans l'application, avec le temps et sous l'influence multiple des nécessités politiques, des relations sans cesse plus étendues et des progrès naturels de la civilisation. Elles allèrent donc en s'effaçant peu à peu sous l'Empire, jusqu'à l'édit de Caracalla, qui fit disparaître la première en donnant, par une mesure fiscale, le droit de cité à tous les sujets de l'Empire.

2° Dans une matière comme la nôtre, qui se trouve principalement régie par la coutume, il est juste d'admettre que les principes rigoureux du droit devaient faiblir et se laisser dominer par les exigences de l'utilité commune.

3° Enfin, ces principes eux-mêmes ne se seraient point formellement opposé, même dans les provinces, à l'existence de ces servitudes usagères dont nous cherchons les traces. En effet, nous trouvons dans les institutions, à côté de la propriété romaine, l'*in bonis habere*, fondé sur l'équité et le droit naturel, défendu par le préteur. Cette propriété, qui existait en fait et dès Cicéron, longtemps avant d'être reconnue en droit, fut protégée, grâce aux progrès philosophiques qui exercèrent leur influence sur les doctrines des jurisconsultes romains. Elle constitua le droit de propriété des provinces, domaine de fait et d'équité, en face du *Dominium Quiritarium*, le droit antique et rigide (1).

De même les servitudes, sans exister sur le sol provincial *jure civili*, y pouvaient être constituées *jure prætorio*, au moyen de la *traditio* (D. *De servit. præd. rust.* L. 1 § 2. L. VIII. T. III. — C. L. 3 Alex. *De servit. et aq..* L. III. T. XXXIV), ou de la *prescriptio longi temporis* (L. 10 princ. D. si serv. vindic. L. VIII. T. V. — L. 1 et 2 C. *De servit. et aq.* L. III. T. XXXIV. — L. 12 *in fine* Justin. *De præscript. long. temp.* L. VIII. T. XXXIII); ainsi établies, elles étaient

---

(1) Du reste, si le changement dans les mœurs fit disparaître en réalité cette distinction, Justinien devait aller jusqu'à la supprimer formellement. Code L. VII T. 25. De nudo Jure Quiritium tollendo.

protégées *jure prœtorio*, au moyen des *interdicta reluti pos-
sessoria* (L. 20 Javol., D. De servit. L. VIII T. I), ou de l'action
Publicienne (L. 11 §1 Ulp. *De public. in rem act.* L. VI T. II) (1).

Ces remarques, il est vrai, semblent nous éloigner de notre
sujet, mais elles étaient nécessaires pour prévenir une objection qui eût été fondée sur ce texte de Gaius : « In eo solo
(provinciali) dominium populi Romani est, vel Cæsaris : nos
autem possessionem tantum et usumfructum habere vide-
mur (2). »

Ces considérations exposées, interrogeons les auteurs.

Les jurisconsultes ne font point de ces droits une étude
directe et principale. De ce fait, on peut au moins tirer la
preuve qu'ils furent relativement peu étendus.

Parmi les écrivains dont les fragments, sinon les œuvres
complètes, ont survécu, nous trouvons quelques renseignements épars sur l'usage commun de certains fonds de terre
(*communia, compascua*).

Mais examinons ces textes.

Ces propriétés indivises étaient déjà assez nombreuses au
temps de Cicéron, pour qu'il les citât, dans ses Topiques,
comme exemple d'une alliance de mots : « *Si compascuus ager
est, jus est compascere. (3). »

Les auteurs modernes, qui ont traité des sujets analogues,
s'appuient généralement sur un certain nombre de citations
extraites de ces fragments, pour en tirer des conclusions qui

(1) Mais nous ne croyons point que le droit réel de servitude pouvait
être constitué dans les fonds provinciaux par de simples pactes et stipulations. (Gaius. Comment. II, § 21.)

(2) Gaius. Comm. II. §7.

(3) Topiques, 3.

« Lorsque plusieurs villes ou villages ont leurs usages en commun, et
qu'ils peuvent mener leurs bestiaux paître les uns sur les autres, ce n'est
pas proprement une servitude, mais une société et communication d'usage,
et *compascua*, comme les appelle Cicéron, *in Topicis.* »

Commentaire sur la coutume du bailliage de Troyes, par Legrand,
IIe partie, p. 201. — Titre X de la Coutume, art. 108. Glose IV n° 13.

nous semblent trop absolues et trop affirmatives. Quelques-uns les ont rapprochés, pour y découvrir la mention de véritables servitudes Usagères. Cherchons à notre tour quelle doit être l'interprétation de ces textes.

Dans son Traité *sur l'Agriculture et ses limites*, Frontin, qui était contemporain de Pline et de Tacite, atteste qu'il existait en Italie et dans les provinces, des terrains indivis et affectés au pâturage commun : « Est et pascuorum proprietas, *pertinens ad fundos,* sed *in commune*, propter quod ea compascua multis locis in Italia *communia* appellantur, quibusdam provinciis pro indiviso (1). » Le texte de Frontin est clair. Il démontre que le droit sur ces pâturages était attaché au sol : « Pascuorum proprietas *pertinens ad fundos.* » Il montre aussi que ces *compascua* étaient réservés dans ce but précis de la jouissance en commun : « *communia.* »

Festus, à son tour, atteste l'existence de ces *pascua communia*, et indique leur but par la définition suivante : « Compascuus ager relictus ad pascendum communiter vicinis (2). »

D'autres auteurs signalent aussi l'existence de ces droits, mais ils s'expliquent plus complètement encore sur leur nature juridique.

Selon Alciat, ces biens, réservés pour l'utilité commune des habitants, se désignaient, en vertu de leur destination même, par le nom de *Vicanalia* : « Vicanalia ex eo quod ad pagum aliquem, seu vicum, et illius habitatores in universum pertinerent. Vicani enim sunt rustici in eodem pago et universitate agrorum ei respondentium commemorantes (3). » Ici, nous voyons caractérisées les populations qui profitent de ces *communia* : ce sont les populations rurales. Chaque village recevait donc une portion de forêts et de pâturages ; ce lot était mesuré et limité pour prévenir toute difficulté : « Ager com-

(1) Frontin *De limitibus agrorum.*

(2) Vicinis, c'est-à-dire aux habitants du lieu. Voy. Ducange V° Vicinus.

(3) Alciatus, in lege Pratum 31 ff. L. 60 T. 16 de Verb. signif.

pascuus ita dictus quod a *divisoribus agrorum* relictus sit ad pascendum communiter vicinis (1). » Ces répartiteurs se nommaient *divisores agrorum* (2) ou *auctores divisionis adsignationisque*. Ce titre même indique leurs attributions. Mais il est inutile, pour notre sujet, de nous arrêter plus longtemps sur ces attributions, sur les modes et les procédés du mesurage. Toutes ces questions rentreraient plutôt dans l'étude de la propriété communale.

On distinguait ces pâturages communs des propriétés privées, au moyen d'inscriptions ou de plans figuratifs : « Inscribuntur (2), et compascua, quod est genus quasi subsecivorum (3), sive loca quæ proximi cujusque vicani, id est, qui ea contingit, pascua sunt. »

L'examen de ces plans tranchait les contestations, qu'il réduisait ainsi à une simple question de fait, dont la compétence appartenait aux juges ordinaires des lieux. « De eorum proprietate solet jus ordinarium moveri, atque interventu mensurarum demonstratur ut sit adsignatus ager (4) » Ce droit ne portait pas seulement sur des pâturages ; des portions de forêts étaient aussi affectées à l'usage commun de ces populations

(1) Isidori Originum. L. XV. Cap. 2.

(2) Siculus Flaccus. *De conditionibus agrorum.*

(3) On appelait 1° *terres subsécives* la partie de l'*ager* trop petite pour être comprise dans les partages et dans les distributions faites aux premiers colons : ce terrain devenait commun.

2° *Agri limitati*, les champs limités par le mesurage ; des modes solennels, suivant la tradition, consacraient l'antique propriété foncière Romaine. Les *Agri limitati* étaient assignés aux citoyens par l'Etat après la conquête, et limités par les *agrimensores* (*agri assignati et divisi*), ou vendus au nom de l'Etat par les questeurs (*agri quæstorii*).

3° On nommait *agri occupatorii* les terres, produits de la conquête, et celles primitivement usurpées sur l'*ager publicus*, pour lesquelles l'attribution spéciale par le mesurage n'avait pas été faite. Ici l'origine de ces propriétés était l'occupation.

4° *Agri arcifinales*, les champs produits de la conquête, et compris dans des limites naturelles.

(4) Aggenus Urbicus, in Frontinum.

rurales : elles avaient le droit d'y couper du bois, d'y faire
paître leurs bestiaux (1).

Mais l'existence de ces droits ainsi constatée, cherchons à
préciser le titre en vertu duquel ils étaient exercés. Un texte
d'Hyginus le caractérise : « Æquo territorio si quid erit adsi-
gnatum, id ad ipsam urbem pertinebit, nec venire aut aba-
lienari a publico licebit ; id datum in tutelam territorio adscri-
bemus, sicut silvas et pascua publice (2) »

Que trouvons-nous ici ? Une règle d'inaliénabilité. Sur quoi
porte cette inaliénabilité ? Sur le droit de propriété lui-même.
Le texte ne concerne pas seulement la jouissance de ces
biens, mais le droit d'en disposer. Qu'est-ce à dire, sinon que
les agglomérations rurales, les villages, étaient réellement
propriétaires de ces forêts et de ces pâturages ? Dès lors, nous
ne sommes plus en présence de servitudes usagères, mais d'un
véritable droit de propriété, dont l'exercice est réglé et limité
dans l'intérêt de la Communauté elle-même. Nous trouvons là
ces mesures de protection établies dans l'intérêt de la *propriété communale*, mesures que nous retrouvons plus ou
moins rigoureusement prises à toutes les époques de cette
institution.

Notre conclusion est confirmée par les termes précis de
Frontin, que nous avons déjà cités : « pascuorum *proprietas*
pertinens ad fundos, » et par cette définition nouvelle d'Aggenus Urbicus : « Ab initio hæc fuit dicta lex agro compascuo,
ut communiter pasceretur, et *sub ejusdem Universitatis do-
minio* (3). »

(1) Quorumdam etiam vicanorum aliquas silvas quasi publicas, impro-
prias esse comperimus, nec cuiquam in eis cædendi pascendique jus esse,
nisi vicanis quorum sunt : ad quas itinera sæpe, ut supra diximus, per
alienos agros dantur. »
Siculus Flaccus. de Conditionibus agrorum.
Nous voyons dans ce texte la constitution d'une servitude de passage,
donnée pour l'exercice du droit au profit du public, *per alienos agros*.
(2) Hyginus. De limitibus constituendis.
(3) Aggenus Urbicus, in Frontinum.

Cette démonstration nous semble complète : nous voyons que tous ces textes concordent : ils ont trait à une institution dont l'existence, déjà, avait des précédents historiques dans les sociétés antiques. C'est la *propriété Communale*, réservée aux besoins de l'association, et consacrée à cet intérêt commun : propriété, dérivée de l'*ager publicus*, qui, lui aussi, à un plus haut degré, comprend le territoire réservé aux usages publics du peuple : institution dont parlait Aristote, et qu'il considérait comme une des bases de l'économie sociale d'une nation (1). Le droit de jouissance est limité sans doute, mais dans l'intérêt même de l'avenir ; la loi ne veut pas que les membres vivants de l'association puissent disposer de cette propriété, et la détruire au préjudice des membres futurs. Cette préoccupation est liée à cette institution, et l'accompagne ; mais elle rentre, par là-même, dans l'étude d'un sujet qui n'est point le nôtre.

Les mesures de protection, prises, quant aux droits d'usage, ont pour but de protéger, soit le libre exercice du droit, soit le droit de propriété grevé de cette servitude.

Dans ces textes, les mesures qui sont indiquées, se proposent principalement d'assurer la perpétuité du droit, ce qui est plutôt l'objet des réglementations de la propriété communale.

N'allons pas, cependant, jusqu'à dire qu'il n'est fait, dans ces textes, aucune allusion à des droits que nous pourrions rapprocher des servitudes usagères. Ce serait aller trop loin, à notre avis.

Tournons ailleurs nos regards : au lieu de considérer les rapports qui ont pu exister entre l'Etat et les villages, arrêtons-nous à cette association locale. Un point est incontestable : c'est elle qui seule est propriétaire des *compascua*, en sa qualité de personne morale. Individuellement, au contraire, les habitants ne sont point propriétaires. Cependant ils ont un

---

(1) Ἀναγκαῖον τοίνυν εἰς δύο μέρη διῃρῆσθαι τὴν χώραν, καὶ τὴν μὲν εἶναι κοινήν, τὴν δὲ τῶν ἰδιωτῶν. Aristote. Polit. Ζ'. κεφ. Θ' 7.

droit, celui de Compascuité, fondé sur leur double titre de membre de l'association et de propriétaire : « Compascuus ager relictus ad pascendum communiter *vicinis*, » et « Pascuorum proprietas *pertinens ad fundos*, sed in commune. » Qu'il y ait là une véritable servitude usagère, ou l'exercice du droit de propriété commune livré aux habitants du bourg, il serait difficile de l'affirmer.

D'un côté, nous trouverions un fonds dominant qui serait la propriété individuelle de l'habitant ; un fonds servant qui serait le domaine communal ; puis un droit d'usage accordé à l'habitant propriétaire sur ce domaine commun : par conséquent les éléments d'une véritable servitude réelle (1).

De l'autre, pourrions nous dire, qu'en fait, le droit de propriété appartenant à l'ensemble des habitants fut assez distinct du droit individuel d'usage, pour qu'on ait reconnu dans cette institution autre chose qu'un exercice pur et simple du droit de propriété ?

Là réside toute la question, et les textes manquent pour la trancher avec certitude. En fait, ce droit, au point de vue de l'utilité publique, offrait le même résultat que les servitudes usagères de notre ancien droit.

Quelle conclusion avons-nous donc à tirer de tous ces développements ?

Sans doute, pendant cette seconde période de la société Romaine, les *latifundia* constituaient le régime prédominant de la propriété foncière. Or, la condition générale des populations agricoles répandues sur ces *latifundia*, s'opposait à la constitution à leur profit de servitudes fondées sur un droit de

____

(1) « Le droit d'usage, comme servitude foncière, est une charge imposée sur un héritage, pour l'usage et l'utilité d'un héritage appartenant à un autre propriétaire.....; et voilà pourquoi les habitants d'une commune sont véritablement usagers sur les biens communaux dont ils jouissent, et ne sont que cela, puisque la propriété de ces biens ne leur appartient point, mais seulement au corps de la commune. » (Proudhon. Traité des Droits d'Usage, T. I. chap. I, § 7.)

propriété qui leur aurait appartenu. Là nous ne pouvons trouver que des concessions de fait.

Mais, d'autre part, malgré la généralité du régime, il n'était point absolu. En fait, et surtout dans les premiers temps de l'Empire, il dut exister des villages, des bourgs habités par des populations agricoles libres, par des propriétaires, au profit desquels des servitudes usagères pouvaient être constituées. Quels furent ces droits? Nous n'avons, à ce sujet, rien de certain. Les jurisconsultes se taisent: les ouvrages des auteurs qui en auraient pu faire mention, sont en partie perdus. Quelques citations, il est vrai, tirées de ces fragments, semblent faire allusion à des usages communaux, mais ces droits se rapprochent, en réalité, d'un véritable droit de propriété, réglementé dans l'intérêt de l'avenir.

D'ailleurs, on n'en saurait tirer de conclusions précises et complètes sans se laisser entraîner par un désir téméraire d'assimiler ces droits à ceux que nous trouverons plus tard sur le sol de la France. Si des institutions semblables, placées dans des conditions différentes, se transforment en sens divers, à plus forte raison celles qui se développent sans communauté d'origine, et dans des milieux si distincts, ne doivent-elles point donner prise à l'assimilation.

L'empire Romain offrait d'immenses territoires, parfois incultes et inhabités. Ils avaient donc peu de valeur, et les habitants des bourgs en recevaient la pleine propriété dans un intérêt social et fiscal à la fois, sans qu'un intérêt supérieur obligeât, pour ménager deux nécessités opposées, à distinguer la propriété, d'un droit de servitude usagère.

Dans le monde féodal, au contraire, en France, où la société, comme les intérêts politiques, étaient plus ramassés, et sur un territoire moins étendu, la valeur du sol offrait une tout autre importance. Le seigneur, par exemple, voulait concilier l'intérêt qu'il avait à rester maître de ses terres, et celui qui le poussait en même temps à assurer, autant que possible, le bien-être et la stabilité des populations rurales. Dans ce but multiple, il concédait des droits d'usage, et se réservait la propriété.

Ainsi, la différence des besoins et des nécessités politiques, explique la différence dans les institutions.

SECTION III. — *Régime des Municipes.*

Le régime des *Latifundia* nous a présenté la propriété plus spécialemen' rurale : il nous reste à examiner maintenant le régime des Municipes, qui a trait à des associations plus importantes.

Nous les étudions en dernier lieu, parce qu'elles se rapprochent davantage des communautés au profit desquelles nous verrons les droits d'usage institués dans notre ancienne législation.

De plus, l'histoire nous montre la société Romaine, à l'époque où l'Empire s'affaisse, se retirer peu à peu des campagnes désertes, pour concentrer et recueillir toute sa vitalité dans les villes : nous voyons alors l'idée municipale, qui toujours domina la civilisation Romaine, prendre son plus grand essor, et coordonner encore les derniers débris de cette société mourante. « Rome n'était, dans son origine, qu'une municipalité, une commune.... Le peuple latin, est une confédération des villes latines.... Nous retrouvons, à la chute de l'Empire Romain, le même fait que nous avons reconnu dans le berceau de Rome ; la prédominance du régime et de l'esprit municipal. Le monde Romain est revenu à son premier état ; des villes l'avaient formé : il se dissout ; des villes restent.... Elles se renfermèrent chacune dans ses murs, dans ses affaires (1). »

Enfin, et pour la raison qui vient d'être indiquée, l'examen du régime municipal nous rapproche naturellement du sol de

(1) Guizot. Histoire de la civilisation en Europe, 2° leçon *passim.*

la Gaule, dans les limites de laquelle se restreindra notre étude.

Nous écartons d'abord ce qui concerne l'administration des municipes et l'organisation de la propriété municipale : demandons-nous seulement si nous trouvons établie, dans cette propriété, la servitude usagère.

Il importe, en ce but, de considérer quel était le domaine municipal.

Les Municipes Romains, en leur qualité de personnes morales, avaient une existence propre *(Universitates)*, et pouvaient être propriétaires (1).

Leurs biens meubles étaient généralement moins considérables et moins importants que leurs propriétés immobilières.

Celles-ci comprenaient d'abord les immeubles destinés à l'ornement ou à l'utilité, et qui ne rapportaient point de fruits.

En second lieu, les immeubles productifs de fruits ou de revenus, et qui composaient plus spécialement *les Biens communaux.*

« Si l'on veut rechercher l'origine des biens meubles et immeubles des cités, on trouvera que tout d'abord, quand le peuple romain fondait une colonie, outre la portion de terrain assignée à chacun des colons, on donnait à la corporation, à la colonie, au municipe, une certaine quantité de l'*ager publicus,* pour être sa propriété commune. Ce démembrement de l'*ager publicus,* en passant du peuple romain à la colonie et au municipe, devenait l'*ager vectigalis* de la nouvelle cité ; c'était le premier noyau des biens communaux (2).

(1) « *Universitatis sunt, non singulorum,* veluti quæ in civitatibus sunt, theatra, stadia, et similia, si qua alia sunt communia civitatum. » Just. Inst. L. II, T. 1 § 6.

» Si quid universitati debetur, singulis non debetur ; nec quod debet universitas, singuli debent. »

Ulp. l. 7 § 1. D. Quod cujuscumque universitatis L. III. T. 4

(1) A. Rivière. Hist. des biens communaux en France, etc., p. 89-60. Paris 1 vol. 1856.

Ces biens communaux, à leur tour, se subdivisaient (1) :

Les terres non vectigaliennes, *agri non vectigales*, étaient louées ou affermées suivant les conditions ordinaires.

Les terres vectigaliennes *agri vectigales*, étaient louées à bail perpétuel, moyennant une redevance. Il y avait même, dans les villes, des édifices vectigaliens (2). Par ce long bail, on encourageait le cultivateur à défricher et à exploiter le sol, même au prix de grands travaux, en lui faisant concevoir l'espérance de retirer, par une longue jouissance, la récompense de ses fatigues. Ce contrat devint l'*Emphytéose*, pour les *prædia rustica*.

Dans les villes, « le *contrat de superficie*, vente ou location, fut, pour les terrains non bâtis, ce que l'Emphytéose était pour les solitudes des campagnes (3). »

Par ces rapides notions, dont notre sujet ne comporte pas le développement, nous voyons que tous ces terrains, étant livrés à l'appropriation privée, n'étaient point susceptibles de servitudes usagères, sauf, bien entendu, les concessions privées entre particuliers, dont nous avons déjà fait mention, mais sur lesquelles nous n'avons point de détail.

Il est un texte, cependant, qui nous présente plusieurs habitants d'un municipe achetant un fonds pour établir, sur ce fonds, un droit de pâturage, *jus compascendi*, au profit de leurs propres domaines, *prædia*. Ce droit suit le fonds au profit duquel il a été constitué, et dans la proportion de la part

---

(1) « Agri civitatum alii *vectigales* vocantur, alii *non*.

Vectigales vocantur qui in perpetuum locantur : id est hac lege, ut tamdiu pro illis vectigal pendatur, quandiu neque ipsis, qui conduxerint, neque his, qui in locum eorum successerunt, auferri eos liceat.

Non vectigales sunt, qui ita colendi dantur, ut privatim agros nostros colendos dare solemus. »

Paul l. 1 princ. Si ager vectigalis, etc... L. VI. T. 3.

(2) Rivière, Id. p. 74-5. — et D. loi 15 §§ 26-27 L. 39 T. 2. De damno infecto et de suggrundis.

(3) Rivière. Hist. des biens communaux en France, etc. 1re partie chap. 7, p. 76.

qui a été affectée à ce fonds. En effet, si l'un des héritages est vendu, alors même qu'il n'a point été question du droit de pâture, ce droit n'en est pas moins transféré au nouveau propriétaire, pour la part attachée à cet héritage (1)

Mais que trouvons-nous là, sinon une véritable *destination du père de famille*, un arrangement au moyen duquel un ou plusieurs propriétaires de deux fonds distincts destinent l'un au service de l'autre ?

Ce texte, d'ailleurs, est isolé : il y est fait mention d'un fait particulier, non d'une disposition générale du législateur. Scævola nous présente l'espèce comme ayant soulevé une difficulté, d'où l'on pourrait induire qu'elle était rare. Enfin, cet achat privé d'un pâturage est un moyen qui n'offre pas le caractère d'un droit d'usage général et antique, mais qui en impliquerait plutôt l'inexistence.

Ainsi, nous n'avons aucune conclusion positive à tirer de ce texte : c'est donc ailleurs que nous devons chercher si les droits d'usage ont pu faire partie du système municipal.

Prenons-le dans la seconde moitié du régime impérial, à l'époque où les textes législatifs peuvent nous servir de guide.

Ce que nous avons dit jusqu'ici peut nous faire pressentir que le domaine municipal était double. Démembré, à l'origine, de l'*ager publicus*, en vertu d'une concession impériale, il comprenait comme lui une part livrée à l'appropriation et à

(1) Ce texte est de Q. Cervidius Scævola, sous Marc Aurèle (161-180) : L. 20 § 1 D. Si servitus vindicetur. L. VIII. T. 5. « Plures ex municipibus, qui diversa prædia possidebant, saltum communem, *ut jus compascendi haberent*, mercati sunt ; idque etiam a successoribus eorum est observatum : sed nonnulli ex his qui hoc jus habebant, prædia sua illa propria venum dederunt : quæro an in venditione etiam jus illud secutum sit prædia, cum ejus voluntatis venditores fuerint, ut et hoc alienarent ? Respondit, id observandum, quod actum inter contrahentes esset ; sed, si voluntas contrahentium manifesta non sit, et hoc jus ad emptores transire. Item quæro, an, cum pars illorum propriorum fundorum legato ad aliquem transmissa sit, aliquid juris secum hujus compascui traxerit ? Respondit ; cum id quoque jus fundi, qui legatus esset, videretur, id quoque cessurum legatario. »

l'exploitation privée : nous venons de l'étudier. L'autre, plus spécialement publique, était livrée directement et immédiatement à l'utilité de tous.

Mais à quels terrains s'appliquait cette seconde destination ? Aux terres hermes et vacantes, qu'il nous reste précisément à examiner.

A l'époque où le régime municipal eut le plus de régularité et de droits positifs, c'est-à-dire pendant la première moitié de l'Empire, peut-être il y eut-il des droits d'usage constitués. Mais rien ne l'indique. De plus, comme l'administration des biens municipaux appartenait à la curie et à ses magistrats, il est probable qu'il y eut une grande diversité dans tous ces règlements particuliers. Nous trouvons même un texte d'Ulpien qui permettrait de présumer combien peu ces droits offrirent d'importance et de généralité, en supposant même qu'ils aient existé. « Si quis negotia sua.... in municipio semper agit, in illo vendit, emit, contrahit, eo in foro, balineo, spectaculis utitur, ibi festos dies celebrat, omnibus denique municipii commodis fruitur (1). » La loi, énumérant, dans ce texte, les avantages qu'offre le municipe, aurait évidemment cité des avantages aussi importants que les droits d'usage, s'ils avaient existé d'une manière générale à cette époque de l'Empire. Or, ce texte est d'Ulpien, c'est-à-dire du commencement du IIe siècle de l'ère chrétienne (de Septime Sévère à Alexandre Sévère, 193-225). Il n'y eut donc certainement point, à cette époque, de règlements généraux, mais peut-être quelques droits individuels et privés.

Mais bientôt le régime des *latifundia*, pour les causes que nous avons déjà indiquées, transforma les terres labourées en pâturages (2), puis amena la dépopulation des campagnes et

_____

(1) D. 1. 27 § 1. Ulp. L. 30 T. 1.

(2) Les Romains avaient toujours eu cette tendance à convertir les terres arables en pâturages. Caton l'ancien déjà l'encourageait ; mais elle devint excessive avec les *latifundia*.

changea enfin en déserts des contrées autrefois fertiles. Cet état de choses eut pour résultat de rendre plus difficile la perception de l'impôt établi sur la propriété foncière, au moment même où l'organisation plus compliquée d'une vaste administration rendait les revenus de l'Etat plus nécessaires. Les propriétaires, voyant leurs terres abandonnées et incultes, harcelés d'un autre côté par un tribut écrasant, prenaient le parti de les abandonner pour échapper à cette situation ruineuse; ils se réfugiaient dans les solitudes, à l'armée, à la cour, dans les églises.

Que fit alors la loi pour remédier à ce mal? Elle prit deux mesures différentes.

La première fut décrétée par Aurélien (1) 270-275).

« Comme le principe du fisc impérial, c'était qu'il ne devait y avoir aucune terre qui ne payât l'impôt, et comme la responsabilité de la collection de l'impôt pesait sur les curiales, il en résulta que, faute de trouver des propriétaires contre lesquels on pût agir, le gouvernement impérial attribua aux municipes la propriété des biens abandonnés dans leurs circonscriptions (2). »

Quel usage en pouvaient faire les municipes? Tantôt ils les donnaient à bail perpétuel, moyennant un vectigal minime, à qui voulait les prendre et payer l'impôt: le plus souvent, et lorsqu'on ne pouvait appliquer à ces champs une exploitation régulière, on leur demandait du moins les services qu'ils pouvaient rendre : ils étaient livrés à l'usage commun des habitants.

Trouvons-nous là véritablement l'institution de la Servitude Usagère? Rigoureusement, on pourrait le dire.

Mais considérons avant de conclure, la situation misérable des municipes, le peu de valeur qu'offraient ces terres stériles, enfin l'intention du législateur.

(1) Const. 1 C. *De omni agro deserto*. L. XI. T. 58.
(2) Rivière, *loc. cit.*

Elle nous sera révélée mieux encore, quand nous connaîtrons la seconde mesure législative, par laquelle les Empereurs cherchèrent à assurer la perception de l'impôt pour les terres improductives.

Plus le municipe recevait de ces terres vaines, plus il était accablé de ces richesses ruineuses qui rendaient sa position intolérable. Elle le devint à ce point, que des cités ne furent plus capables, à un certain moment, de garder ces fonds de terre. Alors Constantin (1), le premier, attribua les terrains improductifs aux détenteurs et fermiers des champs cultivés : « Præcipimus, ut si constiterit ad suscipiendas easdem possessiones (desertas) ordines (civitatum) minus idoneos esse, eorumdem agrorum onera possessionibus et territoriis dividantur accepta (2). » Gratien, Valentinien et Théodose (3) généralisèrent cette mesure par la Constitution 6 au Code *De omni agro deserto* : « Quisquis conductor fuerit inventus possessor fundi fertilis, qui ex publico, vel templorum jure descendit, huic ager jungatur inutilior. » De même, la Constitution 5 au même titre, de Valentinien et Théodose (4) ; puis celles d'Arcadius et d'Honorius (5), ont le même but.

Un grand nombre d'autres dispositions législatives contenues au même titre (6), ne font que nous révéler la dépopula-

(1) Ans 313-337.

(2) Const. 1 C. L. XI. T. 58 *De omni agro deserto.*

(3) Ans 375-383.

(4) Ans 385-392 : « Qui utilia reipublicæ loca possident, permixtione facta etiam deserta suscipiant : ut si earum partium graventur accessu, quas antea per fastidium reliquerunt, cedant aliis curialibus, qui utraque hac conditione retineant, ut, præstatione salva cum desertis et culta possideant, sublata a paucis, quos iniquum est electa retinere : cum municipes gravatura sit pars relicta. » De même la Constit. 7. Id.

(5) Ans 393-423. Constit. 9 et 10. « Qui per potentiam fundos optimos ac fertiles occupârunt : cum quæstuosis uberibusque pro rata portione suscipiant infæcundos ex eadem substantia » La Const. 9 est de Théodose, Arcadius et Honorius (394).

(6) Ainsi : 1° La Const. 2 de Constantin *cod. tit.* suppose qu'un emphitéote ou qu'un fermier (ab emphyteuticario seu patrimoniali possessore)

tion des campagnes et l'état misérable de l'Empire, que les Barbares envahissaient de toutes parts.

De ces textes expliqués par l'histoire, nous tirons deux conclusions applicables à notre sujet :

1° L'Empire Romain, du moins à notre point de vue, en était réellement arrivé à cet état que nous avons signalé au début des civilisations, et dans lequel l'intérêt prédominant de l'agriculture, explique et légitime l'absence de toute disposition législative, qui aurait pour but la protection des terrains propres aux droits d'usage (2).

vend ses terres productives : l'acquéreur devra prendre à sa charge les terres stériles que le vendeur a gardées et pour lesquelles il ne peut payer l'impôt.

2° Celui qui cultivait les terres abandonnées par leurs propriétaires, put en prescrire par deux ans la possession et le *dominium*. Const. 3 C. cod. tit. de Valent. Théod. et Arcad.

La Const. 11, d'Arcadius et d'Honorius, rendue peu de temps après la précédente, réduit le délai à six mois : « Locorum domini intra sex menses edictis vocati, revertantur. » Sinon : « penes eos, qui hæc susceperint, *et certum quem tributorum canonem promittunt,* proprietas possessionis intemerata permaneat. »

3° Voir aussi la Constit. 13 id.

On voit toujours reparaître cette constante préoccupation du législateur, et l'unique but qu'il se propose, le paiement de l'impôt. Les conséquences des actes par lesquels il cherche ce résultat n'attirent que très-accessoirement son attention ; aussi n'en attacha-t il aucune aux usages établis sur les fonds incultes auxquels il avait pu assigner un propriétaire.

(2) Nous trouvons cependant un titre au Code, dont les trois Constitutions se proposent d'améliorer la condition des pâturages, et des bois destinés à la pâture. C'est le titre LX. du L. XI *De pascuis publicis et privatis.*

La première Constit. de Valentinien, Théodose et Arcadius, défend aux autorités locales d'imposer des charges trop dures à ces sortes de fonds.

La seconde, d'Arcadius et d'Honorius, menace d'une amende de douze livres d'or au profit du fisc, les soldats dont les animaux auront dévasté les pâturages. Cependant les curiales doivent chercher le moyen de nourrir les animaux des soldats.

La troisième, d'Honorius et de Théodose, est rédigée dans le même but. — Nous trouvons des décisions analogues au Code Théodosien, L. VII, T. VII.

Parmi ces terrains, il en est cependant une sorte qui aurait dû provoquer l'attention et la sollicitude du législateur : nous voulons parler des forêts publiques. Nous ne trouvons cependant sous l'Empire aucun texte qui les concerne (1).

Les forêts qui faisaient partie de l'*ager publicus* en furent successivement détachées au profit des municipes et des propriétaires, le plus souvent avec condition de défricher, et toujours de payer les droits du fisc. L'absence de défrichement, ou le défaut de payement, faisait rentrer la forêt entre les mains de l'Etat, qui se réservait indéfiniment le droit de retour : de telle sorte que les plus grands propriétaires et les municipes n'étaient, au fond, que les délégués du fisc, et responsables du payement de l'impôt par leurs tenanciers. Tel est le fait général qui domine l'histoire de la propriété forestière pendant cette période. S'il y eut des exceptions, elles durent être fort peu nombreuses.

2° Remarquons, en second lieu, avec quelle facilité le fisc impérial dispose à sa guise de tous ces biens communaux. Nous y trouvons la preuve qu'il les considère comme lui appartenant en réalité, malgré la fiction qui en attribuait la propriété aux municipes, dans un but uniquement fiscal. Il en résulte qu'on ne saurait reconnaître là de véritables droits constitués. L'intention même du législateur prouve que si l'Etat avait pu tirer quelque valeur sérieuse de ces terrains, il se serait bien gardé de les livrer aux municipes, mais qu'il les aurait exploités lui-même à son profit.

La véritable situation peut donc se résumer ainsi : Il y eut comme une lutte pour se défaire des terres stériles, et infliger à un autre l'obligation d'en payer l'impôt. L'Etat, usant de son droit du plus fort pour s'en débarrasser, les imposait aux municipes, pour que le fisc pût agir contre un propriétaire.

(1) Un titre au Code (L. XI, T. 77, De cupressis ex luco Daphnensi vel Perseis per Ægyptum excidendis, vel vendendis), ordonne des mesures à prendre pour protéger le bois sacré de Daphné ; mais elles sont toutes particulières.

Le municipe, à son tour, contraint de les accepter, n'en pouvait tirer aucun profit : il ne pouvait s'en délivrer comme il l'aurait fait volontiers, s'il avait pu seulement trouver un acquéreur. Alors il les livrait, en désespoir de cause, et pour que ces champs ne fussent point absolument inutiles, aux habitants, qui en usaient selon leur bon plaisir. Il n'y a là aucune application d'un droit, mais une preuve de la misère de ces temps : au point de vue juridique, nous trouvons dans ces concessions, *une simple tolérance*, mais en fait et en réalité, *un véritable abandon*.

Une semblable situation était trop misérable pour qu'un homme de cœur et d'énergie parvenant au pouvoir, ne cherchât pas à y porter remède. Cet homme fut Majorien, proclamé empereur en 457. En face de difficultés sans nombre, il comprit que le municipe était l'une des forces vitales de l'Empire, et que l'initiative individuelle des différentes parties du territoire romain constituerait contre l'ennemi un obstacle plus efficace que la résistance centralisée entre les mains d'un pouvoir affaibli.

Telle fut l'idée qui inspira ses efforts. Par une Novelle (1), il ordonne la réorganisation de l'administration municipale et du collége des curiales, du moins dans les cités qui ont encore des habitants : « Quæ sunt inhabitantium frequentia celebres. »

Cette tentative devait être défectueuse : l'Empire était trop profondément décomposé pour qu'il pût être sauvé. D'ailleurs, ces efforts patriotiques furent arrêtés aussitôt par l'assassinat de Majorien (461). Le lien artificiel d'une administration dont le système s'étendait sur tout le monde romain, ne parvint pas plus longtemps à contenir ensemble tant d'éléments épars. « Le moment était arrivé où la dissolution prévalut : ni le savoir-faire du despotisme, ni le laisser-aller

____

(1) In codice Theodosiano T. V. Nov. *De defensoribus civitatum*, de Majorien et Léon.

de la servitude ne suffirent plus, pour maintenir ce grand corps (1). »

Cependant, ce besoin d'union entre les membres de la même ville, en face des barbares envahissants, besoin que Majorien avait su deviner, était réellement dans les esprits ; en Gaule surtout, où nous avons désormais à renfermer nos recherches.

Il y eut comme une renaissance de l'esprit et du régime municipal : cette rénovation nous est attestée par ce fait, entre autres, que plusieurs villes livrées à elles-mêmes donnent à leur curie le nom de Sénat, pour rendre le prestige et la force à l'institution relevée. « L'espèce de vanité qu'il y avait indubitablement dans les motifs de ce changement n'était-elle pas l'indice d'un retour d'intérêt politique et social pour l'institution (2) ? »

Ainsi la race Gallo-Romaine, ne pouvant plus tourner ses regards vers Rome déjà submergée, s'appuie sur ses propres forces, et cherche à revêtir elle-même le prestige d'un passé perdu.

Ces faits historiques nous expliquent comment le régime municipal va se trouver, dans le midi de la Gaule, en contact immédiat avec les barbares qui viennent s'y établir. Les institutions que nous avons étudiées se font leur place, elles s'imposent même parfois aux vainqueurs. Mais ici nous pouvons en même temps reconnaître la vérité de cette assertion, que la race conquérante va relever les campagnes, et leur donner la prépondérance jusque là reconnue aux villes. Sous la domination romaine, « les propriétaires des campagnes étaient les habitants des villes ; ils sortaien' pour veiller à leurs propriétés rurales 3), » et y entretenaient tout un monde d'esclaves. « Dans les Gaules, en Espagne, ce sont toujours des

(1) Guizot, Histoire de la civilisation en Europe, 2e leçon, p. 43.

(2) Fauriel. Histoire de la Gaule méridionale. T. 1, p. 453.

(3) Guizot. Histoire de la civilisation en Europe, 2e leçon, p 40. Paris 1847.

villés que vous rencontrez : loin des villes, le territoire est couvert de marais, de forêts. Examinez le caractère des monuments romains, des routes romaines. Vous avez de grandes routes qui aboutissent d'une ville à une autre ; cette multitude de petites routes qui, aujourd'hui, se croisent en tous sens sur le territoire, était alors inconnue. Rien ne ressemble à cette innombrable quantité de petits monuments, de villages, de châteaux, d'églises, dispersés dans le pays depuis le moyen-âge. Rome ne nous a légué que des monuments immenses, empreints du caractère municipal, destinés à une population nombreuse, agglomérée sur un même point. Sous quelque point de vue que vous considériez le monde romain, vous y trouverez cette prépondérance presque exclusive des villes, et la non existence sociale des campagnes (1). » Voilà précisément la différence qui explique, sauf quelques réserves que nous développerons, l'apparition des Droits d'Usage à l'état d'Institution.

CHAPITRE II.

Nature juridique de la Servitude usagère.

Jusqu'ici nous nous sommes bornés à rechercher si nous devions rattacher par un lien de filiation historique les Droits d'Usage de notre ancien Droit Français, à une institution analogue qui aurait existé dans le Droit Romain.

Après avoir dans ce but interrogé l'histoire, nous avons vu que les Romains n'ont pas connu une institution de droit indépendante, qu'ils auraient nommée Droits d'Usage, en lui donnant des développements théoriques spéciaux.

(1) Guizot, Id., p. 41 et 42.

Mais est-ce à dire que nous ne pouvons trouver dans la législation Romaine des droits, qui, indépendamment de la tradition historique, de l'importance politique, et de la généralité, nous présentent cependant la même nature juridique?

Interrogeons pour le savoir les principes généraux, et cherchons dans quelle classe de droits nous devons faire rentrer la servitude usagère.

Sans nous préoccuper ici des ressemblances, il est avant tout nécessaire de bien marquer la différence qui sépare l'Usage Servitude Personnelle, de la Servitude Usagère, seul objet de notre étude : La similitude des noms pourrait porter à la confusion.

Un premier point hors de contestation, c'est que la Servitude Usagère est un *Droit Réel*, démembrement de la propriété, et que, parmi ces droits, il appartient à ceux qualifiés du nom de *Servitudes*.

Ici commence la distinction qu'il est important d'établir.

Les Servitudes sont des Droits Réels, démembrements de la propriété, en vertu desquels une personne peut tirer de la chose d'autrui une certaine utilité.

Le *Droit Réel* suppose un rapport simple de la personne qui a le droit, à la chose sur laquelle porte le droit.

Dans ce rapport, nous trouvons deux éléments.

Or, si nous nous bornons à considérer le premier élément, c'est-à-dire l'objet sur lequel porte le droit, nous rapprocherons indifféremment la Servitude Usagère des Servitudes *Stricto sensu*, c'est-à-dire des Réelles, et des Servitudes Personnelles, telles que l'Usufruit et l'Usage.

Mais si nous considérons au contraire le second élément, c'est-à-dire en faveur de qui le droit est établi, la distinction apparaît, se justifie, et marque la place que doivent occuper les droits d'usage (1).

(1) « Servitutes aut personarum sunt, ut usus, et ususfructus ; aut rerum, ut servitutes rusticorum prædiorum, et urbanorum. » Marcianus l. 1. *De Servitutibus* D. L. VIII. T. I.

Tantôt la servitude, étant établie au profit d'une personne individuellement déterminée, pour l'avantage spécial de cette personne, offre un caractère viager ; elle est alors *Personnelle* (1).

Tantôt elle est établie pour augmenter l'utilité, l'agrément, la valeur d'un fonds (2) : c'est au fonds que le droit est attaché (3). La personne apparaît ici, non pas considérée en elle-même, mais comme propriétaire du champ ou de la maison. Supposant donc un immeuble du côté actif et du côté passif à la fois, la Servitude, dans ce cas, reçoit le nom de Servitude Réelle (4).

Ce que nous avons vu déjà et les développements que nous donnerons à ce sujet, nous permettent dès à présent de juger dans quelle classe doit entrer la Servitude Usagère. Les Droits d'Usage constituent de véritables Servitudes Prédiales, et participent du caractère général des Servitudes Réelles.

Les Servitudes Prédiales ont leur place dans la législation Romaine ; elles se subdivisaient en Servitudes Prédiales Rustiques et en Servitudes Prédiales Urbaines.

C'est donc parmi elles que nous devons chercher si les Romains ont connu des Servitudes Usagères.

Or, si nous interrogeons les textes législatifs, nous trouvons au Digeste, confondus avec les autres Servitudes *Prœdiorum Rusticorum*, et présentés sous ce titre, des droits qui sont

---

(1) « Quotiens cohæret personæ id quod legatur, veluti *personalis servitus*, ad hercdem ejus non transit. » Pomponius l. 8. § 3. *De Liberatione legata*. L. XXXIV. T. 3.

(2) « Et datur (jus aquæ) interdum *prædiis*, interdum *personæ*... etc. » Ulp. l. 1 § 43. *De aqua cottidiand et æstiva*. L. XLIII. T. 20.

(3) « Quid aliud sunt jura prædiorum, quam prædia qualiter se habentia, ut bonitas, salubritas, amplitudo. » Celsus. l. 86. *De verb. signif*. D. L. 50. T. 16.

(4) « Ideo autem hæ servitutes prædiorum appellantur, quoniam sine prædiis constitui non possunt ; nemo enim potest servitutem adquirere urbani vel rustici prædii, nisi qui habet prædium ; nec quisquam debere, nisi qui habet prædium. » Inst. p 3. *De servitutibus*. L. II. T. 3.

précisément les nôtres, du moins au point de vue rigoureusement juridique : « In rusticis (servitutibus) computanda sunt *Jus pascendi*, calcis coquendæ et arenæ fodiendæ (1). »

Les juriconsultes romains eux-mêmes confirment notre démonstration concernant la nature juridique de ces droits. Ils les distinguent soigneusement des servitudes personnelles : « *Item longe recedit ab usufructu* jus calcis coquendæ, et lapidis eximendi, et arenæ fodiendæ, ... : item *silvæ cæduæ*, ut pedamenta in vineas non desint. Quid ergo, si prædiorum meliorem causam hæc faciant? *Non est dubitandum, quin servitutis sit.* Et hoc et Mæcianus probat (2). »

Or ce *jus pascendi, jus lapidis eximendi, arenæ fodiendæ, silvæ cæduæ,* ne sont autres que nos servitudes usagères; ils ont le même but, la même nature juridique (3), et ce sont des servitudes prédiales.

Toutefois ils diffèrent des droits d'usage, quant à l'importance et à la spécialité de l'institution : nous ne pouvons établir entre eux de rapports historiques.

D'un autre côté, nous avons vu que le Droit Romain fixe les principes et les caractères spéciaux des servitudes prédiales.

Ce sont eux que nous allons étudier.

(1) L. 1. § 1. Ulp. D. *De Servitutibus Prædiorum Rusticorum.* L. VIII. T. 3.

(2) L. 6 § 1. Paul. De *De servit præd. rust.*

(3) « *Il ne faut mesurer ces usages selon le droit Romain, au titre de Usu et habitatione, qui est servitude personnelle,* et est pour la seule commodité de la personne. *Car ces usages de nostre coustume sont réels et perpétuels ;* Ils appartiennent aux usagers *à cause des héritages* desquels ils sont détenteurs. » Coquille .*Coustumes de Nivernais.* Chap. XVII. Des Bois et Forests. Comment. de l'art. 15.

De même, question CCCIII : « L'usage, selon le droit des Romains, est personnel, et octroyé pour la seule commodité de la personne à laquelle il est octroyé, et pour sa vie durant.. Mais selon nostre coustume et plusieurs autres de France, *les usages de bois et pascages sont réels,* et .. concédés *en considération des maisons* qui appartiennent auxdits usagers : SIC SIT UT DEBEANTUR REI A RE, et sont *hérédilaires...* etc. » Coquille : *Questions et Responses.*

Voy. aussi *Coutume du bailliage de Troyes* de Legrand. T. X. Art. CLXVIII. Glose 2 n° 34 et suiv.

CHAPITRE III.

Caractères spéciaux des servitudes prédiales.

Selon qu'elles ont été constituées au profit d'une personne ou d'un fonds, les servitudes sont personnelles ou réelles. (L. 1 Marcian. D. *De Servitutibus* L. VIII T. I.) Les secondes comprennent les restrictions apportées à l'exercice de la propriété d'un héritage en faveur d'un autre héritage.

Ainsi toute servitude réelle suppose nécessairement deux immeubles qui n'appartiennent pas au même propriétaire (1) : celui qui en est grevé *(prædium serviens)*, et celui au profit duquel elle est établie *(prædium cui servitus debetur)*, de là le nom de servitude prédiale *(L. 1 § 1 Ulp. D. Communia Prædiorum* L. VIII T. IV. — Inst. L. II, T. III § 3).

Le droit profite à tous les propriétaires successifs du fonds ; mais comme il leur est accordé en vertu de leur qualité de propriétaire, il est attaché en réalité au fonds dominant lui-même. Aussi ne peut-on l'aliéner séparément, ni aliéner l'immeuble sans la servitude. (L. 23 §§ 2 et 3 Paul. *De Servit. præd. rust.* L. VIII. T. III. — L. 12 Ulp. *Communia prædiorum* L. VIII. T. IV. — L. 20 § 1 Ulp. *De acquir. rer. dom.* L. XLI T. I. — L. 11 § 3. Marcian. *De pignor. et hypoth.* D. L. XX T. I. — L. 44 Ulp. D. *Locati conducti.* L. XIX T. II.)

Étant attachée au fonds lui-même, la servitude accroît les droits de la propriété du fonds dominant, dont elle devient comme une qualité. Aussi la loi 86 (D. *De verb. signif.* L. L. T. XVI. *Celsus)*, dit-elle que les servitudes prédiales sont les fonds qui ont certaines qualités : « *prædia qualiter se habentia* ». Au contraire, le droit de propriété sur le fonds servant est restreint proportionnellement à l'étendue de la servitude :

(1) « Nulli enim res sua servit. » Paul. L. 26. D. *De servit. præd. urban.* L. VIII. T. II. — L. 33 § 1. D. *De servit præd rust.* L. VIII. T. III.

« *jus fundi deterius factum...* » (L. 126 *Proculus. De verb. si-gnif.* L. L. T XVI.)

La servitude prédiale consiste, au point de vue passif, à souffrir ou à ne pas faire quelque chose (1) ; et comme il ne saurait y avoir de degré dans l'abstention, il en résulte que la servitude prédiale est indivisible.

Mais comme l'objet sur lequel porte le droit de servitude peut-être susceptible de division, comme l'eau, le bois, on peut concevoir que l'avantage résultant de la servitude n'est pas lui-même essentiellement indivisible.

Nous allons indiquer maintenant les conséquences de ces principes. Elles constituent les caractères spéciaux des servitudes prédiales, que nous devons étudier.

I° De ce que la servitude prédiale existe au profit d'un fonds, *prædium dominans*, il résulte :

1° Qu'elle doit constituer un avantage *au profit de ce fonds;*

2° Que le fonds doit être dans une situation topographique telle qu'il puisse profiter de la servitude. C'est la condition de *Vicinité ;*

II° De ce que la servitude prédiale est une qualité inhérente au fonds dominant, résultent :

1° Le principe de la *Causa Perpetua ;*

2° La perpétuité de la servitude prédiale.

III° Enfin de ce que la servitude consiste, au point de vue passif, à souffrir ou à ne pas faire quelque chose, résulte : l'Indivisibilité de la servitude prédiale.

SECTION I⁰. — *Condition d'utilité ou d'agrément.*

La servitude prédiale doit procurer un avantage au fonds dominant. Il ne serait donc pas possible d'imposer comme servitude à un fonds, que le propriétaire n'y pourrait venir, ni en recueillir les fruits (L. 15 princ. D. *De Servit.* L. VIII. T. I).

(1) L. 15 § 1. *De servitatibus.* D. L. VIII T. I.

Cet avantage doit être de telle nature, qu'il implique l'existence du fonds auquel il profite. Le droit de se promener ou de cueillir des fruits sur le fonds d'autrui, ne saurait constituer, par exemple, une servitude réelle. (L. 8 princ. Paul, *De Servit.* L. VIII T. I.)

De ces deux idées combinées résulte le principe que le droit a pour limite les besoins du fonds dominant. Au-delà de cette limite, en effet, on ne pourrait plus dire que la servitude est utile à l'héritage. (L. 3. princ. Ulp. D. *De Servit. præd. rust.* L. VIII T. III. — L. 29 Paul. *De Servit. Præd. rust.*) Nous trouvons dans les lois 5 § 1 d'Ulpien, et 6 princip. de Paul (*De Servit. præd. rust.* D. L. VIII T. III), une application de cette règle. Le jurisconsulte suppose que le propriétaire du fonds dominant a le droit d'extraire la terre dont il a besoin pour façonner les vases destinés à recevoir les fruits du fonds : la servitude est alors prédiale ; mais si les objets ainsi fabriqués sont destinés à la vente, ce droit n'est plus une servitude réelle, parce qu'il n'offre plus d'utilité pour l'héritage (1).

Le propriétaire du fonds dominant peut donc seul user de la servitude. Toutefois, on admettait certaines dérogations à ce principe dans un but d'utilité pratique (L. 33 § 1 *Africanus* L. VIII T. III D. *De Servit. præd. rust.* — L. 1 § 16 Ulp. D. *De aq. cott. et æst.* L. XLIII T. XX.)

Il n'est pas nécessaire que l'avantage procuré soit d'une utilité pécuniaire ; il suffit qu'il en résulte un simple agrément (L. 3, 15 Ulp. — 16. Paul *De Servit. præd. urb.* D. L. VIII T. II. L. 8 § 1 D. *Si servit. vindic.* L. VIII T. V ....*porticum ambulatorium facere...* — L. 3 princ. D. *De aqua cott et æst.* L. XLIII T. XX « Hoc jure utimur ut etiam .....amœnitatis causa, aqua duci possit. ») Mais, comme nous l'avons dit, il faut que cet agrément rende meilleure la condition du fonds lui-même et qu'il en implique l'existence. Nous trouvons ces conditions réunies dans les textes que nous venons de citer. Il

____

(1) Le Code civil contient le même principe. Art. 686 al. 1.

suffit même que l'avantage puisse se réaliser un jour, sans présenter immédiatement son utilité ou son agrément. (L. 19 *Labeo. D. De servitutibus*).

Cette idée, que le droit est intimement lié au fonds, explique aussi le principe d'intransmissibilité de la servitude réelle, et celui que l'on formule en ces termes : « Servitus servitutis esse non potest. » (L. 1 Paul *De Usu et Usufructu* D. L. XXXIII T. II.) On en voit une application dans la loi 24 de *Pomponius De servitut. præd. rust.* D. L. VIII T. III. Toutefois, le propriétaire du fonds dominant peut s'obliger par pactes et stipulations envers un propriétaire voisin à laisser puiser de l'eau : mais il n'y a point là constitution d'une servitude réelle (L. 33 § 1 *De servit præd. rust.* D. L. VIII T. III).

SECTION IIe. — *Condition de Vicinité.*

La condition de vicinité se rattache à la précédente. Du moment en effet que la servitude doit procurer un avantage au fonds dominant, il faut que les deux fonds soient voisins, *vicina*, c'est-à-dire qu'il n'y ait pas entre eux une distance telle, que l'exercice de la servitude soit impossible (L. 3 princ., l. 5 § 1, *De servit. præd. rust.* D. L. VIII T. III.-L. 12 *De pignor et hypoth.* D. L. XX T. I.) Mais le motif de cette règle nous montre dans quelles limites elle doit être appliquée. La vicinité ne consiste pas nécessairement dans la contiguïté des deux fonds. (L. 4 § 8 *si servit vindic*, D. L. VIII T. V. — L. 1 princ. *De servit. præd. urb.* D. L. VIII T. II. — L. 6 princ. D. comm. *præd.* L. VIII T. IV) (1), mais dans l'absence des causes exté-

(1) Si quis duas ædes habeat, et alteras tradat, potest legem traditioni dicere, ut vel istæ quæ non traduntur ; servæ sint his, quæ traduntur; vel contra : ut traditæ retentis ædibus serviant ; parvique referet vicinæ sint ambæ ædes, an non. Idem erit et in prædiis rusticis ; nam et si quis duos fundos habeat, alium alii potest servum facere, tradendo. » L. 6. princip. Ulp. *Commun. prædior.*

On a voulu expliquer la solution de ce texte, en disant que la condition

rieures qui pourraient empêcher l'avantage de se produire. Il faudra donc consulter sur ce point la nature de l'avantage que procure la servitude. La contiguïté est indispensable par exemple, pour les servitudes *oneris ferendi, tigni immittendi*.

De même, pour les servitudes *non altius tollendi*, ou *ne prospectui offendatur*, il ne faudrait pas qu'une distance trop considérable ou qu'un autre obstacle insurmontable s'opposât à ce que les deux fonds fussent en vue l'un de l'autre (L. 38-30 D. *De servit. prœd. urb.* L. VIII T. II).

Indépendamment de ces causes naturelles et permanentes, il peut arriver que l'existence de fonds intermédiaires rende, en fait ou en droit, impossible l'exercice de la servitude (L. 7 § 1 *De servit. prœd. rust.* L. VIII T. III). Dans ce cas, pour que le maintien du droit soit assuré, il faut que les fonds intermédiaires soient eux-mêmes soumis à la servitude.

Mais, pour décider si les héritages intermédiaires s'opposent à l'établissement de la servitude, distinguons suivant que la propriété de ces fonds est publique, religieuse ou privée.

I° Le fonds intermédiaire présente un caractère religieux.

Dans ce cas, la servitude ne sera valablement constitué que si elle n'exige aucun acte ni aucun travail sur le terrain religieux. Autrement, son établissement serait impossible ; ce lieu ne pouvant servir à aucun usage profane (L. 17. § 3 D. *De aq. et aq. pluv. arc.* L. XXXIX. T. III. — L. 14 § 2 *De servit.* L. VIII. T. I.)

II° La même distinction doit être observée lorsque les fonds sont séparés par un terrain destiné à un usage public.

Cependant, lorsqu'il s'agit d'un chemin public, la servitude

de vicinité était exigée, lorsque la servitude était établie *per translationem*, et non lorsqu'elle l'était *per retentionem*.

Mais il faut remarquer que le texte mentionne aussi l'hypothèse dans laquelle le propriétaire établit une servitude sur le fonds qu'il retient. De plus, la condition de vicinité n'étant exigée que parce que la servitude doit avoir une certaine utilité, la raison est la même pour toutes les servitudes, qu'elles aient été ou non établies *per translationem*.

de puisage peut être établie, parcequ'elle n'a pour résultat que de permettre au propriétaire dominant de passer sur le chemin intermédiaire. Il n'en serait pas de même pour l'*aquæductus* : « Sine permissu principis aqua per viam publicam duci non potest. » (L. 18 § 1. L. XXXIX. T. III. D. *De aq. et aq. pluv. arc.* — L. 14 § 2 *De Servitut.* D. L. VIII. T. I).

Si les deux fonds sont séparés par une rivière, les mêmes règles sont applicables lorsqu'il s'agit d'une servitude *in habendo* ou *in prohibendo* (L. 1, princ. D. *De servit. præd. urb.* L. VIII. T. II). Quant à la servitude *in faciendo*, elle peut être établie, lorsque la rivière est guéable ou munie d'un pont (L. 38. D. *De servit. præd. rust.* L. VIII. T. III).

III° Supposons maintenant que la propriété du fonds intermédiaire est privée.

Il peut appartenir au propriétaire dominant, au propriétaire du fonds servant ; enfin à un tiers.

1° Appartient-il au propriétaire du fonds dominant ? Celui-ci, pour la servitude d'*iter* par exemple, passe en vertu de son droit de propriété : rien ne met donc obstacle à l'exercice de la servitude (L. 17, § 3, D. *De aq. et aq. pluv. arc.* L. XXXIX T. III).

2° Au propriétaire du fonds servant ? Comme celui-ci doit souffrir tout ce qui est nécessaire pour l'exercice de la servitude, le propriétaire du fonds dominant pourra également passer sur l'héritage intermédiaire : « Qui habet haustum, iter quoque habere videtur ad hauriendum. » (L. 3, § 3, D. *De servit. præd. rust.* L. VIII, T. III.)

3° Enfin le fonds intermédiaire appartient-il à un tiers ? Aucune difficulté ne s'élève, si ce fonds est grevé d'une servitude assurant l'exercice de la première. S'il est libre, au contraire, l'établissement de la servitude est possible, mais son maintien n'est point assuré.

Ou cette servitude exige un acte, des travaux, sur le fonds intermédiaire, ou elle nécessite un certain état de chose, comme l'absence de construction sur le fonds.

Dans le premier cas, l'exercice de la servitude ne sera possible qu'autant que le propriétaire du fonds intermédiaire le permettra (L. 7, § 1, D. *De servit. præd. rust.* L. VIII, T. III). A ce propos, Paul, dans la loi 7, § 1 (*Comm. præd.* L. VIII, T. IV), examine plusieurs hypothèses. Le jurisconsulte suppose d'abord qu'un propriétaire de deux fonds séparés par un héritage appartenant à un tiers, aliène l'un de ces fonds. Pourra-t-il retenir à son profit une servitude de passage? Il faudra qu'il acquière dans ce but la servitude de passage sur le fonds intermédiaire : « Interpositis quoque alienis ædibus imponi potest, veluti ut altius tollere, vel non toll   liceat, vel etiam si iter debeatur, ut ita convalescat, si mea   ædibus postea servitus imposita fuerit : sicuti per plurium prædia servitus imponi etiam diversis temporibus potest. »

Dans la seconde partie du texte, Paul suppose qu'un propriétaire a trois fonds contigus, A, B, C. Ce propriétaire vend le fonds C, situé à l'une des extrémités, et se réserve sur cet héritage une servitude au profit du fonds A situé à l'autre extrémité. Comme le fonds B, intermédiaire, lui appartient, il pourra faire sur ce fonds les actes qu'entraîne l'exercice de la servitude établie sur l'héritage voisin C. Mais qu'arrivera-t-il si, dans la suite, il vend le fonds dominant, ou l'héritage intermédiaire ? Dans ce cas, le propriétaire du fonds dominant ne pourra plus agir sur le fonds intermédiaire en qualité de propriétaire : d'un autre côté, aucune servitude n'est constituée sur ce fonds. L'exercice de la servitude ne sera donc possible qu'à partir du moment où le propriétaire dominant aura acquis ce droit sur le fonds intermédiaire.

Supposons en second lieu qu'il s'agisse d'établir une servitude *non altius tollendi*. Elle pourra être constituée au profit d'un fonds qui n'est pas contigu : « *Hæc servitus, et ei, qui ulteriores ædes habet, deberi poterit.* » (L. 4, § 8, *si servit. vindic.* D. L. VIII T. V.) L'exercice de la servitude est utile, tant que le propriétaire du fonds intermédiaire ne construit pas : « Et ideo si inter meas et Titii ædes, tuœ intercedant, possum Titii œdibus servitutem imponere, *ne liceat ei altius tollere*, licet tuis non imponatur : quia donec tu non extollis, est utilitas servitutis. » (L. 5, Paul. D. *Si servit. vindic.* L. VIII, T. V). Mais comme le fonds intermédiaire n'est point nécessairement grevé, rien n'empêche le propriétaire de construire assez haut pour rendre impossible l'exercice de la servitude. Le propriétaire servant pourra donc élever sur son terrain, puisque le propriétaire dominant n'aurait aucun intérêt à s'y opposer : « Et si forte qui medius est, quia servitutem non debebat, altius extulerit ædificia sua, ut jam ego non videar luminibus tuis obstaturus, si ædificavero, frustra intendes, jus mihi non esse ita ædificatum habere invito te. » (L. 6 princ. Ulp. *Si servit. vindic*). Si les constructions sont démolies, le propriétaire dominant pourra de nouveau intenter l'action confessoire, pourvu que la servitude *altius non tollendi* ne soit pas éteinte par le non-usage. « Sed si *intra tempus statutum* rursus deposuerit ædificium suum vicinus, renascetur tibi vindicatio. » (L. 6 princ. Id.)

SECTION III. — De la *causa perpetua*.

Puisque le but de la servitude est de créer une qualité inhérente au fond dominant, celle-ci doit offrir les mêmes caractères que les qualités naturelles du fonds, c'est-à-dire qu'elle doit : 1° appartenir au fonds dominant indépendamment du fait du propriétaire servant ; 2° être permanente, c'est-à-dire que l'exercice présent n'en doit pas rendre impossible l'exercice futur.

Ces deux caractères constituent la *Cause Perpétuelle*, qui est une condition de l'existence des servitudes prédiales.

1° L'exercice du droit ne doit pas dépendre du fait d'une personne autre que le titulaire.

Nous avons vu que la servitude rurale ne peut être établie entre deux fonds séparés par une rivière publique à moins que celle-ci ne soit guéable ou munie d'un pont. (L. 38, D. *De*

servit. præd. rust. L. XIII, T. III). Au contraire, on peut constituer une servitude de passage en bateau, sur le lac d'un particulier (L. 23 § 1 *De servit. præd. rust.*).

La règle que nous venons de poser explique cette différence.
Dans la première hypothèse, l'autorité pourrait transporter
ailleurs le passage par bateaux ; l'exercice de la servitude
dépendrait par conséquent de la volonté d'un tiers. Au contraire, dans la seconde hypothèse, le propriétaire dominant
pourra toujours, par sa seule volonté, exercer la servitude de
passage.

Paul, dans la loi 28 (D. *De servit. præd. urban*, L. VIII,
T. II), présente une application du principe. Le jurisconsulte
suppose que l'eau employée à laver le *pavimentum* d'une salle
s'échappe par une ouverture faite à l'un des murs. Le voisin
pourra-t-il acquérir le droit d'employer cette eau, à titre de
servitude prédiale ? Il ne le pourra pas, si l'eau est apportée
dans la salle : « si in eum locum nihil ex cœlo aquæ veniat :
neque enim perpetuam causam habet, quod manu fit. » Mais
la servitude peut être acquise sur l'eau de pluie qui aurait été
recueillie : « At quod ex cœlo cadit, etsi non assiduo fit, ex
naturali tamen causa fit, et ideo perpetuo fieri existimatur. »

On a proposé une autre explication de ce texte. Il y serait
question, au contraire, du droit pour le propriétaire de la salle,
de faire écouler les eaux sur le fonds voisin, qui serait le
fonds servant. La servitude, n'ayant pas de *causa perpetua*
de la part du fonds dominant, ne serait pas possible. Mais il
est facile de voir que, dans cette explication, le texte de Paul
énoncerait un principe auquel un grand nombre de servitudes
admises serait contraire (1).

Il est un principe applicable aux servitudes en général, et
en vertu duquel la servitude ne peut consister dans le fait du
propriétaire servant, *in faciendo*. En effet, la servitude ne

____

(1) « Fumi quoque immittendi servitutem esse placet. » L. 8, Ulp. § 8.
Si servit. vindic. — *Hug. Donelli opera.* T. III. col. 255 — X.

peut porter que sur un des éléments de la propriété, puisqu'elle en est un démembrement. Or, la propriété ne donne pas le droit de contraindre autrui *ad faciendum*. De plus, cette servitude serait incompatible avec l'idée du droit réel, qui implique une relation directe de la personne à la chose, abstraction faite de tout autre individu (L. 15 § 1 *De servit.* L. VIII. T. 1).

Ce principe ne doit pas être confondu avec la condition de la *causa perpetua*, qui suppose accompli déjà le fait duquel on ferait dépendre la servitude prédiale. Au contraire, dans le cas écarté par l'application du premier principe, le fait du propriétaire servant serait à accomplir (*in faciendo*) et constituerait l'objet direct de la servitude. La prohibition porte alors sur le *fait* lui-même, tandis que la condition de la *Causa perpetua* rend impossible la servitude qui serait fondée sur la *conséquence* du fait.

II° L'usage même de la servitude ne doit pas avoir pour effet d'en rendre impossible la continuation (L. 1, § 5, D. *De aq. coll. et œst.* L. XLIII, T. XX. — L. un., § 4, D. *De fonte.* L. XLIII, T. XXII. — L. 23, § 1. *De servit. prœd. rust.* L. VIII, T. III. — L. 28. *De servit. prœd. urb.* L. VIII, T. II). Certaines servitudes semblent cependant devoir épuiser le fonds servant, par-exemple, le *jus cretœ eximendœ, jus arenœ fodiendœ, lapidis eximendi, calcis coquendœ* (L. 5, § 1, 6 § 1, D. *De servit. prœd. rust.* L. VIII, T. III). Mais rappelons-nous que l'exercice de la servitude ne doit pas dépasser les besoins du fonds dominant : cette limite prévient l'épuisement. Ce motif toutefois serait par lui-même insuffisant, s'il n'était pas juste de dire que les produits des mines et carrières sont considérés comme inépuisables.

Le principe de la *Causa perpetua* a-t-il toujours été conservé ?

On invoque d'abord pour la négative, la loi 9 de Paul, D. *De servit. prœd. rust.* L. VIII, T. III : « Servitus aquæ ducendæ, vel hauriendæ, nisi ex capite, vel ex fonte constitui

non potest : hodie tamen ex quocumque loco constitui solet. »
Ce texte signifie simplement qu'on a fini par admettre que la
servitude pouvait être exercée à un point quelconque du cours
d'eau, non pas seulement à sa source (L. 8. *De aq. cott. et œst.*
D. L. XLIII, T. XX).

On a soutenu que depuis Antonin Caracalla, la *Causa perpetua* n'était plus exigée ; et l'on s'est appuyé sur la loi 2,
d'Ulpien, D. *Comm. prœd.* L. VIII, T. IV : Un propriétaire
ayant un réservoir ou une machine installée pour puiser l'eau
dans le fleuve, concède à son voisin le droit de prendre de
l'eau dans ce réservoir, ou au moyen de cette machine. Il y
a-t-il dans ces deux cas une servitude prédiale valablement
constituée ? Antonin le décide ainsi par un rescrit : « Res-
cripto imperatoris Antonini ad Tullianum adjicitur, licet servitus jure non valuit, si tamen hac lege comparavit, seu alio
quocumque legitimo modo sibi hoc jus adquisit, tuendum
esse eum, qui hoc jus possedit. »

Suivant Cujas, le motif de douter de la validité du droit était
que la servitude aurait pu, dans la seconde hypothèse, dépasser les besoins du fonds dominant. Dans le cas où la servitude aurait été constituée sur un réservoir, il n'y aurait pas
eu de *causa perpetua*.

Il est certain que le premier élément de la *causa perpetua*
fait défaut dans la seconde hypothèse ; puisque la servitude
consiste à exiger un fait de la part du propriétaire servant.
D'autre part, le second élément que nous avons indiqué
manque pour le droit de puisage établi sur le réservoir : « Nam
cisterna non habet perpetuam causam... » (L. un., § 4, D.
De fonte, L. XLIII, T. XXII).

Il faut donc reconnaître que le principe de la *causa perpetua,*
rigoureusement appliqué dans l'origine, finit par être interprété d'une manière plus large. Primitivement on avait tiré de
cette règle des conséquences extrêmes : par exemple, que la
servitude ne devait pas être exercée au moyen de certains
travaux accomplis par le propriétaire du fonds servant, et

susceptibles d'être détruits. Le rescrit d'Antonin a pour but d'exiger seulement que les travaux offrent un certain caractère de permanence (L. 1, § 41, 42, 43. Ulp. D. *De aq. cott. et œst.* L. XLIII, T. XX).

SECTION IVe. — *Perpétuité de la servitude prédiale.*

La servitude prédiale est perpétuelle, en ce sens qu'elle ne peut être établie *ad diem*, ni *ad conditionem ; ex die*, ni *ex conditione.* Cette règle se rattache au principe en vertu duquel la servitude doit constituer une qualité, inhérente au fonds dont elle est un accessoire, et perpétuelle comme lui. Elle ne peut donc pas être établie de manière que la durée en soit limitée. Toute limitation de temps serait contraire à la nature de ces droits.

Toutefois cette impossibilité peut tenir à un double motif :

1° Au mode employé pour constituer la servitude ;

2° A la nature même de la servitude.

Examinons dans quelle mesure intervient chacun d'eux.

1° Mode employé pour constituer la servitude.

La modalité tendant à produire l'extinction du droit *(dies* ou *conditio ad quam)*, peut être valablement contenue dans le legs, dans l'*in jure cessio*, dans l'adjudication : « Ad certum tempus et in jure cedi et legari et officio judicis constitui potest. » (*Fragm. Vatic.* § 48).

La modalité tendant à reculer la naissance du droit que l'on veut établir (*dies* ou *conditio ex quâ)* peut être contenue dans le legs : « Ex certo tempore legari potest. » (*Fragm. Vatic.* § 49). Paul, dans ces passages nous donne les décisions relatives à l'usufruit. En ce qui concernait l'*in jure cessio* et l'adjudication, la question était débattue entre les jurisconsultes. Paul disait, pour soutenir que ces modes de constitution n'admettaient point ces modalités, que l'action de la loi n'est pas donnée pour un droit futur, c'est-à-dire que dans l'*in jure cessio*, le cessionnaire doit affirmer qu'il *a* actuellement le droit, et non pas qu'il l'*aura* à une époque future. « Sed an in jure cedi vel an adjudicari possit, variatur. Videamus ne non possit, quia nulla legis actio prodita est de futuro. » (*Fragm. Vatic.* § 49). Pour l'adjudication, en pouvait dire que le juge, n'ayant à s'occuper que des droits actuels des parties, ne leur confère non plus que des droits actuels. (L. 77 *De reg. jur.* D. L. L. T. XVIII. — *Fragm. Vatic.* § 320.) Ulpien, au contraire, admettait le *dies ex quo*, et la *conditio ex qua*, pour l'adjudication. (L. 16 § 2. D. *Famil. ercisc.* L. X T. II).

Ces distinctions concernent le cas où le droit était constitué *per translationem*. Mais quels actes pouvaient contenir les modalités tendant à reculer la naissance, ou à produire l'extinction d'un droit constitué *per deductionem*?

Ces modalités étaient admises dans le legs, comme on peut le supposer d'après le § 50 *in fine, Fragm. Vatic.* : « Sequitur ut et legato deduci ad certum tempus possit. » Pour la mancipation et l'*in jure cessio*, la question était controversée. Pomponius admettait la translation jusqu'à un terme, mais non la déduction soumise à cette modalité. Suivant Paul et d'autres jurisconsultes dont il rapporte la doctrine, la loi des XII Tables confirmant les clauses qui accompagnent la mancipation et l'*in jure cessio*, on doit admettre comme valable la déduction soumise à cette modalité, et contenue dans une mancipation ou dans une cession juridique. Mais Paul ne résout point la question pour la déduction à partir d'un terme ou d'une condition (*Fragm. Vatic.* § 50).

Telles sont les solutions qui étaient admises en matière d'usufruit. Comme ce droit était temporaire de sa nature, et comportait l'apposition d'un terme ou d'une condition, le mode de constitution seul pouvait créer un obstacle à cette apposition. Par conséquent, une fois connus les modes de constitution qui repoussent le terme ou la condition, il est facile de déterminer les cas dans lesquels la nature de la servitude prédiale s'oppose seule à l'apposition de ces modalités.

IIº Exclusion du terme et de la condition en vertu de la nature même de la servitude prédiale.

En droit civil, comme nous l'avons vu, la servitude ne peut pas être établie de manière que la durée en soit limitée. Par conséquent elle ne peut être constituée « neque ex tempore, neque ad tempus, neque sub conditione, neque ad certam conditionem. » Mais ici se présentait l'utilité qu'il y avait de distinguer suivant que la modalité était écartée par la nature seule de la servitude, ou, en outre, par le mode de constitution du droit. Ce dernier cas se présente pour la mancipation, l'*in jure cessio* et l'adjudication, qui sont viciées par l'opposition du *dies* ou de la *conditio ex qua* : l'acte de constitution étant annulé, la servitude n'existe pas.

Au contraire, le legs n'est pas vicié par le *dies a quo* ou *ad quem*, ni par la *conditio ex qua* ou *ad quam* ; la mancipation, l'*in jure cessio*, l'adjudication ne sont pas viciées par le *dies* ni par la *conditio ad quam* : dès lors la modalité seule tombe, et la servitude, en droit civil, est constituée purement. Mais le droit prétorien, au contraire, admettait ces modalités, et donnait l'*exceptio pacti* ou *doli* contre celui qui aurait voulu exercer la servitude contrairement au terme ou à la condition qui avaient été convenus : « Servitutes ipso quidem jure neque ex tempore, neque ad tempus, neque sub conditione, neque ad certam conditionem (verbi gratiâ quamdiu volam) constitui possunt : sed tamen, si hœc adjiciantur, pacti, vel per doli exceptionem occuretur, contra placita servitutem vindicanti, idque et Sabinum respondisse Cassius retulit, et sibi placere. » (Papinian. L. 4 princ. D. *De Servitutibus* L. VIII. T. I).

Nous devons remarquer que ces règles concernent seulement les conditions expresses (L. 77 L. L. T. XVII. D. *De reg. jur.*). La loi 23 § 1 de Pomponius (D. *De Servit. præd. urb.* L. VIII T. II) dit en effet que l'on peut valablement constituer une servitude au profit d'une maison à construire, ou sur cette maison : « Futuro quoque œdificio, quod nondum est, vel imponi vel adquiri servitus potest. » Paul, dans la loi 10 (D. *De Servit. præd. rust.* L. VIII T. III), donne un autre exemple : « Labeo ait talem servitutem constitui posse, ut *aquam quærere, et inventam ducere liceat* : nam si liceat nondum ædificato ædificio servitutem constituere, quare non æque liceat, nondum inventa aqua, eamdem constituere servitutem ? et, si ut quærere liceat, cedere possumus, etiam ut inventa ducatur, cedi potest. »

Mais il faut distinguer en cette matière l'établissement ou la constitution, de la stipulation d'une servitude. C'est le propriétaire qui doit constituer la servitude (1), tandis qu'elle pouvait être promise à la charge d'un fonds dont le promettant n'était pas encore propriétaire : « Viam promittere et is potest qui fundum non habet. » (L. 25 § 10. Paul. D. *Fam. ercisc.* L. X T. II.) La même différence se fait sentir au point de vue de l'apposition des modalités ; car la stipulation de la servitude, sous condition ou à terme, était valable *ipso jure* (L. 08 *De verb. oblig.* D. L. XLV T. I.).

Enfin, du terme ou de la condition, il faut distinguer le *modus*, que comportait la servitude prédiale, même en droit civil : « Modum adjici servitutibus posse constat ; veluti quo genere vehiculi agatur vel non agatur, veluti ut equo duntaxat, vel ut certum pondus vehatur, vel grex illo transducatur, aut carbo portetur. — § 2. Intervalla dierum et horarum, non ad temporis causam, sed ad modum pertinent jure constitutæ servitutis. » (L. 4 § 1 et 2 Papinian. *De servitut.* L. VIII T. I.).

Dans le cas où il est nécessaire de faire reconnaître, avant l'expiration du terme, l'existence d'une servitude constituée *ad tempus*, il est inutile de mentionner le terme dans l'*intentio* de la formule ; pour le *modus*, la solution était différente : « Si de altius tollendo aget is qui in infinitum tollendi jus non

(1) « Duas autem ædes simul tradendo non potest efficere alteras alteris servas : quia neque adquirere alienis ædibus servitutem, neque imponere potest. » Ulp. L. 6 princ. in fine. D. *Comm. præd.* L. VIII T. IV.

habet, si non expresserit modum, *plus petendo* causa cadit, quasi intenderit jus sibi esse in infinitum tollere. » (*Fragm. Vatic.*, § 53.)

SECTION V°. — *Indivisibilité de la servitude prédiale.*

La servitude prédiale est indivisible en ce sens :

1° Qu'elle ne peut exister au profit d'une part indivise, ni à la charge d'une part indivise d'un fonds. (L. 23, § 3. Paul, D. *De servit. prœd rust.*);

2° Qu'elle ne peut être divisée : « Et servitutes dividi non possunt : nam earum usus ita connexus est, ut, qui cum partiatur, naturam ejus corrumpat. » (*Pomponii Fragmentum*, Pellat, *Manuale*, p. 857.)

Quelles sont les conséquences de ce double principe ?

I° Au point de vue de la constitution de la servitude prédiale.

Un co-propriétaire ne peut constituer une servitude au profit du fonds commun, ni sur le fonds commun : « Unus ex dominis communium œdium servitutem imponere non potest. » L. 2, Ulp. D. *De servit. L. VIII, t. I.*)

S'il le fait, la constitution est nulle : « nihil agit. » (L. 34, princ. Papinian. *De servit. prœd. rust.*) Toutefois, si dans la suite les autres co-propriétaires constituent la même servitude elle se trouvera validée : mais elle ne sera établie que lorsque tous les co-propriétaires auront fait la concession du droit (L. 18, Paul, D. L. VIII, T. IV, *Commun. prœd.*) Cette constitution de la servitude par des actes successifs n'est possible qu'à deux conditions indiquées par cette loi 18 de Paul.

Il faut d'abord que le premier constituant soit encore propriétaire au moment où a lieu le dernier acte de constitution. Si nous supposons en effet qu'il a vendu sa part indivise du fonds, il l'a vendue libre, puisque la servitude ne pouvait encore exister, en vertu du principe : « Unus ex dominis communium œdium servitutem imponere non potest. »

Par application du même principe, les autres co-propriétaires ne pourront établir la servitude sur le fonds, pour leur part, puisque le successeur à titre particulier du premier constituant a reçu sa portion libre.

La concession sera donc en suspens jusqu'à ce que le nouveau co-propriétaire fasse aussi un acte de constitution de la servitude : « Igitur rursus hic actus pendebit, donec novus socius cedat. Idem juris est, et si uni ex dominis cedatur, deinde in persona socii aliquid horum accederit........ et ideo non potest uni vel unus cedere. » (L. 18, *Commun. præd.*)

La seconde condition nécessaire à la validité de la servitude constituée à plusieurs reprises, consiste en ce que la concession doit être faite par actes entre vifs. Si donc la servitude a été léguée par deux co-propriétaires, il faut, pour qu'elle soit valable que les deux héritiers fassent simultanément aditions des deux hérédités ; si l'acquisition des deux legs n'a point lieu simultanément, la servitude n'est pas constituée, car il ne faut pas que l'effet d'un legs soit tenu en suspens par suite de circonstances extérieures ; « ... Si omnes socii legent servitutes, et pariter eorum adeatur hereditas, potest dici, utile esse legatum ; si diversis temporibus, inutiliter dies legati cedit ; nec enim sicut viventum, ita defunctorum actus suspendi, receptum est. » (L. 18, Paul, id.)

Nous voyons dans la loi 18 que les mêmes règles s'appliquent au cas où le droit de servitude aurait été concédé par le propriétaire exclusif d'un fonds à l'un des copropriétaires d'un autre fonds : « Idem juris est, et si uni ex dominis cedatur. » Cette autre conséquence de l'indivisibilité reçoit à son tour une application dans la loi 3, de Marcellus (*De servit. leg.* D. L. XXXIII. T. III) ; un testateur lègue un fonds à Mœvius et à Titius ; de plus une servitude d'*iter* à Mœvius sur un fonds voisin. Si Mœvius recueille seul le legs du fonds, la servitude est valable. Si, au contraire, Mœvius et Titius viennent en concours, le legs de la servitude fait à Mœvius seul, est nul, parce que la servitude ne peut s'acquérir par partie seulement : « Si fundum Mœvio, et ad eum viam per alium fundum, et eumdem fundum sine via Titio legasset; si uterque fundum vindicasset, sine via legato fundum cessurum ; quia neque adquiri per partem servitus possit. Et si prius Mœvius fundum vindicaret, altero deliberante, posse dubitari, an, si postea Titius omisisset viæ legatum salvum esset ? Et hoc magis videbatur. »

La loi 11 de Celsus (D. *De servit. præd. rust.* L. VIII. T. III) atténue les effets rigoureux de la loi 18. *Comm. præd.* Lorsqu'une servitude a été constituée seulement par un ou plusieurs copropriétaires d'un fonds, elle n'existe pas sans doute comme droit réel, mais ceux qui l'ont concedée ne peuvent s'opposer à ce qu'elle soit exercée, sous prétexte qu'elle n'a pas été consentie par tous. «... Novissima demum cessione superiores omnes confirmabuntur. Benignius tamen dicetur, et antequam novissimus cesserit, eos, qui antea cesserunt, vetari uti cesso jure non posse. »

La servitude étant un démembrement de la propriété, celui qui a la propriété entière, ne saurait en avoir une fraction à titre de servitude : « Nulli res sua servit. » (L. 26 D. *De servit. præd. urb.* L.VIII T. II. — L. 33 § 1. *De servit. præd. rust.* L. VIII T. III).

Ce principe combiné avec celui de l'indivisibilité de la servitude prédiale, produit cette conséquence : Une personne propriétaire d'un fonds et copropriétaire d'un autre, ne peut acquérir une servitude au profit du fonds dont elle est seule propriétaire, sur l'autre, ni réciproquement. « Si alteræ unius propriæ sint ædes, alteræ communes, neutris servitutem vel adquirere, vel imponere me posse, Pomponius libro octavo ex Sabino scripsit. » (L. 6 § 3 Ulp. *Comm præd.* L. VIII. T. IV.)

Mais si le propriétaire du fonds dominant devient le copropriétaire du fonds servant, ou réciproquement, la servitude déjà établie entre les deux fonds subsiste, tandis qu'elle ne pourrait plus être constituée, si elle ne l'avait pas été antérieurement. Ici encore, nous trouvons une conséquence de l'indivisibilité; la servitude en effet ne peut s'éteindre pour moitié; elle ne pourrait pas davantage, dans notre hypo-thèse, s'éteindre pour le tout. « Si prædium tuum mihi serviat, sive ego partis prædii tui dominus esse cœpero, sive tu mei, per partes servitus retinetur, licet ab initio per partes adquiri non poterit. » (L. 8, § 1, Paul, *De servit.* L. VIII, T. I.)

Lorsqu'un fonds est séparé en diverses régions, les servitudes peuvent être acquises ou éteintes séparément pour une ou quelques-unes de ces régions. Dans ce cas, il n'y a point dérogation au principe d'indivisibilité, parce que chaque région doit être considérée comme un fonds distinct : telle est, dans la loi 6 princip. (D. *Commun. præd.* L. VIII, T. IV), la solution d'Ulpien qui rappelle d'abord le principe : « Si quis partem œdium tradat, vel partem fundi, non potest servitutem imponere; quia per partes servitus imponi non potest : sed nec adquiri. Plane, si divisit fundum regionibus et sic partem tradidit *pro diviso*, potest alterutri servitutem imponere; quia non est pars fundi, sed fundus; quod et in œdibus potest dici, si dominus, pariete medio œdificato, unam domum in duas diviserit (ut plerique faciunt) : nam et hic pro duabus domibus accipi debet. »

II° De même la servitude prédiale ne peut être stipulée au profit du fonds commun par un seul des copropriétaires : « Si unus ex sociis stipuletur iter ad communem fundum, inutilis est stipulatio, quia nec dari ei potest.» (L. 10, Paul, D. *De servit. præd. rust.* L. VIII, T. III.) Cette règle s'applique au cas où la servitude est d'abord valablement stipulée : « Si qui viam ad fundum suum dari stipulatus fuerit, postea fundum partemve ejus ante constitutam servitutem alienaverit, eva-nescit stipulatio. » (L. 130, § 1, D. *De verb. oblig.* L. XLV, T. I.) Modestin, dans la loi 11 (D. *De servit.* L. VIII, T. I), en fait cette application : Le propriétaire d'un fonds stipule une servitude d'*iter;* avant la constitution, il vend une part indi-viso; la stipulation est nulle, parce qu'elle ne pourra s'exé-cuter : « Corrumpit stipulationem, in eum casum deducendo, a quo stipulatio incipere non possit. »

La servitude ne peut pas non plus être valablement promise par un seul des copropriétaires ; car cette promesse ne saurait lier les autres copropriétaires, et la servitude ne pourrait être exercée sur une portion indivise du fonds (L. 17, Pomponius. *De servit.* L. VIII, T. I).

III° Indivisibilité au point de vue de la chose jugée.

En règle générale, le jugement n'est opposable qu'aux parties. Mais, par exception, si le copropriétaire d'un immeuble exerce l'action confessoire, le jugement profitera aux autres copropriétaires. Sa prétention porte, en effet, sur une servitude établie au profit, non pas d'une part indivise du fonds, mais du fonds tout entier. Il eût été injuste de lui refuser d'intenter l'action sans le consentement des autres copropriétaires ; il pourra donc l'exercer seul ; mais, comme la servitude ne peut se concevoir par fractions séparées, il devra l'exercer pour le tout. Aussi, dans l'*intentio*, s'exprimera-t-il en termes généraux relativement à l'existence de la servitude. Le juge aura donc à déclarer que *le fonds* est titulaire de la servitude. Et comme en définitive c'est au fonds que l'on reconnaît ou que l'on refuse la servitude (1), il en résulte que tous les copropriétaires pourront profiter du jugement rendu, et invoquer l'*exceptio rei judicatæ* contre l'action confessoire.

Tel est le motif de la dérogation aux principes de la chose jugée.

Il en sera de même dans le cas où la servitude est, ou bien due par le fonds commun, ou promise par ses copropriétaires (L. 4, § 3 et § 4, D. *Si servit. vindic.* L. VIII, T. V. — L. 2, § 2, Paul. *De verbor. oblig.* D. L. XLV, T. I).

La même loi 4 (*Si servit. vindic.*) statue en outre sur la manière de déterminer la somme d'argent que le défendeur sera condamné à payer. Cette somme représentera non plus

(1) « Ratio hæc est, quia judex sententiam dicit *prædio*, non *actori*. » Cujas, sur la loi 4 § 3 L. VIII. T. V, au Tome IV *des Œuvres Posthumes*, Col. 476.

la valeur de la servitude, mais seulement l'intérêt que le demandeur peut avoir à ce que la servitude existe au profit du fonds, intérêt qui est inférieur à la valeur réelle de la servitude. Il est donc probable que le magistrat rédigeait la *Condemnatio* d'une manière restrictive.

De même si un propriétaire refuse de constituer ou ne peut constituer une servitude qu'il avait promise aux co-propriétaires d'un fonds (L. 10 D. L. VIII T. III), chacun de ces créanciers à ce titre pourra poursuivre le paiement de dommages-intérêts pour sa part (L. 25 § 9 Paul D. *Fam ercise.* L. X T. II).

Chacun des copropriétaires du fonds prétendu servant pourra invoquer le jugement déclarant la non existence de la servitude, et rendu à la suite d'une action intentée contre l'un d'eux seulement. La loi 9 § 4 d'Ulpien (*Si serv. vindic.* D. L. VIII T. V) semble donner une solution contraire pour la servitude *oneris ferendi*. Mais c'est qu'il faut distinguer deux hypothèses pour cette servitude : le propriétaire exercera l'action confessoire pour le tout contre chacun des copropriétaires, en vertu du principe d'indivisibilité. Mais s'il veut simplement demander la réparation du mur, il en est autrement, parce que l'obligation est alors parfaitement divisible.

Dans le cas où l'un des copropriétaires succombe dans l'exercice de l'action confessoire, le jugement est-il opposable aux autres copropriétaires ?

La même question se présente pour le cas où le copropriétaire du fonds servant succombe dans l'exercice de l'action négatoire.

L'absence de texte formel donne lieu à la controverse. Pour la négative, on s'appuie sur ce que la dérogation aux principes généraux de la chose jugée, comme toute règle exceptionnelle, ne doit pas être étendue.

Mais il est évident que nous trouvons ici le même motif d'admettre la solution précédemment admise. Si le jugement peut être invoqué par tous les copropriétaires, c'est que, dans l'*intentio*, la servitude était réclamée pour tout le fonds. Il en est de même dans notre hypothèse : c'est donc à l'égard du fonds tout entier que l'inexistence de la servitude sera prononcée. Les termes seront tout aussi généraux dans la sentence du juge que dans la formule, et seront opposables, par conséquent, à tous les copropriétaires du fonds.

Comme le dit Cujas parlant du copropriétaire qui a succombé : « Sicut omnibus vincit, vincetur etiam omnibus, quia sententia dicitur *prædio*, non *personæ*. »

D'ailleurs, la loi 19 de Marcien (D. *Si servit. vindic.* L. VIII T. V), confirme implicitement notre opinion : elle dit en effet que s'il y a eu faute du demandeur, cette faute ne pourra préjudicier aux copropriétaires ; c'est donc que dans les autres cas le jugement leur est opposable : « Si de communi servituto quis bene quidem deberi intendit, sed aliquo modo litem perdidit culpa sua, non est æquum, hoc cæteris damno esse : sed, si per collusionem cessit litem adversario, cæteris dandam esse actionem de dolo, Celsus scripsit. »

Ainsi le jugement sera opposable aux copropriétaires. S'ils ont eu connaissance du litige, en effet, ils ont été coupables de n'être pas intervenus à temps. Si au contraire, ils n'en ont pas eu connaissance, ils peuvent se faire indemniser du dommage qu'ils éprouvent, par celui qui a soutenu le procès (1). Ils ont dans ce but l'action *pro socio*, s'il y a société ; les actions *familiæ erciscundæ* ou *communi dividundo* (L. 20 L. X. T. III) ; enfin l'action de dol, s'il y a eu collusion entre les deux parties.

IV° Conséquences de l'indivisibilité de la servitude prédiale, en matière de legs.

En vertu de la loi Falcidie, l'héritier doit recueillir au moins le quart de l'hérédité, de façon que les legs doivent être réduits aux trois quarts de la succession, lorsqu'ils excèdent cette mesure (Gaius *Comm.* II. § 227). Mais cette réduction ne peut s'opérer pour les choses indivisibles, pour le legs d'une

____

(1) Savigny. *Traité de Droit Romain.* T. VI, p. 471. — Sec. Edit.

servitude, par exemple. Dans ce cas, le légataire obtient la servitude, mais il reste soumis à la réduction, en ce sens qu'il devra payer une partie de la valeur du droit légué, sous peine de se voir repoussé par l'exception de dol. L'héritier fera donc estimer la valeur de la servitude, la dénoncera au légataire et lui réclamera une partie de cette valeur. (L. 80 § 1 Gaius D. *Ad Leg. Falc*, L. XXXV T. II. et L. 5 § 1 Paul. *De Doli mali et metus exceptione* L. XLIV T. IV).

Une conséquence analogue du principe d'indivisibilité peut se produire à propos de la *querela - inofficiosi testamenti*. Il peut arriver que plusieurs sentences soient rendues en sens inverse pour un même testament; lorsque le frère du testateur, par exemple, intente la *querela* contre une *persona turpis* et contre une personne honorable, il échouera contre cette dernière et triomphera de la personne vile. De même, comme le suppose la loi 76 princip., de Papinien (*De Legatis* L. XXXI), il peut arriver qu'un fils intente la *querela* contre deux institués, et triomphe à l'égard de celui qui, par exemple, l'avait été pour les trois quarts. Si des legs ont été mis à la charge des deux héritiers, ils sont dus seulement par l'héritier qui n'a pas succombé, et diminués proportionnellement à la part de celui-ci ; réduits au quart, par conséquent. Cette diminution s'opère sans difficulté pour les choses divisibles. Mais que fera-t-on pour le legs d'une chose indivisible, d'une servitude? Deux moyens pourront être employés. Le légataire demandera la servitude à l'institué, et il recevra le quart de la valeur qu'elle représente. Ou bien le fils constituera la servitude au légataire, mais en exigeant que celui-ci paye les trois quarts de sa valeur. (L. 76 princ. *De Legatis*, 2°.)

Une solution analogue était admise pour le legs de liberté, également indivisible. Ce legs était valable pour le tout (L. 76. princ. *id.*); mais les affranchis devaient payer une somme d'argent au légitimaire (L. 29 princ. *De except. rei judic.* D. L. XLIV. T. II.)

V° Conséquences de l'indivisibilité, pour l'extinction des servitudes.

1° Non usage.

Lorsque le fonds dominant appartient à plusieurs personnes et que l'une d'elles ne peut perdre son droit par le non usage, la servitude est conservée pour tous : « Si communem fundume ego et pupillus haberemus, licet uterque non uteretur, tamen propter pupillum et ego viam retineo. » (Paul. L. 10 princ. *Quemadm. servit amitt.* L. VIII. T. VI.)

De même un seul des copropriétaires du fonds dominant, conserve la servitude pour tous, en exerçant son droit. (L. 5. L. VIII. T. VI.)

Enfin l'exercice partiel de la servitude suffit pour la conserver : si, par exemple elle porte sur l'*actus*, ce droit sera conservé par l'exercice de l'*iter* : « Qui iter et actum habet, si statuto tempore tantum ierit, non perisse actum, sed manere, Sabinus, Cassius, Octavenus aiunt ; nam ire quoque per se eum posse, qui *actum* haberet. » (Paul. L. 2. L. VIII. T. VI. — L. 20. Princip. *Quib. mod. ususf. amitt.* L. VII. T. IV. — L. 8. § 1. L. 0. *Quemadm. servit. amitt.*)

Mais il n'en serait pas ainsi pour la servitude qui comprendrait un droit accessoire et un droit principal. L'exercice du premier ne sauvegarderait pas le second : « Labeo ait : si is qui haustum habet, per tempus, quo servitus amittitur, ierit ad fontem, nec aquam hauserit, iter quoque cum amisisse. » (L. 17. D. *Quemadm. servit. amitt.*)

Il y aura aussi extinction par non usage, lorsque le propriétaire aura exercé un droit autre que celui qu'il avait, et n'aura pas exercé ce dernier (L. 10. § 1. *Quemadm. servit. amitt.*) Il ne faudrait point croire, en effet, que ce dernier texte est contraire à la loi 2 du même titre, et prévoit l'hypothèse d'un usage partiel.

2° Confusion.

Pour que la servitude soit éteinte par la confusion, il faut que le fonds dominant et que le fonds servant appartiennent en entier au même propriétaire. Si donc le propriétaire du fonds dominant acquiert seulement une partie du fonds servant, la servitude n'est pas éteinte par confusion : « quia pro parte servitus retinetur. » Il en serait de même si le propriétaire servant acquiert une portion du fonds dominant, car la servitude peut subsister sur la partie qui n'appartient pas au même propriétaire, ou au profit de cette partie (L. 30 § 1. D. L. VIII. T. II. — L. 34. princ. D. L. VIII. T. III.)

De ce qu'un fonds commun peut devoir une servitude à un autre qui appartient en propre à l'un des associés, il résulte que, si deux personnes dont chacune est propriétaire d'un fonds distinct, on acquièrent en commun un troisième, grevé d'une servitude au profit des deux premiers, la servitude subsiste : c'est ce que décide la Loi 27 de Julien (*De servit. præd. rust.* L. VIII T. III). Mais si les acquéreurs sont copropriétaires indivis d'un même fonds, la servitude est alors éteinte par confusion : « quia par utriusque domini jus in utroque fundo esse incipit. » (L. 27. L. VIII. T. III).

3° Remise.

La servitude ne peut s'éteindre pour une part indivise par la remise (L. 6 D. *De Servit.* L. VIII T. I).

Supposons que deux fonds assujettis l'un à l'autre deviennent communs. Comme la servitude peut toujours subsister au profit d'une part indivise du premier fonds, sur la part indivise du second qui n'appartient pas au même propriétaire, elle n'est pas éteinte par confusion : « quoniam servitutes pro parte retineri placet. » Mais de plus les servitudes établies ne peuvent s'éteindre par l'effet de la remise, parce que la liberté du fonds ne peut être acquise pour une part indivise par l'un des copropriétaires : « Neque adquiri libertas, neque remitti servitus per partem poterit. » (L. 34 princip. *De Servit. præd. rust.*).

Mais le principe d'indivisibilité ne s'oppose pas à ce que *l'exercice* du droit soit divisé, entre les copropriétaires par exemple, le droit lui-même existant indivisement pour le fonds tout entier, et pour chaque parcelle du fonds. (Loi 5 § 1 *De Servitut.* L. VIII, T. I. — « Cum constet non solum temporibus, sed etiam mensuris posse aquam dividi, potest eodem tempore alius cottidianam, alius æstivam aquam ducere. » L. 5 princ. *De aq. cottid. et æst.* L. XLIII. T. XX. — L. 10 § 4. *Communi divid.* D. L. X. T. III).

Nous savons aussi que le principe d'indivisibilité ne s'applique plus au cas où le fonds dominant est partagé. Ici intervient le principe que la servitude établie sur un héritage existe au profit de toutes les parties de cet héritage. Il en résulte qu'elle suit chacune des parties du fonds : « Quæcunque servitus fundo debetur, omnibus ejus partibus debetur; et ideo, quamvis particulatim venierit, omnes partes servitus sequitur, ita ut singuli recte agant jus sibi esse fundi. » (L. 23 § 3. — L. 28. *De Servit. præd. rust.*). Dans ce cas les choses se passent comme si la servitude avait été dès l'origine constituée au profit de fonds séparés : chaque propriétaire conserve ou perd son droit pour lui seul : « ...Perinde est, atque si ab initio duobus fundis servitus debita sit ; et sibi quisque dominorum usurpat servitutem, sibi non utendo deperdit ; nec amplius in ea re causæ eorum miscentur ; nec fit ulla injuria ei, cujus fundus servit, imo si quo melior ; quoniam alter dominorum, utendo, sibi, non toti fundo, proficit. » (L. 6 § 1 Celsus. *Quemadm. serv. amitt.* L. VIII, T. VI).

Mais si nous supposons maintenant le partage du fonds servant, nous avons à distinguer plusieurs hypothèses, avec la loi 6 § 1 (*Quemadm. servit. amitt.*), qui s'occupe de la servitude d'*iter*.

I° Le lieu du chemin est fixé et déterminé.

Dans ce cas, si le fonds est partagé en coupant la longueur du chemin : « Si per longitudinem viæ fundus divisus est, » il faudra observer les mêmes règles que si, dès l'origine, la servitude avait été établie sur deux fonds distincts. Si le fonds est partagé de manière à ce que la ligne séparative coupe la largeur du chemin (1), la servitude, comme avant le partage, ne peut être perdue ou retenue que pour le chemin tout entier : « Nec, si forte inciderit, ut semita, quæ per alterum duntaxat fundum erit, uteretur, idcirco alter fundus liberabitur; quoniam unum, atque eo modo individuum, viæ jus est. Possunt tamen alterutrum fundum liberare, si modo hoc specialiter convenit. » — Si une partie du fonds servant est acquise au propriétaire du fonds dominant, l'autre partie demeure chargée de la servitude, pourvu que la partie du chemin située sur le fonds qui demeure grevé de la servitude, soit encore suffisante : « Si modo et ab initio potuit angustior constitui via, quam lege finita est; et adhuc id loci superest in eo fundo, cui remissa servitus non est, ut sufficiat viæ. Quod si minus loci superest, quam viæ sufficiat, uterque fundus liberabitur, alter propter redemptionem; alter, quia per eum locum, qui superest, via constitui non potest. » Nous avons en effet supposé que le lieu du chemin est fixé et déterminé : « Certus ac finitus viæ locus est. »

IIo Si nous supposons que le lieu du chemin n'est pas déterminé, et que le propriétaire dominant peut passer par toutes les parties du fonds, il devra exercer son droit, pour le conserver en entier, sur les deux portions séparées du fonds servant : « Tunc perinde observabimus, atque si ab initio duobus fundis duæ servitutes injunctæ fuissent, ut altera retineri, altera non utendo possit deperire. »

Telles sont les solutions applicables au cas de partage du fonds servant.

---

(1) Il nous semble qu'il faut comprendre les mots : « per longitudinem, » en ce sens que la ligne séparative des deux portions du fonds servant *coupe la longueur* du chemin, c'est-à-dire croise le chemin, et « per latitudinem, » en ce sens que la ligne séparative *coupe la largeur* du chemin, c'est-à-dire suit la direction du chemin. C'est du moins l'interprétation qui donne la solution la plus conforme aux principes, bien que les termes de la loi soient obscurs.

DEUXIÈME PARTIE

ANCIEN DROIT FRANÇAIS

CHAPITRE Ier.

Premiers développements de la servitude usagère.

Section Ire. — Origines germaniques.

Nous avons signalé dans notre Introduction cet antagonisme qui doit s'établir à un certain moment des civilisations, entre les besoins traditionnels du pâturage et l'intérêt naissant de l'agriculture. Les vastes pâturages, les marais, les forêts pour la glandée, l'indivision enfin et l'aménagement uniforme du sol, sont plus favorables au développement de grands troupeaux nomades.

Au contraire, l'indépendance de la propriété individuelle, et la liberté dans les modes d'exploitation sont nécessaires à la culture.

Ce double besoin se manifestera surtout à l'époque où s'opérera le passage de l'ère pastorale à la vie agricole d'un peuple ; l'appropriation privative des terres cultivées commencera, tandis que les terrains livrés à la pâture, les forêts, les marécages, ne suivront pas ce mouvement et resteront indivis, livrés aux besoins de l'association. Nous avons expliqué comment cet état de choses ne se produisit point à Rome. Mais chez un peuple dont les progrès n'ont point été troublés ni brusquement accélérés dans leurs développements par des influences extérieures, nous pourrons voir ce fait apparaître, puis, en se modifiant, agir plus tard sur le régime de la propriété foncière.

C'est ainsi que les antiquités Germaniques nous donnent l'explication des Droits d'Usage de notre ancienne législation.

« Le trait le plus original du Droit Romain primitif, c'est l'*Ager*, ou champ limité, orienté. Celui du Droit Allemand, c'est la *Marche*, ou terre indivise, qui appartient à la commune. » (1)

Mais cette notion d'un terrain indivis, livré aux usages de la communauté des habitants, est évidemment postérieur au communisme primitif. Dans la description générale que nous fait César de la Germanie, nous assistons aux différentes phases que parcourent ces nations primitives, avant de s'installer définitivement.

Leur vie n'est plus nomade, car l'espace déjà manquerait à des migrations trop multipliées ; mais les peuplades ont conservé les habitudes des âges précédents. Les Germains, nous dit César, ne s'adonnent pas à l'agriculture, ils chassent, ils vivent de chair et de laitage : ils ne connaissent point la propriété individuelle pour le sol : les chefs en font seulement un partage annuel (2). Leur but est d'empêcher l'amour des richesses, de maintenir l'égalité des biens ; par là enfin le goût de l'agriculture ne peut se substituer à l'amour de la guerre.

(1) Michelet. Origines du Droit Français. L. II. Chap. 2. Sect. 1. p. 84. Paris 1837.

(2) César. Comm. *De Bello Gallico*. L. VI. § 22. Voici ce passage : « Agriculturæ non student ; majorque pars victus eorum in lacte, caseo, carne consistit ; neque quisquam agri modum certum aut fines habet proprios : sed magistratus ac principes in annos singulos gentibus cognationibusque hominum, qui una colerunt, quantum, et quo loco visum est, agri attribuunt ; atque anno post alio transire cogunt. »

Mais un peuple parmi eux a fait un nouveau pas vers la vie agricole ; ce sont les Suèves (1), plus rapprochés du monde civilisé. Ils se livraient déjà à l'agriculture, mais le régime primitif du sol subsistait encore, même pour les champs cultivés. Les uns, dit César, vont combattre ; les autres cultivent : « Qui domi manserint, se atque illos *alunt*. Illi rursus in vicem » anno post in armis sunt ; illi domi remanent. *Sic neque agri-* » *cultura*, nec ratio atque usus belli, *intermittitur. Sed privati* » *ac separati agri apud eos nihil est*, neque longius anno » remanere uno in loco incolendi causa licet. Neque multum » frumento, sed maximam partem lacte atque pecore vivunt, » multumque sunt in venationibus (2). »

Il est probable que ces mœurs nouvelles se répandirent, et modifièrent insensiblement la vie des Germains. Tacite, il est vrai, qui écrit plus de cent ans après César, constate encore l'indivision des terres : « Agri pro numero cultorum, ab universis per vices occupantur..... *arva per annos mutant* (3). » Les Germains ne demandent à la terre que du blé : « Sola terræ seges imperatur (4). » Cependant certains détails révèlent que l'agriculture déjà occupe plus de place dans leur vie : ils chassent moins (5), ils ont des provisions de grains (6), et se groupent déjà en bourgades (7).

***

(1) Les Suèves, « Gens longe maxima Germanorum omnium, » habitaient une vaste contrée, embrassant vers le Sud Ouest, le Wurtemberg et la Souabe de nos jours : « Majorem Germaniæ partem obtinent. » Tacite *De more Germanorum*. XXXVIII.

(2) César. *De Bello Gallico*. L. IV. § 1.

(3) Tacite. *De more Germanorum*. XXVI.

(4) Tacite. *Id*.

(5) « ... non multum venationibus... dedit. » *Id*. XV.

(6) « Solent et subterraneos specus aperire, receptaculum frugibus. » *Id*. XVI.

(7) Tacite, *De more Germanorum*, XVI.

Du reste les notions que donne César sont plus complètes et plus certaines. Il a vu les Germains ; il a pénétré dans leur pays, étudié par lui-même leurs mœurs, éprouvé leur vaillance. Son seul but est de nous les

Le progrès dût encore se poursuivre entre le moment où écrit Tacite, et le temps qui précéda immédiatement l'invasion. Dans cette période de trois siècles (du IIe au Ve siècle), les Germains furent mis en contact fréquent avec les armées romaines, avec les populations de la Gaule. Ils fondèrent de nombreux établissements sur les deux rives du Rhin; des traités furent même conclus entre eux et les généraux de l'Empire qui, sur les frontières menacées, changeaient ces dangereux ennemis en vaillants défenseurs. Ces rapports continuels modifièrent nécessairement leurs habitudes sauvages et primitives; ils embrassèrent une vie plus civilisée, plus conforme à celle de leurs voisins; l'installation fixe, une culture plus perfectionnée, rendirent nécessaire la stabilité de la propriété foncière : toutes ces causes nous expliquent les changements que révèlent les textes vraisemblablement les plus anciens des Lois Barbares. Comme nous le verrons, la propriété privative y apparaît consacrée et défendue; les habitations, les cultures, les récoltes sont protégées par le législateur; la société est transformée ; la propriété à titre privatif y est fondée.

Mais ces champs cultivés et divisés, sont un terrain conquis sur le sol primitif, le sol de la forêt et du pâturage naturel, dont les limites sont vastes, et excèdent encore les besoins de de la population. Nul ne songe donc à se l'approprier; il est livré aux usages communs; il appartient à la bourgade dont les travaux en ont défriché une partie, et sert de lignes de démarcation entre les diverses agglomérations agricoles (1).

faire connaître. Aussi ses renseignements sont-ils formels et précis. Tacite, au contraire, venant après César, a nécessairement profité de ses indications : il écrit sous l'empire d'une idée préconçue, qui le porte peut-être à exagérer encore la distance séparant les Germains de la société romaine : il n'a point vu par lui-même : son témoignage, bien que véridique, ne peut donc pas offrir la certitude et la précision de César, dont il reconnaît d'ailleurs, en cette matière, la supériorité. (Vid. *De more Germ.* XXVIII).

(1) De là *Marka*, marche : cette expression fut prise aussi bien dans le sens de *Terminus*, que dans celui de *Silva*, *Wald*.

Telle est la *Marche Germaine*, qui fut réglementée au moment où le sol forestier, appauvri par le défrichement, offrit une plus grande valeur. L'usage en fut alors rigoureusement réservé aux membres de l'association, et garanti par des peines sévères, atroces parfois (1) : « La Marche, propriété commune indivise, est une dépendance de la propriété divisée, individuelle. L'on n'a droit à la première qu'autant que l'on participe à la seconde (2). »

Les *Weisthümer* de Wesphalie (XIe, XIIe, XIIIe siècle), tels qu'ils nous sont présentés par Grimm, n'ont fait que coordonner et modifier dans un sens féodal, de très-anciennes coutumes ; aussi l'organisation primitive de la Marche se rattache-t-elle évidemment aux institutions communes des Germains Occidentaux.

Les Francs et les autres nations barbares, de leur côté, les ont apportées avec eux sur le sol de la Gaule, où elles ont pris la direction que leur ont imprimée les circonstances politiques. Quelle est donc l'idée primordiale de ces institutions? Nous l'avons dit : c'est, du moins en général, la propriété à titre privatif, appliquée aux terrains cultivés, et la communauté primitive de la forêt.

Suivons maintenant sur le sol de la Gaule les développements que donnèrent à cette idée, les nécessités politiques et économiques.

SECTION IIe. — *Lois barbares.*

Nous avons fait allusion tout-à-l'heure à ces établissements formés sur les deux rives du Rhin par les Alamans et les Francs, alliés de l'Empire, et préposés à la garde des frontières. Longtemps cette ligne de défense supporta la terrible

(1) Voir Michelet. Origines du Droit Français. L. II. Chap 2. Sect. 1, pp. 89 90.

(2) Michelet. Id. p. 87.

pression des barbares ébranlés, qui parcouraient en tous sens et ravageaient la Germanie. Mais la secousse que provoqua la destruction de l'empire Gothique par les Huns (376), se fit ressentir sur les rives du Rhin. Ce fut la grande invasion de Radagaise. Refoulé par Stilicon, le torrent des barbares confédérés, Suèves, Burgundes, Alains, Vandales, se jetta sur la Gaule ; les Francs Ripuaires sont vaincus, les lignes du Rhin forcées : pendant deux ans, à partir du dernier jour de l'année 406, la Gaule fut la proie de ces hordes sauvages, qui franchirent enfin les Pyrénées, et disparurent en Espagne (1). Les Visigoths les suivaient de près.

Après la mort d'Alaric (410), ils pénétrèrent en Gaule, où quelques usurpateurs Romains s'étaient déclarés vers l'Ouest, et, conduits par Ataulf, ils les renversèrent pour s'installer au Nord et au Sud des Pyrénées (415), et fonder le royaume barbare des Visigoths, dont Toulouse fut la capitale.

Cette révolution s'opéra avec moins de violence que les précédentes invasions. Les Visigoths s'emparèrent des terres abandonnées, ils prirent aux habitants gallo-romains les deux tiers de leurs domaines et le tiers de leurs esclaves (2) : ce partage fait, Romain et Barbare vécurent en paix l'un à côté de l'autre, chacun suivant sa loi (3).

(1) Voy. Châteaubriand. Etudes historiques. T. III. p. 102.

« Tout ce qui se trouve entre les Alpes et les Pyrénées, entre l'Océan et le Rhin, est ravagé. Mayence est prise et détruite. Worms est dévastée par un long siége. Reims, Arras, Térouane, Spire, Strasbourg sont dépeuplées ; et leurs habitants transportés dans la Germanie. Dans l'Aquitaine, la Novempopulanie, la Narbonnaise, la Lyonnaise, tout est ravagé, sauf quelques villes, menacées au dehors par le fer, décimées au-dedans par la faim. » Saint Jérôme, lettre 91.

(2) « Divisio inter Gothum et Romanum facta de portione terrarum sive silvarum nulla ratione turbetur. Nec *de duabus partibus Gothi* aliquid sibi Romanus præsumat aut vindicet, aut *de tertiâ Romani Gothus* sibi aliquid audeat usurpare aut vindicare. » Lindenbrog. *Lex Visigothorum*. L. X. T. I. art. 8.

(3) « Il faut considérer que ces partages ne furent point faits par un esprit tyrannique ; mais dans l'idée de subvenir aux besoins mutuels des deux peuples qui devaient habiter le même pays. » Montesquieu, *de l'Esprit des lois*, Chap. IX. L. XXX.

Pendant ce temps, et dès 413, les Burgundes, précédemment établis entre le Rhin et la rive septentrionale du Mein, étaient entrés en Gaule, pour y occuper avec moins d'éclat un plus petit territoire, qui leur avait été concédé par Honorius sur les deux revers du Jura. Ils s'établirent sans secousse (1), sous la direction de Gundikhar, et firent, comme les Visigoths, le même partage des terres (2) : chez eux également la loi fut personnelle (3).

Après avoir vainement tenté, en 406, d'arrêter la grande invasion, les Francs ne cherchèrent point à contenir plus longtemps les ennemis de l'Empire ; mais, voyant la Gaule livrée aux barbares, ils voulurent du moins en prendre leur part.

Procédant d'abord par incursions réitérées, des rives de l'Yssel, ils s'avancèrent sous Clodion, chefs des Francs Saliens (428) jusqu'à Cambrai, puis ils occupèrent tout le pays jusqu'à la Somme (4). Ce furent leurs premières conquêtes. Clovis

(1) « Le Romain fut lésé le moins qu'il fut possible. » Montesquieu, *loc. cit.*

(2) « Populus noster mancipiorum tertiam, et duas terrarum partes accepit. » Lindenbrog. Loi des Burgundes. Titre 84. n° 1.

Une disposition remarquable de la loi des Burgundes montre combien ces barbares acceptaient difficilement un établissement stable, après leur vie nomade. Elle leur défend d'aliéner la terre qui compose leur lot, à moins qu'ils n'en possèdent une seconde : « Quia cognovimus Burgundiones sortes suas nimià facilitate distrahere, hac præsenti lege credidimus statuendum, ut nulli vendere terram suam liceat, nisi illi qui alio loco sortem aut possessiones habet. » Lindenbrog. Lex Burgund. T. 84, n° 1.

(3) « Une loi Burgundienne, et des dernières rendues, fait voir que le partage des terres entre les Burgundes et les Romains n'avait pas été une opération d'un seul jet, entreprise, poursuivie et close dans un délai déterminé, et pour n'y plus revenir ensuite. Ce partage était, pour ainsi dire, resté ouvert entre tout Burgunde nouveau-venu et tout Romain n'ayant point encore reçu d'hôte de la nation conquérante. La loi dont je veux parler met un terme à cet état précaire de la propriété romaine ; elle ordonne la clôture des partages pour l'avenir, et déclare immuables les partages faits. » Hist. de la Gaule méridionale. Fauriel. T. 1. p. 524.

(4) Grégoire de Tours. Hist. Ecclés. des Francs. L. 2. Chap. IX. — Aug. Thierry. Lettres sur l'histoire de France. Lettres 6-7-8.

Aug. Thierry. Dix ans d'études historiques. Etude sur le caractère et la politique des Francs. XIIIe.

(481) devait les étendre, et réunir les diverses tribus franques.

Ces développements historiques ont pour but de montrer combien le territoire de la Gaule fut bouleversé, et sa population transformée ; nous voyons en même temps les différences profondes qui caractérisent ces divers établissements.

Les Visigoths et les Burgundes arrivaient en corps de nation : « cherchant une patrie, et s'arrêtant dès qu'ils l'avaient obtenue ; leur invasion était unique, générale, et avait le caractère d'une émigration. » (1) Ils étaient chrétiens, à demi civilisés, et, fondant leurs droits sur une concession impériale (2), ils cherchaient à s'attacher à la terre. Ils respectèrent donc la civilisation gallo-romaine, et maintinrent, dans leurs limites nouvelles, les droits des vaincus. Leur établissement enfin était régulier et systématique.

Les Francs, au contraire, arrivaient en vainqueurs, par troupes de soldats ; ils étaient avant tout guerriers et païens ; ils méprisaient les mœurs romaines, et fondaient leur droit sur la conquête.

Aussi ne firent-ils point le partage des terres 3 ; ils se logèrent chez les habitants gallo-romains, y vécurent en maîtres et à discrétion. Plus tard, les compagnons de Clovis chassèrent les propriétaires : un petit nombre seulement consentit à traiter pacifiquement. Du reste ce partage s'opéra par

(1) Théoph. Lavallée Histoire des Français. T. 1. p. 72. Paris 1847.

(2) Les Burgundes avaient obtenu des établissements de l'empereur Honorius, sous condition de défendre la frontière contre les Alamans (414).

Le roi des Visigoths Ataulf, frère et successeur d'Alaric, avait commencé par se mettre au service d'Honorius, et avait épousé en 413, Placidie, sœur de cet empereur. Wallia, successeur d'Ataulf. fit en 416, avec Constance, un traité par lequel il s'engageait à chasser les barbares du nord de l'Espagne, moyennant la cession de l'Aquitaine et d'une partie de la Narbonnaise et de la Novempopulanie.

(3) « On ne trouve dans les lois Salique et Ripuaire aucune trace d'un partage des terres. Les Francs avaient conquis ; ils prirent ce qu'ils voulurent, et ne firent de règlements qu'entre eux. » Montesquieu De l'Esprit des Lois. Chap. VII. L. XXX.

grandes masses. Les lots de terre (*sortes*) (1) furent acquis aux chefs ; car les soldats préféraient la richesse mobilière. Plus tard aussi, seulement, la subdivision fit apparaître les bénéfices *(beneficia)* (2). A cette même époque les Francs concédèrent les terres à des colons plus ou moins assujettis, ou les faisaient exploiter par les *Lites*, qui devinrent les *Serfs* (3).

Quant aux villes dont les barbares n'aimaient point le séjour, elles conservèrent une indépendance relative, et quelque administration municipale, souvent sous la direction de l'évêque.

Tels sont les faits, telles sont les différences dont nous avons à tenir compte dans l'interprétation des lois barbares relatives à notre sujet. Il était nécessaire de bien éclaircir tous ces faits et d'asseoir nos recherches sur des notions certaines, car nous verrons leurs conséquences se prolonger dans l'histoire, et exercer sur notre sujet une influence prédominante. Une idée s'en dégage, qu'il est important de faire ressortir et que nous pouvons dès maintenant formuler, à savoir : qu'il faut se garder d'établir une règle commune entre le Nord et le Midi, entre les différents peuples installés sur le sol de la Gaule. Leurs modes d'installation, comme leurs mœurs, leurs lois, ou leurs destinées, furent distincts (4). De même que cette notion nous préserve dès maintenant d'assimiler entre elles les différentes parties de la Gaule, de même aussi, lors de l'apparition des droits féodaux, elle nous fera comprendre qu'il n'y eût rien de fixe ni de régulier dans les nombreuses concessions locales faites par les seigneurs, et nous prémunira contre un désir de

(1) Ducange.

(2) Aug. Thierry. Lettres sur l'Histoire de France.

(3) « Litus aut fiscalinus minor persona aut debilior persona. » Ducange. *Gloss.*

Guizot. 4° Essai sur l'Histoire de France.

(4) Ces différences nous font également comprendre pourquoi les lois des Visigoths et des Burgundes, étant conçues et disposées dans un ordre en quelque sorte plus théorique, nous permettent mieux d'apprécier les progrès de la civilisation dans ces parties de la Gaule.

généralisation qui trop souvent prévient l'esprit en ces matières.

L'examen de l'histoire avait donc ici pour objet d'*écarter
tout système absolu.*

Demandons-nous, une fois ces notions historiques établies,
quel fut le sort du sol forestier et des terrains destinés aux
Servitudes Usagères, sous l'empire des lois barbares.

Comme nous l'avons déjà vu, la loi Salique, ou loi des
Francs Saliens, ne fait que reproduire les anciennes coutumes
germaniques de cette tribu. Après les conquêtes de Clovis (1)
(486), il [s'en fit une rédaction appropriée à la nouvelle situation des Francs dans la Gaule. Ce recueil reçut des modifications et des rédactions successives, et fut en vigueur jusqu'à
Charlemagne, qui en remania les dispositions pour les pro-
mulguer en un nouveau texte, la *Lex Emendata.*

Il faut distinguer dans la loi Salique les dispositions concernant
les arbres fruitiers, dont nous n'avons pas à nous occuper, de
celles qui se proposent de protéger les forêts, ou les droits
qu'on y peut exercer.

« Il est assez probable que plusieurs de ces biens, ceux surtout
qui formaient des pâturages fertiles, des bois susceptibles de
fournir aux plaisirs de la chasse, principal délassement des
barbares, purent être confisqués par eux ou entrer dans le
partage après la conquête. Mais dans un pays si vaste et dans
lequel il s'en fallait de beaucoup que le nombre des habitants
fût assez considérable pour que rien ne restât inculte, il
subsista aussi une grande quantité de bois et de bois et de pâturages communaux (2). » (communs.)

C'est ce que nous atteste cette disposition de la loi Salique,
qui, en imposant de respecter dans la forêt commune le bois
qu'un autre aurait marqué depuis moins d'un an, reconnait,
par cette décision même, le droit que les habitants ont de

(1) Pardessus. Loi Salique. 1re Dissertation, p. 420 et suivantes.
(2) Pardessus. Loi Salique. 8e Dissertation, p. 343.

prendre dans la forêt le bois nécessaire à leurs besoins. « Si quis arborem, post annum quam fuerit signata, capulare præsumpserit, nullam exinde habeat culpam.

» Si infra annum, quis eam capulaverit, CXX dinariis, qui faciunt solidos III, culpabilis judicetur (1). »

D'autres dispositions réglementent ce droit. Ainsi nous trouvons établi dans le passage précédent, l'usage de marquer les bois que l'on veut abattre.

La loi 4 du Titre VIII *de Furtis arborum*, fixe une peine contre celui qui vole, incendie ou écorce sur pied dans une forêt particulière, le bois destiné aux constructions « materiamen », ou qui vole le bois de chauffage « ligna ». (2).

D'autres textes punissent le dommage causé à autrui, et les infractions semblables commises dans la forêt commune (3).

Ajoutons que la loi défend sévèrement l'abattage des arbres fruitiers T. VIII § 1-2).

Quel est, d'après cet examen, le caractère général de la loi Salique ?

Elle constitue principalement une législation pénale ; elle s'occupe des délits, et s'attache surtout à les prévoir pour fixer à chacun sa peine. Ce trait se fait mieux encore remarquer, si l'on remonte aux premières rédactions de la loi. Elle accuse donc une société violente, barbare ; se rattachant de près aux

(1) Loi Salique, T. XXIX. *De furtis diversis*, §§ 29-30.

(2) Si quis in silva alterius materiamen furatus fuerit, aut incenderit, vel concapulaverit, aut ligna alterius furaverit, etc. » La loi prohibe l'enlèvement de tout bois de construction, *in silva alterius*, mais ce qu'elle prohibe, quant aux bois de chauffage, c'est l'enlèvement du bois d'autrui, *ligna alterius*, le bois qu'un autre s'est déjà réservé : n'y a-t-il pas là une trace et une preuve d'un véritable droit d'usage, semblable à celui que nous trouverons formellement consacré dans la loi de Burgundes?

(3) « Si quis in silva materiamen aliénum aut incenderit, aut capulaverit DC dinariis, qui faciunt solidos XVI culpabilis judicetur. » « Si quis materiamen, de una parte dolatum, furaverit, CXX dinariis, qui faciunt solidos III, culpabilis judicetur. »
Loi Salique, T. XXIX, *De furtis diversis*, §§ 27-28.

traditions primitives. Aussi les retrouvons-nous également dans les dispositions sur les forêts. Ce que la loi réglemente, c'est l'exercice d'un droit, qui s'appuie sur la tradition, se fonde sur le caractère de la forêt à l'époque antérieure, et qui, plus loin encore, remonte à l'idée de copropriété du sol et du communisme primitif.

Mais remarquons en même temps le mouvement qui porte insensiblement, mais seulement en partie, le sol forestier à l'appropriation privée.

Le quatrième texte de la loi Salique est le premier qui contient un titre spécial (1) concernant le vol des arbres, *de furtis arborum*.

Dans les précédentes rédactions, les dispositions concernant cet objet, étaient placées au Titre *de furtis diversis* (2), et sans développement spécial (3). Or ce quatri.. texte qui contient de remarquables modifications provient, suivant M. Pardessus, d'une rédaction de Pépin (4) (752-768).

De plus le titre spécial de ce quatrième texte s'occupe des arbres et des forêts appartenant à des particuliers. Leur importance s'accroît donc, et réclame de plus en plus l'intérêt du législateur.

Ce trait, dénotant une population primitive, et que nous avons reconnu dans les premières rédactions de la loi Salique, nous le retrouvons, du moins relativement à notre sujet, mieux accentué encore, dans la loi des Ripuaires.

(1) Titre VIII. *De furtis arborum*. Loi Salique IV⁰ Texte. Pardessus, p. 121.

(2) Pardessus. Loi Salique. 1ᵉʳ Texte, Tit. 27. *De furtis diversis*, § 18, p. 15. « Si quis *ligna aliena* in *silva aliena* furaverit, solidos III, culpabilis judicetur. » Remarquons ici encore la répétition du mot « *aliena* ».
Voy. aussi II⁰ Texte, T. 27, § 17, p. 47.
III⁰ Texte, T. 27, § 24, p. 87.

(3) Le texte publié par Herold contie.. .n titre *De furtis arborum*, mais M. Pardessus prouve que ce titre ne remonte pas à l'époque des premières rédactions. Voy. Pardessus, p. 223.

(4) Voy. Pardessus, IV⁰ Texte, p. 115.

L'Austrasie, en effet, et les régions qui, l'avoisinent au Nord, touchent immédiatement les contrées d'où viennent les Barbares. Les traditions germaniques y sont encore puissantes : les forêts étant abondantes, la libre jouissance en est accordée aux populations, sans que la crainte de l'abus se fasse encore sentir

Aussi la loi ne fait-elle que prévoir et punir le vol (1) : « Si quis Ripuarius (2), in silva communi seu regis, vel alicujus locata (3), materiamen vel ligna fissa abstulerit, XV Sol. culpabilis judicetur. »

Ainsi la Loi Ripuaire distingue la forêt commune, des forêts royales ou particulières : elle y consacre un droit de jouissance au profit des particuliers ; mais elle punit comme voleur, celui qui aurait enlevé le bois déjà coupé ou fendu par un autre. Ce droit présente les caractères indiqués à propos de la loi Salique.

Comme les précédentes, la loi des Visigoths ne fit vraisemblablement que coordonner des coutumes anciennes. L'histoire nous l'apprend : elle est l'œuvre d'une nation plus civilisée ; ses dispositions nous le prouvent.

La propriété, en effet, y est plus régulièrement organisée. Ainsi le Livre VIII prévoit les dommages causés aux arbres et aux animaux : *De inlatis violentiis et damnis.* Le Titre III (4)

---

(1) Lindenbrog. Loi des Ripuaires : Cap 76. *De materiamine vel lignis furatis.*

(2) Selon Canciani, il faudrait lire : « Si quis Ripuarius, *nisi commarchanus sit*, etc. » On retrouverait donc là l'institution germanique de la Marche, ce qui d'ailleurs, pour les motifs que nous avons indiqués, n'aurait rien d'invraisemblable.

(3) Peut-être faudrait-il mettre avant le mot *Locata* la virgule qui le suit, ou transposer cet adjectif, ce qui rendrait le texte plus intelligible encore, et lire : « Si quis Ripuarius in silva communi, seu regis, vel alicujus, materiamen vel ligna fissa locata abstulerit quindecim solidis culpabilis judicetur. » La loi prohiberait donc l'enlèvement des bois de construction ou des bois de chauffage déjà fendus, et placés dans la forêt commune, dans la forêt du roi, ou dans celle d'un particulier.

(4) Lindenborg. Codex legum antiquarum T. I, p. 160. Francfort, 1613.

De damnis arborum hortorum et frugum quarumcumque, protège les arbres fruitiers et la forêt particulière. L'art. 8 punit de la perte de son chariot et de ses bœufs, celui qui est surpris enlevant du bois dans la forêt d'autrui.

Une autre disposition (1) nous montre la forêt laissée indivise dans le partage entre le Goth et le Romain ; les *consortes* participaient donc en commun aux avantages de la forêt ou des terrains incultes entrés dans leur lot (*sors*) ; il y avait là exercice et jouissance du droit de copropriété, jusqu'au moment où l'un d'eux défrichait une partie de la forêt pour la mettre en culture.

L'autre copropriétaire recevait alors une portion de forêt égale à la partie défrichée, ou, si la forêt avait disparu, une partie du terrain mis en culture.

Chez les Visigoths, comme nous le voyons, la transition s'opère aussi, mais l'appropriation privée du sol forestier a fait des progrès plus grands encore : la forêt particulière (2) y est opposée à la forêt commune, et celle-ci, à son tour, n'est autre que la forêt laissée indivise lors du partage, entre le Goth et le Romain.

Néanmoins la servitude usagère ne se présente pas encore clairement : jusqu'ici la faculté de recueillir certains produits forestiers nous apparaît, ou comme le simple exercice du droit de propriété, ou comme fondée sur un droit naturel et indiscutable de jouissance traditionnelle. Tel est le caractère du droit accordé aux voyageurs qui traversent un pâturage non

(2) « De silvis quæ indivisæ forsitan residerunt, seu Gothus seu Romanus eas assumpserit et fortasse fecerit culturas : statuimus ut si adhuc silva superest, unde paris meriti terra ejus cui debetur portioni debeat compensari, silvam accipere non recuset. Si autem paris meriri quœ compensatur silva non fuerit, quod ad culturam scissum est, dividatur. » L. X. T. I. — De silvis inter Gothum et Romanum indivisis relictis. art. 9.

(2) Lindenbrog. lex Visig. L. VIII, T. 4, art. 27 : « Silvæ dominus. » L'art. 2, T. 2, L. VIII, punit l'incendie allumé dans la forêt d'autrui ; « Si quis silvam incenderit alienam. »

clos, d'y faire reposer leurs bœufs et leurs chevaux, et de prendre dans la forêt le feuillage nécessaire à la nourriture de ces animaux (1).

De là aussi le droit de vaine pâture limité par l'art. 12, L. VIII. T. III (2).

Enfin cette liberté de défrichement, consacré par le passage cité (art. 9), nous montre toujours la forêt comme le sol primitif, que la civilisation était appelée à transformer. Les abus ont fait seulement apparaître une législation protectrice, destinée à régler le droit et à prévenir la dévastation.

Tel était le but que se proposait la loi des Lombards. Celui qui abattait un arbre réservé, ou qui en enlevait seulement la marque, avait le poing coupé ou perdait la vie (3).

Celui qui trouve dans sa forêt un char et des bœufs emportant du bois : « *lignamen superpositum, aut qualicunque re oneratum* », n'est pas coupable s'il s'empare du tout (4).

Mais la disposition la plus intéressante de cette loi pour notre sujet, est la loi 7 du T. 23 L. I, qui implique l'existence d'un véritable droit d'usage dans les forêts. Elle prévoit en effet le cas où l'on aurait envoyé des porcs dans une forêt réservée. Ce texte prouve qu'on avait le droit de les envoyer dans les cantons non réservés (5).

---

(1) *Lex Visig.* L. VIII. T. 3 l. 27. Canciani. — De là le droit connu dans le Midi sous le nom d'aramage (prendre des rames).

(2) « Qui in pratum eo tempore quo defenditur, pecora miserit, etc. »

(3) *Leges Longobardicæ.* L. I. T. 1. art. 138 suiv. Canciani. — Elles défendaient aussi d'incendier les forêts.

Voy. Histoire des Grandes Forêts, par Alf. Maury. Paris 1850.

(4) Loi des Lombards. Lindenbrog. L. I. T. 23. l. 5.

(5) Id. Loi des Lombards L. I. T. 23. l. 7 : « Si quis porcos *in silva aliena defensata* miserit, etc. »

Le Code Forestier (art. 67-119) établit la règle inverse. En effet, dans la loi des Lombards, le pâturage est permis partout où il n'est pas défendu. La forêt doit être expressément réservée « *defensata* ». Au contraire, d'après le Code Forestier, le pâturage ne peut être exercé que dans les cantons déclarés défensables, c'est-à-dire dans ceux qui ont été expressément désignés. Partout ailleurs, le pâturage est interdit.

C'est ici que nous rencontrons le point où l'idée traditionnelle du communisme primitif, se trouvant en conflit avec le régime croissant de l'appropriation privée, prend la forme nouvelle de la servitude usagère.

Mais c'est dans la loi des Burgundes que cette transformation dont nous étudions les phases successives, et qui produit définitivement les Droits d'Usage, apparaît dans son ensemble avec le plus de clarté.

L'article 6 du Titre I (*additamentum primum legis Burgund.* Lindenbrog, p. 302), consacre le Droit ancien : « *Silvarum, montium et pascuorum unicuique pro rata suppetit esse communionem.* » Tel est le principe, pour les forêts qui ne sont pas entrées dans le partage, que l'arrivée des Burgundes a provoqué entre eux et les habitants Gallo-Romains. Mais ce partage restreint déjà à un plus petit nombre la jouissance des biens, forêts ou terrains de pâture, puisqu'ils tombent en indivision dans le lot d'un Romain et d'un Burgunde réunis.

Le *communisme* ici se transforme en *copropriété*. De là ce nom de *Silva Communis*, donné aussi bien aux forêts où règne encore le Droit antique, qu'aux forêts laissées indivises dans un lot déterminé.

Le législateur consacre le droit des Romains, et leur réserve la jouissance des forêts par moitié : « medietatem silvarum ad Romanos generaliter præcipimus pertinere (1). » De même Cap. 67 : *De Silvis :* « De silvis hoc est observandum : Quicumque agrum aut colonicas tenent, *secundum terrarum modum vel possessionis suæ ratam*, sic *silvam* inter se noverint *dividendam*, Romano tamen de silvis *medietate ex exartis* servata. » Ainsi la participation aux biens indivis était proportionnée à l'étendue du champ cultivé, mais en cas de défrichement, la division de la forêt se faisait toujours par moitié pour les Romains.

Nous avons vu qu'ils ne reçurent cependant que le tiers des

____

(1) Lindenbrog. *Lex Burgund.* Cap. 54 — 2.

terres et les deux tiers des esclaves. Pourquoi ces différentes proportions? Montesquieu nous en donne la raison (1):

« La loi veut que le Bourguignon ait les deux tiers des terres et le tiers des serfs. Elle suivait le génie des deux peuples et se conformait à la manière dont ils se procuraient la subsistance. Le Bourguignon, qui faisait paître les troupeaux, avait besoin de beaucoup de terres et de peu de serfs ; et le grand travail de la culture de la terre exigeait que le Romain eût moins de glèbe et un plus grand nombre de serfs. Les bois étaient partagés par moitié, parce que les besoins à cet égard étaient les mêmes. »

Cette différence dans les habitudes agricoles devait nécessairement provoquer des tendances contraires dans les modes d'exploitation. « Le Bourguignon, guerrier, chasseur et pasteur, ne dédaignait pas de prendre des friches ; le Romain gardait les terres les plus propres à la culture ; les troupeaux du Bourguignon engraissaient le champ du Romain (2) ».

Cette divergence provoqua naturellement le désir de sortir d'indivision. Aussi la copropriété est-elle réglée, de façon à maintenir l'indépendance des copropriétaires : « Agri quoque communis nullis terminis limitati exæquationem inter consortes nullo tempore denegandam (3). »

De là aussi cette disposition : « Si quis tam Burgundio quam Romanus in silva communi exartum fecerit, aliud tantum spatii de silva hospiti suo consignet, et exartum quem fecit, remota hospitis communione possideat (4). »

Il en fut de même pour les plantations de vignes : « Inter Burgundiones et Romanos id censuimus observandum, ut quicumque in communi campo, nullo contradicente, vineam fortasse plantaverit, similem campum illi restituat in cujus campo posuit (5). »

(1) Montesquieu. De l'Esprit des lois. L. XXX. chap. IX.
(2) Montesquieu. *loc. cit.*
(3) Lindenbrog. art. 5. T. 1. Addit. prim. *leg. Burgund.*
(4) Lindenbrog. Id. Cap. XIII. p. 274. *De exartis.*
(5) Id. *De plantandis vineis.* Cap. XXXI.

Le Romain ou le Burgunde qui aurait défriché la forêt indivise, devra laisser à son copropriétaire une quantité de forêt
égale à la partie défrichée, et chacun sera propriétaire exclusif de sa nouvelle part (1).

Ainsi la dernière transformation s'opère, le droit exclusif de
propriété apparaît par les progrès du partage.

Mais le défrichement est surtout l'œuvre des populations
gallo-romaines. Le Burgunde conserve ses antiques habitudes
germaniques. Pour lui, c'est toujours dans la forêt qu'il peut
poursuivre le gibier et prendre dans une certaine mesure le
bois qui lui est nécessaire.

Aussi la force de cette coutume impose-t-elle, même à la
forêt particulière, un droit au profit des tiers qui n'ont point
de forêt : et ce dernier vestige de l'indivision primitive, trans-
porté dans le domaine privé, constitue enfin les Droits d'Usage,
qui apparaissent ici pour la première fois (2) : « Si quis Burgundio aut Romanus silvam non habeat, incidendi ligna ad usus
suos *de jacentivis et sine fructu arboribus, in cujuslibet silva*,
habeat liberam potestatem, neque ab illo, *cujus silva est*, re-
pellatur (3). »

La loi en règle l'exercice : la loi Salique imposait au propriétaire l'obligation de marquer les arbres qu'il entendait se
réserver. Les tiers pouvaient user, comme nous l'avons vu,
du bois de chauffage non réservé (loi 4. T. 8).

(1) Ces défrichements se faisaient en mettant le feu à la forêt, et souvent avec peu de soin, puisque les vignes ou moissons voisines étaient
parfois incendiées. C'est ce que prouve le cap. XLI *lex Burg*. « Si quis
in exarto suo focum fecerit, et focus, nullo compellente vento, per terram
currens ad sepem vel messem pervenerit alienam, quidquid concrematum
ex ea fuerit, ab eo qui focum fecit, reformatur. Si vero flammam ignis ad
sepem vel messem alterius vis venti transtulerit, dampnum quod inlatum
est ab eo qui focum fecerit, non quæratur. »

(2) Remarquons toutefois que les droits d'usage n'offrent point encore
ici le caractère de Servitude réelle, qu'ils sont appelés à revêtir ; mais
l'institution offre déjà ce caractère de généralité qui explique son futur
développement, et qui doit lui donner une réglementation indépendante.

(3) Cap. 28 — 1° « De indulta generaliter incidendorum lignorum
licentiâ. »

La loi des Burgundes était moins large, puisqu'elle ne donnait que l'usage du bois gisant et sans fruit (de jacentivis et sine fructu arboribus), le bois qu'on devait plus tard appeler mort bois et bois mort. Quant aux arbres sur pied ou frugifères, le propriétaire seul en pouvait disposer. L'art. 2 punit le fait d'avoir enlevé un arbre frugifère ; elle impose dans ce cas l'obligation de payer un solide par arbre au propriétaire de la forêt : « Quod etiam de pinis et abietibus præcipimus custodiri. » (Cap. 28).

Mais le droit d'usage, ainsi limité, était garanti dans son libre exercice. Une amende de six solides punit le propriétaire qui aurait cherché à l'interdire : « Si quis vero quemquam de jacentivis et non fructiferis arboribus lignum usibus suis necessarium præsumere fortasse non permiserit, ac si ei pignora tulerit, restitutis in triplum pignoribus, inferat mulctæ nomine solidos sex (1). »

Ainsi, mieux que toute autre, la loi des Burgundes nous fait assister, dans tout son développement, à cette transformation insensible, mais continue et logique des habitudes antiques, qui, partant du communisme primitif, traverse le régime de l'indivision qui suivit l'établissement des barbares, subit l'influence du partage et se manifeste encore sous le régime nouvellement organisé de la propriété privative appliquée au sol forestier, par les Droits d'Usage.

Telle est la première origine de la servitude usagère, dont l'exercice immodéré a été, plus tard, si funeste aux forêts. Mais, comme le fait observer M. Pardessus (2), la rareté et la prodigieuse nécessité des bois pour le chauffage et l'industrie, n'avaient point encore donné l'idée de faire des réglements, dont on ne s'est avisé que vers le XIVe siècle, et qu'on a perfectionnés plus tard.

---

(1) Cap. 28 art. 3. Le solide est vraisemblablement le sou d'or.

(2) Pardessus. Loi Salique. Huitième dissertation, p. 545.

SECTION IIIe — Des Servitudes Usagères, depuis Clovis jusque Saint Louis.

SOMMAIRE. — § 1. Quelles personnes et quelles terres, sous les deux premières races, pouvaient participer aux concessions de Droits d'usage. — § 2. Concessions usagères sous les Mérovingiens. — § 3. Discussion des Capitulaires. — § 4. Droits d'usage dans le Polyptique d'Irminon.

§ 1. — Les Lois Barbares nous présentent les dispositions législatives qui furent en vigueur sous les rois Mérovingiens et Carlovingiens. Elles ne furent point complétement absorbées par la loi Salique, mais subsistèrent chacune sur son territoire : les guerres civiles qui signalèrent cette période, l'absence à peine interrompue de tout pouvoir central régulièrement organisé, favorisèrent le maintien ou l'établissement de ces coutumes locales.

Ces mêmes motifs, joints aux partages incessants de la monarchie Franque, les troubles qui bouleversèrent tour à tour l'Austrasie, la Bourgogne et la Neustrie, nous démontrent que nous ne devons point chercher, dans les textes législatifs, des renseignements sur notre sujet, mais consulter plutôt l'état des personnes, pour connaître celles qui pouvaient participer aux Droits d'usage, examiner enfin rapidement l'état du sol et celui de la propriété.

Bien que cette recherche soit indispensable pour notre étude, elle en est cependant distincte, ce qui nous impose l'obligation d'être bref. D'un autre côté, il faut reconnaître que la plus grande diversité, la plus grande confusion, même, règnent dans la condition des populations agricoles à cette époque : « Rien de plus divers, dit M. Guérard, rien de plus discordant, de plus hétérogène que les populations, les états, les intérêts, les institutions que la société présentait en France

pendant les quatre premiers siècles de la monarchie (1). »
Aussi faut-il reconnaître qu'il est dangereux de procéder par
généralisation à l'époque de nos Origines. Toutefois, le point
de vue spécial que nous nous proposons, permet de poser des
principes généraux, tirés de la diversité même et du morcellement des institutions, principes que l'on est toujours en droit
et en devoir de fixer, et sans lesquels, d'ailleurs, il n'y aurait
point d'histoire.

Les bouleversements qui suivirent l'invasion, amenèrent
nécessairement de grandes perturbations dans l'état des personnes. Néanmoins, il est possible, avec les données de l'histoire, de fixer un point de départ pour les in⸱ ⸱ ⸱ions de la
nouvelle société.

Nous avons vu dans quelles conditions se fi⸱ ⸱e partage des
terres après l'invasion. Il faut se garder de croire que les populations gallo-romaines furent réduites en servitude, tandis
que les nouveaux venus s'établissaient en conquérants et
devenaient les seuls maîtres. Tout au plus serait-il permis de
l'affirmer d'une manière aussi générale pour les bandes de
Clovis. Au contraire, les grands propriétaires gallo-romains,
après avoir été contraints de céder une part de leurs domaines,
restèrent maîtres du surplus et vécurent respectés à côté des
nouveaux propriétaires barbares. D'un autre côté, ceux des
barbares qui, soit pour être venus trop tard, soit pour n'avoir
pas su faire valoir ou conserver leurs terres, ou pour d'autres
motifs, se trouvèrent dépourvus de domaine, dans cette société
où la force s'appuyait sur la propriété foncière, en furent nécessairement affaiblis, et durent tomber dans la condition des
vaincus.

Ce n'est donc point là que nous pouvons découvrir le crite-
rium que nous avons à déterminer.

Nous le trouvons plutôt dans la distinction qu'il faut faire

---

(1) Polyptyque de l'abbé Irminon. Guérard. — Paris 1844. — Prolégomènes, p. 199.

entre les institutions d'origine romaine ou germanique, qui
survécurent à l'invasion, et celles qui, produites par la fusion
des précédentes, se sont développées plus tard sur le sol de
la Gaule.

Esclaves. — Or nous y trouvons encore, au dernier rang de
la société, l'esclavage. Son existence étant liée à celle des
Latifundia, il s'était développé sur tout le territoire de l'Empire Romain. Aussi se perpétua-t-il même après l'invasion ;
mais « on peut dire qu'il s'altéra et s'affaiblit bientôt après
Constantin, par l'influence de la religion chrétienne ; qu'en
France il diminua beaucoup sous la seconde race ; qu'il était
devenu rare au commencement de la troisième, et qu'il avait
généralement disparu avant la fin du XII⁰ siècle (1). »

Serfs. — Il faut toutefois distinguer une classe d'esclaves,
dérivée plus spécialement de la servitude germanique. et qui
comprenait surtout les esclaves agricoles, dont le nombre
égalait dès le VIII⁰ siècle celui des colons. C'étaient les *Serfs*
de la glèbe, auxquels leurs maîtres imposaient des redevances
et des corvées arbitraires, et qu'ils attachaient au service des
personnes comme à celui des terres. Malgré l'abaissement de
sa personne, le serf pouvait parfois être en quelque sorte
propriétaire, comme nous le voyons d'après les exemples
cités par M. Guérard (2). Mais ce droit n'était qu'une dérogation à la règle commune ; il était en outre soumis à de nombreuses restrictions. Cette servitude ne disparut pas rapidement comme l'esclavage romain ; elle s'adoucit, et se rap-
procha lentement du colonat, avec lequel elle se confondit
entièrement.

Colons. — A Rome déjà, l'institution du colonat avait adouci
la condition des esclaves et fut bientôt reconnue par les constitutions impériales.

(1) Guérard. Prolégomènes, p. 387.
(2) Voy. Id. p. 304-305.

Nous la rencontrons aussi, mais profondément modifiée, dans la nouvelle société que les barbares ont fondée (1). Un grand nombre de petits propriétaires, trop faibles pour rester isolés, cèdent leurs fonds aux hommes puissants, et obtiennent ainsi leur protection. Parmi les colons, les uns l'étaient donc indépendamment de leur volonté, les autres le devenaient par leur propre adhésion, en vertu d'un contrat. Il est de principe général à cette époque, qu'un grand nombre de conditions distinctes se présentent à nous sous une même dénomination. Mais il est en outre facile de comprendre qu'avec ces origines multiples, le colonat devait offrir bien des aspects différents. On peut dire cependant qu'il constituait un état régulier, dont les obligations principales, une fois déterminées, étaient à peu près fixes, sauf la loi commune du temps, c'est à dire la loi du plus fort (2). Le colon servait la terre à laquelle il était attaché ; il devait en outre des redevances et des services personnels ou corvées (3). Ses droits sur le sol qu'il cultivait, comme sa condition personnelle, étaient très-variables ; tantôt attaché à la glèbe, il ne pouvait acquérir que des biens mobiliers, et en disposer dans de certaines limites ; tantôt, en cédant sa terre, il s'en était réservé l'usufruit ; parfois même il jouissait, bien qu'imparfaitement d'une sorte de co-propriété. M. Guérard en donne de remarquables exemples (4).

Ainsi, au point de vue des obligations personnelles, comme au point de vue des droits sur le sol, la condition des colons était très-variée. De là ces dénominations que nous présentent les textes de l'époque, *coloni liberi, ingenui, tributarii, slavi, coloni.*

Rien ne s'opposait donc à ce que de véritables servitudes

---

(1) Voy. Troplong. Préface du louage.
(2) Guérard. Prolégomènes, p. 247.
(3) Troplong. Préface du louage, p. 69 et suivantes.
(4) Guérard. Prolég. p. 240 et passim.

usagères fussent constituées au profit des colons dont les droits étaient le plus fortement déterminés. Quant aux autres, suivant la distinction que nous avons déjà faite, ils ne pouvaient jouir que de simples concessions, accordées par le propriétaire, dans l'intérêt même de l'exploitation.

D'ailleurs toutes ces différences devaient disparaître ; le colonat dégénère sous les Francs : il s'écarte de la liberté pour se rapprocher de l'esclavage. La servitude, au contraire, se confond avec lui, et s'élève de plus en plus vers la liberté, grâce au mouvement dont nous aurons plus loin à constater les résultats.

Lides. — « La liberté et le droit de propriété étaient, à ce qu'il paraît, beaucoup plus imparfaits encore chez le lide que chez le colon. Le colon, quoiqu'il eût un maître, ne servait que la terre à laquelle il était attaché, au lieu que le lide, placé de même sous l'autorité d'un maître, *dominus, senior,* servait à la fois l'homme et la terre (1). » Les lides étaient en général soumis à des redevances et à des services plus pénibles ou plus multipliés que les colons. Le trait caractéristique du colon consistait à être attaché à une terre. Il n'en était point de même pour le lide : « L'homme libre pouvait se faire lide quand il voulait : il lui suffisait, pour le devenir, de trouver un maître ; tandis que, pour entrer dans le colonat, il fallait trouver en outre une terre à cultiver ; il fallait même le plus souvent, être déjà propriétaire, et faire, au moins en partie, l'abandon de son bien, dont on ne conservait plus que l'usufruit, à des conditions plus ou moins rigoureuses (2). » Il en résultait que le lide, tout en ayant à sa charge un double service, celui du maître et celui de la terre, était moins attaché au domaine qu'il cultivait : ce qui le mettait dans une situation plus accidentelle et plus variable. Les lides n'avaient donc aucun droit de propriété sur leurs tenures.

(1) Guérard. Proлég. p. 268.
(2) Guérard. Id. p. 273-274.

Outre ces différences de conditions, la diversité d'origine, puisque les lides étaient d'origine germanique, explique comment ces deux institutions ne se confondirent point d'abord.

Mais tandis que le colon fut contraint aux services personnels, le lide dut chercher à s'assurer l'hérédité de sa tenure. Ces deux tendances rapprochèrent les deux conditions. Dès le IXe siècle, elles se confondent. Plus tard enfin, les différences de races disparaissent, les traces des législations romaine ou germanique s'effacent, et toutes ces classes de personnes non libres que nous venons de passer successivement en revue, l'esclave, le serf, le colon, le lide, se fusionnent dans l'institution commune du *Servage*, qui appartient à l'époque suivante.

Ainsi nous voyons combien de conditions différentes se groupent sous cette dénomination commune de *Servus*, qui désigne, d'une manière générale, toute personne non libre. C'est qu'en réalité la langue reflète vraiment l'incertitude des conditions. Tous ces degrés successifs de servitude ne caractérisent point chacun une époque nouvelle de l'histoire. Sans doute, ils ont été le résultat des progrès successifs de la civilisation, mais ils ont existé simultanément; leurs proportions seules ont varié, jusqu'au moment où le servage, produit de leur adoucissement et de leur fusion, apparut après la dissolution de l'empire Carlovingien.

Mais nous pouvons du moins voir combien était rare, et de quelles restrictions était entourée dans cette période la propriété foncière pour les personnes non libres. « Pendant la plus grande partie du moyen-âge, la propriété immobilière fut à peu près aussi rare, aussi limitée que la propriété elle-même. A vrai dire, il n'y avait pas, pour les populations serviles, de propriété immobilière, dans le sens que nous attachons à ce mot. Les serfs avaient commencé par être de simples tenanciers; ils devinrent ensuite des tenanciers héréditaires ; l'hérédité de la tenure créa pour eux un droit sur la terre qu'ils cultivaient, et ce droit fut un des germes de la propriété, à laquelle les lois ne leur donnèrent que fort tard un libre accès (1). »

Aussi faut-il reconnaître que la propriété se trouve alors principalement concentrée entre les mains des hommes libres. C'est donc surtout dans cette classe, et entre propriétaires, que nous pourrons trouver des droits d'usage constitués.

Mais ces notions sur les conditions des personnes seraient insuffisantes, si nous ne les faisions suivre d'un examen rapide sur l'état des terres et sur leur rapport avec les populations agricoles.

Il faut observer, en effet, que la condition des terres n'est pas déterminée par celle des personnes : par exemple, une terre libre peut être possédée par une personne engagée dans la servitude, et réciproquement une terre servile peut avoir un homme libre pour maître (2). Il faut remarquer également que la division des Manses en Manses ingénuiles, lidiles, serviles, n'est point liée à la division des personnes en cultivateurs libres, en colons, lides ou serfs. Toutefois la qualité de la terre exerça peu à peu sur la personne du tenancier une influence considérable, et contribua beaucoup à ce nivellement que nous avons déjà constaté, et qui s'opéra du VIIIᵉ au Xᵉ siècle, entre les conditions auparavant si diverses des populations agricoles.

Ces populations habitaient soit des villages, soit des fermes.

Ceux des villages qui renfermaient ainsi des hommes d'une condition dépendante, et plus ou moins engagés dans la servitude, appartenaient, soit au domaine public, et se nommaient alors *Villæ publicæ* ou *fiscales*, soit au roi, à l'Eglise ou à de grands propriétaires. Souvent les *villæ* se trouvaient simultanément habitées par des hommes libres et par des serfs, comme ils pouvaient être aussi partagés entre plusieurs propriétaires.

(1) Histoire des Classes agricoles en France, depuis Saint Louis jusqu'à Louis XVI. — Dareste de la Chavanne. Paris, 1854, p. 20.

(2) Guérard, Prolégomènes, p. 473, 587, *passim*.

Nous verrons tout-à-l'heure qu'il y avait des villages dont la population était libre.

En second lieu, les populations agricoles dépendantes pouvaient être réparties sur de grands domaines et habiter des fermes. L'ensemble de la propriété se nommait *Fisc*.

Dans l'origine, la dénomination de *fisc* fut probablement réservée aux terres du domaine public ou royal. Plus tard, on entendit par *fisc* « un ensemble de biens fonds appartenant à un même propriétaire et dépendant d'une même administration, soumis généralement à un même système de redevances, de services et de coutumes, et constituant ce qu'on pourrait appeler maintenant une terre (1). »

Chaque terre comprend deux parties : d'abord le *Domaine* proprement dit, possédé par le propriétaire ; c'est la partie dominante, seigneuriale. Le *Manse* ou ferme, contenu dans ce domaine, est administré par le propriétaire lui-même, et se nomme *Mansus Dominicus*.

Le Domaine comprend ensuite la partie dépendante ou tributaire, exploitée par les personnes soumises envers le propriétaire à des redevances, à des corvées. Ce sont les *tenures*; et chaque tenure comprend ordinairement un *Manse*. Les charges de ces Manses sont ingénuiles, lidiles ou serviles, et le manse reçoit d'elles une qualification analogue. Le titre est donc attaché à la terre, et non au tenancier.

Cet aperçu nous fait voir que dans cet état de la propriété, la servitude usagère pouvait se présenter à deux degrés : d'abord d'un domaine à l'autre, ou d'un domaine sur les biens particuliers du Roi ou de l'Eglise ; en second lieu, dans son propre domaine, le propriétaire pouvait concéder des Droits d'usage, qui étaient, selon la qualité du manse au profit duquel ils étaient constitués, de véritables droits ou de simples concessions de fait.

Nous aurons en effet à constater d'importants droits d'usage établis dans ces propriétés.

(1) Guérard. Prolég. p. 39, 50, 577, etc. passim.

Il nous reste à examiner maintenant quels étaient les propriétaires de ces vastes domaines, ce qui nous conduit à rechercher quels étaient, parmi les personnes libres, les propriétaires fonciers.

Les terres du fisc romain passèrent, après la conquête, dans le domaine des chefs Francs, qui en firent le partage entre leurs compagnons. Cette distribution d'*Alleux* fut suivie des concessions de *Bénéfices ;* et chaque grand propriétaire, à son tour, fit participer ses propres compagnons, à sa richesse territoriale. C'est ainsi que s'opéra le partage du territoire tombé du domaine public dans l'appropriation privée.

Ainsi, dans le principe, l'*alleu* était la propriété de l'homme libre, et emportait avec soi exemption de ces obligations qui constituèrent plus tard les devoirs féodaux, mais non des charges publiques. Le maître de l'*alleu* ne tenait son droit que de lui-même. Le *bénéfice* fut la concession faite par le chef à ses soldats, moyennant la fidélité et l'assistance par les conseils et par les armes. Il aurait donc succédé à l'alleu, comme les Leudes des Francs aux compagnons ou *comites* des Germains (1). Le bénéfice fut, parmi les institutions publiques, la concession à long terme, comme la tenure l'était dans l'ordre privé (2).

Quant aux populations rurales, comme aucune révolution générale n'était venue étendre la servitude sur les campagnes il est certain qu'elles renfermèrent à notre époque, des cultivateurs libres. La guerre civile, les difficultés des communications obligèrent le pouvoir central à abandonner aux grands propriétaires, ses représentants naturels « de véritable pouvoirs administratifs, ou même une souveraineté patrimoniale, qui portèrent une atteinte forcée à la liberté des cultiva-

---

(1) Guérard. Prolég. p. 478, 511, passim.

(2) Disons toutefois qu'il n'y eut rien de fixe ni de régulier dans ces concessions de bénéfices, qui, d'abord révocables, devinrent temporaires, à vie, ou même plus tard, héréditaires.

teurs (1). » Dès lors, les petits propriétaires, menacés par des
voisins redoutables, furent réduits à se placer sous la main-
bournie d'un seigneur ou sous la protection d'une église (2) et
tendirent ainsi à disparaître insensiblement.

Mais la cause même de ce changement nous explique comment les petits propriétaires capables d'offrir plus de résistance, purent maintenir leurs droits et conserver leurs propriétés. Ce qui leur donna cette force, ce fut l'association.

Sans vouloir admettre ici comme règle générale l'existence
de l'association et de la propriété communales indépendantes,
il est juste toutefois de reconnaître qu'il existait des communautés agricoles de petits propriétaires libres, groupés en bourgs
ou villages, et jouissant de droits légalement reconnus. La loi
Salique elle-même nous en donne la preuve (3). Cette liberté
de certaines populations rurales, subsista donc sous la dynastie
Carlovingienne. Dans le passé, elle se rattache à ces communautés de laboureurs, dont les mœurs galloises nous donnent
des exemples, et qui se reproduiront aussi dans certaines provinces d'allodialité, telles que le Nivernais (4) et l'Alsace;
d'autre part, dans les époques suivantes, elle ira relier les
traditions antiques au mouvement plus général de l'émancipation communale.

Ces *villæ*, communautés rurales de propriétaires libres,
étaient alors une institution sociale entièrement distincte de
la *villa* romaine, établissement purement domestique et d'ordre privé. Elles se distinguaient également, bien qu'elles

<hr>

(1) Dareste de la Chavanne, p. 14.

(2) Id.

(3) « Si quis super alterum in villa migrare voluerit, et aliqui de his qui
in villa consistunt, cum suscipere voluerint, et vel unus ex ipsis extiterit,
qui contradicat, migrandi licentiam ibidem non habeat. » Pardessus. Loi
Salique T, XLVII, art. 1, p. 308. Le mot *villa* est pris ici dans le sens de
village, comme le démontre du reste M. Pardessus, d'après les définitions
de Ducange, notes 527, 528, 529.

(4) Voy. Coquille. Coustumes de Nivernais. Chap. VII, art. 1.

fussent rares, des villages habités par des populations dépendantes, et dont nous avons déjà parlé.

D'autres personnes morales plus considérables participaient
alors à la propriété territoriale.

Nous avons vu l'organisation municipale prendre en Gaule,
dans le Midi surtout, une nouvelle vigueur sous l'impulsion
de Majorien. Une grande partie de la population gallo-romaine
s'était concentrée dans les municipes, qui conservaient les
derniers débris de la civilisation romaine. Ils survécurent
donc à l'invasion, et devaient subsister en se modifiant, pour
prendre part au mouvement d'émancipation des villes. Les
municipes avaient des immeubles, « et les habitants jouissaient
de communaux, à l'usage desq··· ls donnait droit, comme sous
l'empire Romain, la propriété ··un fonds de terre situé dans
le territoire de la cité : ....   ·lroit d'usager dans les biens
communaux était donc attache à la terre plutôt qu'à son possesseur (1). »

La propriété ecclésiastique à son tour prit des développements considérables. D'une part, la puissance des évêques et
du clergé contribua à lui faire absorber bien des territoires
qui avaient appartenu aux villes (2).

D'autre part, et dès le VIe siècle, les rois des deux premières races firent d'immenses concessions de forêts et de terrains
incultes aux monastères, qui se mirent aussitôt à les défricher.
Les Bénédictins, par exemple, dans le Nord et dans l'Est de la
France, attirèrent autour d'eux une nombreuse population
agricole, qui transforma ces contrées. Les établissements ecclésiastiques soumirent leurs cultivateurs ! un servage plus doux,
susceptible par là même de durer plus longtemps, et organisèrent tout un système de propriété, où nous allons bientôt
voir établis des droits d'usage importants.

<hr>

(1) Histoire des Biens communaux en France, etc. Rivière, Paris 1856,
p. 211.

(2) Rivière, id. p. 220-221.

Les usurpations de Charles Martel et des derniers Carlovingiens, la décadence du clergé, qui perdit sa force morale au milieu des catastrophes du Xe siècle, enfin le système féodal qui devait séculariser en quelque sorte la propriété, et la faire rentrer dans son organisation, diminuèrent plus tard la puissance territoriale de l'Eglise. Mais jusque-là, et durant toute notre période, la propriété ecclésiastique forme véritablement en France un élément considérable de la propriété territoriale.

Tels étaient les propriétaires et le régime des terres. Nous savons où pouvait, en droit, se présenter la servitude usagère.

§ 2. Dans cette société, voyons maintenant où furent en réalité constitués les Droits d'Usage. L'examen des textes nous l'apprendra.

Clovis, le premier, en accordant à l'église de Reims, au monastère de Micy ou de Saint-Mesnin (1), des propriétés et d'autres droits qui furent plus tard augmentés, donna l'exemple de ces concessions que les rois de la première et de la seconde race, firent aux établissements religieux.

Durant cette période, on peut remarquer que les actes importants de donation, non-seulement portent sur la pleine propriété des terres, ou sur les droits d'immunité et de justice, mais en outre comprennent généralement des Droits d'usage sur les pâturages, forêts et marécages. C'est ce que nous apprend la cinquante-septième formule de Marculphe, dont les termes étaient la plupart du temps reproduits dans les chartes octroyées (2).

(1) Rivière, p. 167. Voy. aussi le diplôme du monastère de Micy, cité par M. Fauriel : Histoire de la Gaule Mérid. T. III, p. 448.

(2) «.... Ideo per hanc epistolam cessionis,.... dono trado vobis aliquam rem meam, in pago illo, in loco qui dicitur ille, id est mansos tantos, cum ædificiis suprapositis, una cum terris, silvis, campis, pratis, *pascuis communiis*, etc. » Formulæ Lindenbrogii : 57e Baluze, T. II, col. 525-526.

Nous distinguons ici les *Compascua* et les *Prata*, entre lesquels il importe maintenant d'établir une différence. Les *compascua* comprennent

Nous en trouvons une preuve dans l'acte par lequel Clotaire Ier, fils de Clovis (seul roi 558 - 560), dispense l'Eglise de payer les droits de terrage, pacage, et la dîme des porcs (1). Les établissements religieux, outre leurs propriétés foncières, exerçaient donc par leurs colons, de véritables droits d'usage, sur les terrains qui appartenaient au roi, ou qui étaient censés, faute d'autre propriétaire, lui appartenir (2).

Après les immenses progrès que firent les monastères (3) pendant les luttes de Frédégonde et de Brunehaut (575-613), après les libéralités considérables (4) de Dagobert, fils et successeur de Clotaire II, nous voyons le roi Thierry III, en 677, confirmer à l'abbaye de Saint-Bertin la propriété d'un autre établissement : « cum terris, mansis, ...*communiis*, » avec ses terres, ses manses, ses droits d'usage sur les territoires communs, forêts, pâturages (5), etc.
Une fois parvenus au trône, les Carlovingiens suivirent ces traditions pour se rendre l'Église favorable.

Mais ces donations portent encore plutôt sur la pleine pro-

---

les terrains vagues, tels que landes, marais, bruyères, etc. Les *prata* désignent les prairies qui n'étaient livrées à la dépaissance des troupeaux qu'après une première ou une seconde récolte (Voy. Roothors. Sources du Droit rural. Paris 1865, p. 149).

Ces définitions mêmes nous montrent que l'appropriation dut s'appliquer d'abord aux *prata*. C'est en effet ce que nous voyons au Polyptyque d'Irminon : à chaque manse est attachée une portion de pré. C'est au contraire l'usage des *compascua*, et non une portion divise, qui est attaché, comme l'usage de la forêt, à la possession du manse.

(1) Chlotharii regis Constitutio generalis, circa annum 560, Cap. XI : « Agraria, *pascuaria*, vel decimas porcorum Ecclesiæ pro fidei nostræ devotione concedimus.... » Baluze Capit. reg. Francor. Tit. I, col. 7-8.

(2) Leber. Histoire du Pouvoir municipal. Paris, 1828, p. 91.

(3) Le monastère de Saint-Martin d'Autun, par exemple, possédait cent mille manses. L'abbaye de Saint-Riquier était plus riche encore. — Châteaubriand. Etudes historiques, T. III, p. 58. Paris, 1832.

(4) Il fonda l'abbaye de Saint-Denis, et fit donation au monastère de Wissembourg d'une partie de la Basse-Alsace.

(5) Rivière, p. 211.

priété. Ainsi, Louis le Débonnaire, en 823, concède à l'abbaye de Munster, en Alsace, des forêts qu'il détache de sa ferme de Colmar. De même Charles le Gros, en 884, fait à l'église de Liége donation de terrains considérables, « cum pascuis, silvis, …….. cultis et incultis, *communiis*, etc… »

Nous trouvons cependant de véritables droits d'usage constitués par Charlemagne, au profit d'Espagnols qui s'étaient réfugiés en France, lors de l'invasion Sarrasine. Il leur donna de vastes terrains à défricher dans le Roussillon, et leur permit en outre de mener leurs troupeaux dans les pâturages communs, et de couper du bois dans les forêts du domaine.

Charles le Chauve confirma ces concessions par un Capitulaire de 814 et consacra formellement leur droit de prendre du bois dans les forêts (1).

Nous nous sommes bornés jusqu'ici à constater simplement des constitutions de droits d'usage, sans rechercher quelles limites leur étaient imposées. Dans cette période, en effet, leur réglementation est encore presqu'inconnue; car le but principal, du moins pour une grande partie du territoire, est encore le défrichement.

L'intérêt de protection cependant apparaît à de rares intervalles. Ainsi Clotaire II, en 615, défend aux bergers des fermes royales de conduire les porcs dans les forêts de l'Église et des particuliers, sans la permission du propriétaire (2).

(1) Voici quelques extraits de cet acte curieux :

« …. Progenitorum nostrorum, magnorum si quidem ortodoxorumque Imperatorum, avi videlicet nostri Karoli, seu genitoris nostri Augusti Illudouvici, auctoritatem imitantes….. »

« Simul etiam præcipientes injungimus ut…… liceat eis…… secundum antiquam consuetudinem ubique *pascua habere et ligna cædere*, et aquarum ductus *pro suis necessitatibus*, ubicumque pervenire potuerint, nemine contradicente, juxta priscum morem semper deducere. »

Cap. VII. Præceptum confirmationis pro Hispanis, qui in regno Caroli Calvi morabantur, datum in eodem loco, in quo et superiora Capitula conscripta sunt, etc….. anno 844.

Baluze, Capitularia regum Francorum. Tit. VI. T. II, col. 25-26.

(2) Edictum Chlotharii regis, anno 615. Cap. XXI : « Porcarii fiscales in

Cette prohibition, contenue dans un acte aussi important que l'Édit perpétuel de 615, prouve qu'elle se rattachait à un intérêt sérieux. Le commerce des porcs était en effet considérable à cette époque, et comme les glands et les faînes servaient à l'alimentation de ces animaux, les propriétaires de forêts devaient réserver ces produits pour leurs propres troupeaux, et veiller soigneusement, en ce but, à leur conservation. L'intérêt que peuvent présenter alors les forêts s'attache donc principalement aux droits nommés plus tard *glandée*, *panage* ou *paisson* (1).

Sous ce rapport, les forêts prennent quelque importance, comme nous l'attestent aussi d'autres documents, ayant pour objet d'éviter les contestations sur la propriété des forêts particulières (2).

Toutefois ces dispositions concernent les forêts qui avoisinent les centres déjà civilisés, et qui présentent par conséquent plus de valeur. Quant aux vastes forêts qui s'étendaient encore dans ces régions où les moines seuls portaient leurs pas, il est certain qu'elles n'attirèrent point encore l'attention du législateur. Leurs produits secondaires devaient être abandonnés aux populations voisines, sans que des règles de police vinssent entraver ces habitudes invétérées.

§ 3° Un autre motif de respecter les forêts apparaît dans les

silvas Ecclesiarum aut privatorum, absque voluntate possessoris, in silvas eorum ingredi non præsumant. » Baluze, T. I, col. 24.

(1) Voy. la loi des Visigoths. Tit. V. De pascendis porcis et animalibus errantibus denuntiandis.

(2) « Si quis vendiderit possessionem suam alicui, terram cultam,.... *vel silvas*, post acceptum pretium, aut per chartam aut per testes... comprobetur firma emptio. » Dagoberti regis capitulare tertium, sive lex Bajuvariorum. Tit. 15, Cap. 1. De venditionibus, anno 630. Bal. T. I. col. 130.

De même, Tit. 15, Cap. 12 : « Quidquid vendiderit homo..... omnia sint firmata, aut per chartas, aut per testes, qui hoc probare possint, hoc est.... de terra, casis vel *silvis*, ut postea non sit contentio. » Bal. T. I. col. 183.

Capitulaires ; mais il n'y faut point voir, comme on l'a fait, des textes généraux s'appliquant au sol forestier.

Un premier Capitulaire, de l'an 800, *de Villis et curtis Imperatoris*, ordonne, dans son *cap. 36*, une surveillance active : les intendants devront avoir soin de préserver les champs cultivés contre les envahissements de la forêt, de défricher aux endroits convenables, mais de la garder avec vigilance, ainsi que le gibier, dans les parties qui doivent rester boisées (1).

Un autre Capitulaire de 813, recommande la même vigilance pour les terrains de chasse et de pêche (2).

Enfin, dans un Capitulaire de l'an 819, Louis le Débonnaire donne des ordres aux *Comites*, préposés à la surveillance générale des domaines de l'Empereur, « ne ullam forestem noviter instituant. (3). »

Dans son Commentaire de l'Ordonnance de 1669, Pecquet

(1) Capitulare de villis Karoli Magni. De villis et curtis imperatoris. Anno 800.

§ XXXVI : « Ut silvæ vel forestes nostræ bene sint custoditæ, et ubi locus fuerit ad stirpandum, stirpare faciant, et campos de silva increscere non permittant. Et ubi silvæ debent esse, non eas permittant nimis capulare atque damnare. Et feramina nostra intra forestes bene custodiant... » Bal. T. I. col. 331-2.

(2) Capit. De forestibus *dominicis.* Anno 813 § 18 : « De forestis, ut forestarii bene illas defendant, simul et custodiant bestias et pisces. Et si rex alicui intus foreste feramen unum aut magis dederit, amplius ne prendat, quam illi datum sit. » Bal. T. I. col. 510.

(3) Capit. Ludov. Pii, anno 819 § 22. De forestibus dominicis. « De forestibus nostris, ut ubicumque fuerint, diligentissime inquirant quomodo salvæ sint et defensæ, et ut comitibus denuntient *ne ullam forestem noviter instituant;* et ubi noviter institutas sine nostra jussione invenerint, dimittere præcipiant. »

Et addim. §7, de forestibus noviter institutis : « Ut quicumque illas habet, dimittat, nisi forte indicio veraci ostendere possit quod per jussionem sive permissionem Domni Karoli genitoris nostri eas instituisset ; præter illas quæ ad nostrum opus pertinent, unde nos decernere volumus quidquid nobis placuerit. » Bal. T. I. col. 612. De même, Recueil d'Anségise L. IV §§ 42 et 65.

s'appuie sur le Capitulaire de l'an 800 : « *Et ubi locus fuerit ad stirpandum, stirpare faciant* », et sur le Capitulaire de Louis-le-Débonnaire : « *Ne ullam forestem noviter instituant,* » pour soutenir que les Carlovingiens avaient ordonné le défrichement, et défendu la plantation de nouvelles forêts. M. Roy, dans son rapport à la Chambre des Pairs sur le Code forestier, reproduit cette opinion.

L'examen des textes, une tradition historique constante et dont nous parlerons tout à l'heure, prouvent que ces mesures ont été inspirées par de tout autres préoccupations. Le premier Capitulaire de l'an 800, s'appliquant aux fermes et aux domaines de l'Empereur, n'est qu'un réglement domestique adressé aux intendants généraux (*comites*). Ceux-ci transmettent les ordres donnés aux *judices*, administrateurs de second ordre, qui ont sous leur surveillance les esclaves et tributaires (*familiæ*). Dans ce Capitulaire, Charlemagne leur recommande diverses mesures à prendre pour le choix des ouvriers, des cultivateurs (1), des bergers, pour les plantations, pour l'administration enfin et l'exploitation ; et, parmi ces mesures, quelques-unes portent sur les *silvæ* et *forestes*. Il faut donc considérer ces dispositions, non comme générales et d'intérêt public, mais comme purement domestiques.

D'ailleurs il faut avoir soin de distinguer ces deux mots, dont Pecquet a confondu le sens, *silvæ* et *forestes*.

La *silva,* c'est la forêt considérée soit pour ses produits en bois, soit pour la nourriture des bestiaux. Le premier point de vue, qui est le nôtre, attire à peine la préoccupation de l'Empereur (2) ; le second, est plus important, pour les motifs que nous avons déjà exposés. C'est ainsi que le Capi-

---

(1) Capit. anno 813 § 19. De villicis regiis quid facere debeant : « Ut villicus bonus, sapiens eligatur..... et ubicumque invenient utiles ullos homines.... » Bal. T. I. col. 516.

(2) Cap. anno 813 : « ... detur illis (utilibus ullis hominibus) *silva ad stirpandum*, ut nostrum servitium immelioretur. »

tulaire de l'an 800 recommande aux *majores* (surveillants) qui envoient leurs troupeaux dans les forêts impériales, de payer la dîme (1).

Mais tout autre est le sens du mot *forestis ;* la *forestis,* c'est, dans la forêt, la *partie réservée* pour l'exercice *du droit de chasse.*

Ainsi, dans toutes les dispositions qui contiennent cette expression, il est question du *droit de chasse,* droit régalien, qui plus tard passa aux seigneurs, comme en vertu d'une délégation tacite. Remontant aux traditions germaniques, il se reliait, dans le principe, aux souvenirs de la conquête : aussi, essentiellement attaché à l'idée de souveraineté, fût-il toujours défendu par les rois, et plus tard par les seigneurs, avec un soin jaloux (2). Il devint même la source des plus déplorables abus ; et l'intérêt que les seigneurs eurent à ménager les forêts pour la conservation du gibier, servit en quelque sorte de contre-poids aux dévastations qu'entraînait inversement dans les forêts, l'abus des Droits d'usage.

Sous les premières races et dans les Capitulaires, ce droit nous apparaît. Au prince seul, appartenait la faculté de permettre l'établissement d'une *forestis (afforestare)* c'est-à-dire la constitution, au profit d'une personne, du droit de chasse sur un espace déterminé de forêt. *Deafforestare* s'entendait

(1) Cap. anno 800 : « Et judices, si corum porcos ad saginandum in *silvam* nostram miserint, vel majores nostri aut homines illorum, ipsi primi illam decimam donent, ad exemplum bonum perferendum, qualiter postmodum cœteri homines illorum decimam pleniter persolvant. »

Bal. T. I. col. 336.

(2) Capit. anno 802 § 39 : Ut nemo feramina furetur in forestibus dominicis : « Ut in *forestes nostras feramina nostra* nemo furari audeat… etc. »

Bal. T. I. col. 374.

Et Charles-le-Chauve énumère soigneusement les forêts où il défend expressément à son propre fils, de chasser. Capit. Caroli Calvi. anno 877 « In quibus ex nostris palatiis, filius noster, si necessitas non fuerit, *morari* vel in quibus forestibus *venationem exercere* non debeat, etc… »

Bal. T. II. col. 268.

do la suppression de ce droit (1), et *reafforestare* de son rétablissement, comme nous le voyons dans la charte *De forestis* de Jean-sans-Terre, et dans celle d'Edouard Plantagenet, roi
d'Angleterre (2).

Tel est déjà le sens de ce mot dans les Capitulaires. En lui
donnant la signification de forêt, on trouve une contradiction
entre ces deux mesures, dont l'une ordonne une surveillance
si jalouse de la *forestis* (3), et l'autre prohibe la création d'une
forestis nouvelle (4).

Ces deux prescriptions, au contraire, avec le sens que nous
donnons au mot *forestis*, s'expliquent parfaitement et se com-
plètent : il faut surveiller les terrains consacrés à la chasse,
car le droit de chasse est régalien ; et, pour ce même motif,
aucune *forestis* ne peut être établie sans l'ordre ou l'assenti-
ment de l'Empereur (Capit. de Louis-le-Débonnaire). D'ailleurs
forestis s'entend aussi bien de la pêche que de la chasse :
« Pour ce qui est des *forestæ*, dit le Capitulaire de l'an 813
(De forestibus dominicis, § 18), les *forestarii* devront soigneusement garder le *gibier et les poissons* » : « *De forestis*, ut forestarii bene illas defendant, simul et custodiant *bestias et pisces*. »
Cet emploi particulier du mot rend inadmissible toute autre
interprétation (5).

(1) Et non du fait de défricher, comme le dit Pecquet. Préface des Lois
forestières, p. 5.

(2) Littleton et Houard. Preuves des anciennes lois, p. 361 et 391.

(3) Voy. Capit. de l'an 800 § 36.

(4) Voy. Capit. de l'an 819 § 22.

(5) Enfin l'opinion que nous venons d'exposer s'accorde avec l'étymologie aujourd'hui déterminée du mot *Forêt*, qui viendrait du mot *foris*
(dehors).

De là l'italien *Forestiere*, qui a le sens d'étranger, d'homme du dehors.

De *Foris*, le bas-latin fit le mot *Forestare* mettre dehors, bannir. *Foresta* fut donc employé primitivement pour désigner le *ban*, et le terrain
sur lequel on avait établi une proscription de culture, d'habitation. Cette
prohibition était généralement prononcée dans l'intérêt de la chasse. La
Foresta fut donc le *terrain réservé* pour l'exercice de ce droit : *Forestare*

Ainsi Charlemagne, Louis-le-Débonnaire entendent ordonner la surveillance des terrains de chasse qu'ils se sont réservés ; ils consacrent les concessions qu'ils ont faites, et préviennent les usurpations.

Si l'on rejette avec nous l'interprétation que nous avons combattue, on ne reconnaîtra dans les Capitulaires que des rapports assez éloignés, ou peu importants, avec notre sujet.

§ 4. — Mais si la réglementation des Droits d'usage n'est point encore établie d'une manière générale, nous pouvons du moins en avoir un exemple et savoir en quoi consistaient ces droits, par le Polyptyque de l'abbé Irminon.

Parmi les redevances perçues, plusieurs étaient réelles, c'est-à-dire « levées sur les manses, ou sur d'autres espèces de tenures, sans aucune acception de la condition des personnes (1). » Ces redevances représentaient « le prix de la cession de certains avantages ». Les principales sont désignées par les noms de *Herbaticum*, *Pastio*, *Lignaritia* (2).

L'*Herbaticum*, selon M. Guérard, doit être assimilé aux droits de paisson et de pâture. On le payait pour avoir le droit de faire pâturer les chevaux, bœufs et moutons, sur les terres seigneuriales, après la récolte des foins et du blé. Il était dû par les manses ingénuiles, et payé tous les trois ans, en nature.

Le droit de paisson, *Pastio*, était payé par les manses ingé-

---

signifia établir un ban sur une portion déterminée de forêt, en vue de la chasse. La forêt était en effet l'endroit où avaient lieu les chasses, puisque c'est là que se trouvaient les bêtes fauves. C'est ainsi que l'on fut insensiblement conduit à appliquer aux forêts, le mot *Foresta*, qui par cette transition, en vint à les désigner spécialement. (Voy. Littré, Dictionnaire de la langue française, v° Forêt.)

Ces notions viennent prêter une nouvelle force à notre opinion, puisqu'elles déterminent étymologiquement le sens que devait avoir le mot *Foresta* dans les Capitulaires.

(1) Guérard Prolégomènes. Chap. VIII. Des Redevances. p. 657.

(2) Remarquons que, dans le Polyptyque, les Concessions usagères sont faites aux colons et aux autres cultivateurs, *ut singulis*.

huiles, lidiles et serviles en argent ou en nature. Cette redevance donnait le droit, également nommé *pastio*, de mener les porcs dans les forêts pour y paître les glands, faînes, etc., tombés naturellement des arbres. C'était donc la *glandée* et le *panage*.

Lorsque les fruits manquaient, le droit n'était pas payé, comme le témoigne un édit de Clotaire II, de 614 (1).

Enfin le droit dit *Lignaritia*, était payé en retour du droit d'usage dans les forêts. Il comprenait l'*affouage*, portant sur les bois de chauffage, et le *marronnage*, s'appliquant aux bois de construction, nécessaires aux usagers. Ceux-ci étaient tenus, en retour, de couper et de charrier pour l'abbaye une certaine quantité de bois, ou de payer une redevance en argent ou d'autre nature.

Disons toutefois qu'il ne faut point généraliser les notions que nous donne le Polyptyque de l'abbaye de Saint-Germain. Les droits d'usage nous y apparaissent déterminés, réglementés, participant d'un véritable caractère de réalité. L'abbaye de Saint-Germain était puissante : ses domaines étaient vastes, ses terres riches et bien cultivées. D'autres monastères, sans doute, devaient offrir le spectacle d'une semblable prospérité ; mais tel ne devait pas être l'état d'une grande partie de la France à cette époque. Il est donc probable, certain même, qu'une aussi complète et soigneuse organisation de la culture, n'était point générale.

L'édit de Clotaire II prouve cependant, comme déjà nous l'avons indiqué, que la glandée présentait partout une importance spéciale.

____

(1) « Et quandoquidem pastio non fuerit, unde porci debeant saginari, cellarinsis in publico non exigatur. » Guérard. Prollég. p. 687.

SECTION IVe — § 1. Concessions usagères dans les Chartes d'Affranchissement. — § 2. Premières réglementations des Droits d'usage.

§ 1. — Après les efforts de Charlemagne pour constituer l'unité du pouvoir, les éléments hétérogènes de l'Empire se divisèrent : toute autorité centrale disparut: l'Eglise suivit ce mouvement de décadence ; la France enfin retomba véritablement dans la barbarie. Les révoltes, les guerres intérieures, et surtout les incursions continuelles et désastreuses des Northmans, amenèrent la dévastation et l'abandon des campagnes. Les paysans, qui n'avaient ni la force, ni le courage de se défendre, se réfugiaient dans les forêts, ou pillaient à leur tour.

Ces ravages créèrent de nouvelles solitudes : dans ces espaces désolés, sans culture, les forêts et les marécages envahirent rapidement tout le terrain qu'on leur avait enlevé. De là cette profonde obscurité de la période qui s'étend entre Charles-le-Chauve et le mouvement communal, et comprend surtout le Xe siècle. L'absence d'un pouvoir central rendait impossible toute réglementation forestière d'une portée générale, comme les envahissements des marécages, des landes et des forêts l'eussent rendue d'ailleurs complétement inutile.

Comment de cette confusion générale sortit une nouvelle organisation sociale ? Nous n'avons pas à l'examiner ici. Disons cependant que la nécessité de la défense, dans ce royaume livré à l'anarchie, créa le pouvoir local. Le propriétaire d'alleu ou de bénéfice, obligé à la fois de s'attacher fortement au sol, et de se mettre sous la protection d'un plus puissant, convertit son domaine en fief héréditaire ; l'Eglise se confond avec la société civile, et devient féodale. Attirées par ces éléments de force locale, les populations rurales se groupent ; de nouveaux villages se forment ; la Seigneurie créa la Commune.

Cette révolution sociale nous explique comment les Droits d'usage, quand ils reparaîtront, auront revêtu un caractère nouvea". Une fois que le morcellement du territoire a créé les souverainetés locales, le seigneur, mis en communication directe avec le village qu'il protége, lui accorde certains avantages, pour faciliter son développement et attirer de nouvelles populations. Ce n'est donc plus à l'habitant, mais à l'association, à l'agglomération considérée dans son ensemble, qu'il fait la concession. Aussi allons-nous voir désormais les Droits d'usage accordés surtout à l'être moral (*ut Universitas*) (1). En même temps la concession usagère n'est plus seulement faite dans le simple intérêt de l'agriculture ; son but étant aussi d'attirer de nouveaux habitants, elle a de plus une portée politique, qui généralise et agrandit l'institution.

Cette portée politique nous explique, à son tour, pourquoi nous rencontrons surtout les concessions de Droits d'usage, dans les chartes d'affranchissement. Ces chartes furent accordées d'abord aux centres plus considérables, ou conquises par leurs populations en armes : mais comme les villes du moyen-âge n'avaient point assez d'importance pour qu'on pût établir une démarcation bien tranchée entre elles et les bourgs ou villages, le mouvement se propagea insensiblement : les populations rurales et des territoires entiers ne tardèrent pas à recevoir à leur tour les avantages que déjà les villes avaient obtenus. Dans ces campagnes, les différents états de servitude, que nous avons eus à distinguer dans la période précédente, s'étaient confondus dans le *servage*. Il consistait non dans la privation, mais dans la restriction de la liberté et de la propriété (2). C'est au servage que ces affranchissements mettaient fin.

(1) Ainsi, pour participer à l'exercice des droits d'usage, il faut être membre de la communauté. Mais cet exercice est toujours *individuel*, en ce sens que les habitants en jouissent *ut singuli*, et non au profit collectif de la communauté.

(2) Guérard, Prolégom. p. 393.

D'ailleurs, puisque les concessions usagères étaient faites au bourgs ou villages, et par l'acte même qui les émancipait, il n'entre plus dans les limites de notre travail, d'examiner, pour compléter ces préliminaires, la condition des populations rurales. L'étude même de ces textes constitue désormais notre sujet.

Le mouvement d'émancipation communale se prépara longuement, parut dès le XIe siècle, fut encouragé par Louis le Gros qui lui imprima la sanction royale, et se prolongea avec force dans le XIIe siècle et au delà. Dans ces chartes d'affranchissements ou autres actes, nous avons à rechercher la nature, les caractères et les modes de ces concessions usagères.

Une des premières dont nous ayons conservé la teneur, est celle qu'un seigneur d'Huriel, en 1008, fait au prieuré de la Chapelaude, dépendant de l'abbaye de Saint-Denis. Elle porte sur le droit de prendre dans les forêts seigneuriales le bois nécessaire au chauffage, et sur la faculté d'y mener les troupeaux du prieuré. La violation de cette charte amena les difficultés dont M. Rivière nous donne le récit (1).

L'intention, à laquelle nous avons fait allusion, d'attirer des populations nouvelles, apparaît dans une charte de 1097. Guillaume, comte de Nevers, y donne à tous les hommes qui habiteraient le bourg de Saint-Etienne les droits d'usage dont jouissent déjà les habitants. Les droits de parcours, marronnage, affouage, et le droit de panage pour les porcs, sont accordés en même temps aux frères de cette localité (2).

(1) Histoire des Biens Communaux. Rivière, p. 179.

(2) « Quotquot autem hujus burgi (S. Stephani) fuerint habitatores, facultatem habeant utendi omnibus opportunstibus et aisantiis in aquis, in pascuis, in sylvis... etc. Præterea ego Willelmus et Hugo Nivernensis episcopus donamus hujus loci fratribus Cluniacensibus cursum et usum *per omnes sylvas* nostras, *ad caleficiendum et ædificandum*, et porcis eorum pastinatium... » Gallia Christiana. T. XIII. col. 501.

La même faveur est offerte à ceux qui viendront s'établir sur le territoire de Saint-Donat (1) (1147).

En 1270, le seigneur de Pondix accorde à ce bourg une charte d'affranchissement qui contient une concession de droits d'usage : « Burgensibus meis, qui sunt, qui erunt, et qui habitaturi sunt in villis de Pondix et vertinentiis earum villarum. »

Des droits d'usage constitués en Lorraine méritent d'attirer plus particulièrement notre attention.

En 1179, Gérard II, comte de Vaudémont, fait aux religieux de Citeaux, établis à Clairlieu, donation du bois de *Heys*, et leur accorde des droits d'usage sur le territoire de Chaligny. « Concedimus et conferimus dilectis fratribus Clariloci, quidquid spectat ad nos in omni elemosina ducis Lotharingiæ, in fundis et usuariis, per totam silvam quæ vocatur *Heys*, et in banno Chelineti similiter pasturas et reliqua usuaria sibi necessaria simili libertate donamus... » (2).

Une concession usagère plus importante encore, est celle que nous trouvons dans la charte de Beaumont, octroyée en 1182, par l'archevêque de Reims, Guillaume-aux-Blanches-Mains. Cette charte, conçue dans un esprit vraiment libéral, contient dans son art. 8 : « Ad hec concedimus vobis usum aque et nemorum liberum, sicut inter vos et homines de Stanna et de Utu et fratres de Bellavalle divisum fuerit (3). »

(1) « Concessum est ut homines tam advenæ quam indigenæ qui sine calumnia dominorum suorum erga S. Donatum habitaturi accederent, more aliorum hominum in banno habitantium, liberum usum in sylvis, aquis et pascuis obtinerent... » Id. T. XIII. col. 507. Textes cités par Rivière. p. 249-250.

(2) Bulletin de la Société d'archéologie lorraine. T. V. 1855. p. 159. L'abbaye de Clairlieu, par M. Henri Lepage. Sec. partie.

(3) Bibliothèque de l'école des Chartes. Troisième série. T. II. Janvier-février 1851. p. 248-256. Texte latin de la loi de Beaumont, publié par M. Darbois de Jubainville.

Ce désir d'attirer des populations nouvelles a dicté l'art. XI, en vertu duquel la personne qui viendra s'installer à Beaumont, recevra une mai-

Une charte de Ferri, en 1210, porte que Simon de Parroy avait donné aux moines du prieuré de Notre-Dame de Nancy, l'usage dans toute sa forêt de Maxéville (de *Marchevilla*), pour ce qui serait nécessaire à leurs moulins et autres usines (1).

Nous avons parlé jusqu'ici des concessions librement faites par les seigneurs aux habitants de leurs domaines.

Mais est-ce à dire que les populations rurales ne jouissaient nulle part de droits antérieurs, fondés sur la tradition, se rattachant enfin soit à l'existence passée des *latifundia* Romains, soit à une appropriation collective de terrains incultes et vagues, lors de la conquête et des bouleversements qui suivirent? Et, quant à la propriété communale, « restait-il, au XIe siècle, quelque chose qui fût possédé en propre par le corps des citoyens; retrouvait-on alors quelques débris des biens communaux, que les cités de la Gaule avaient possédés à l'époque romaine, et dont la propriété s'était maintenue sous la domination Franke? (2) »

M. Aug. Thierry constate lui-même que des terrains, marais et cours d'eau appartenaient à la ville d'Amiens, aux XIe et XIIe siècles.

Une Constitution de l'empereur Othon atteste, en 967, l'existence d'une sorte de propriété communale : « Qui terram seu *communem agrum* suorum *villanorum* arat, fodit aut sepit,...... tres solidos mulctæ persolvet,... cum agri restitutione). »

son et une terre, à la charge de payer une légère somme : « Si quislibet burgensis, ad inhabitandum ibi montus (a), advenerit, in introitu suo *unum nummum* majori, et *alium* juralis *dabit*, et ita libere, prout ei dividetur a majori, *accipiet masuram et terram*. » Voy. aussi l'art. 45.

(1) Lepage. Communes de la Meurthe. V° Maxéville.

(2) August. Thierry. Monuments inédits de l'histoire du Tiers État. — Histoire municipale d'Amiens. p. 15.

(3) Constitution Impériale, citée dans un Mémoire pour les communes de Barr, Heiligenstein, etc., contre la ville de Strasbourg. — Colmar, 1832, p. 37.

(a) Peut-être *novus* ou *motus*. « D'aucun devient nouvellement bourgeois. » Dom Calmet.

Au XIe siècle, on indique comme limite d'un fonds, dont il est fait donation : « A parte Orientis et a parte Aquilonis vineas de *feaudo communale* (fief communal),...... hæ vineæ sunt in communitate Arelatensi (dans le territoire commun d'Arles) (1). »

Metz, aux XIe et XIIe siècles, possède des fonds de terre communs. Colmar et Strasbourg, enfin, avaient un territoire municipal, des forêts : les titres de ces villes, il est vrai, ne remontent pas à la période gallo-romaine.

Une transaction intervenue entre le municipe d'Amiens en 1166 et l'abbaye voisine de Saint-Jean, à propos de droits d'usage sur un pâtis et d'un droit de propriété sur des marais voisins, nous montre une ville véritablement propriétaire, traitant avec l'abbaye d'égal à égal, au moins à ce sujet, et nous indique en même temps que ces droits remontent déjà dans un passé lointain : « ... selon l'usage établi dès le temps de nos antiques prédécesseurs, » dit le maire rédacteur de la Charte (2).

En 1227, la ville de Reims se plaint de l'usurpation, ancienne déjà, faite par les seigneurs voisins, de marais et de pâturages qui avaient autrefois servi aux usages de ses habitants. L'archevêque Henry intervient entre la commune et les seigneurs, et fait restituer ces terrains (3). L'archevêque ni les seigneurs n'avaient donc aucun droit sur ces pâtis communs, que la violence seule avait pu enlever à Reims.

Des documents semblent nous porter un témoignage analogue pour des localités moins considérables.

Par une charte de 1125, les habitants (*cives*) de Dambach et d'Epfig, villages dépendant de l'évêché de Strasbourg, auto-

---

(1) Anibert. Mémoire sur la république d'Arles. 1re partie. p. 112 ; rapporté par M. Rivière.

(2) August. Thierry. Histoire municipale d'Amiens. p. 90.

(3) Archives de Reims, citées par M. Rivière.

risent la concession de droits d'usage à un monastère dans les forêts qui leur appartiennent (1).

En 1135, différents villages de l'abbaye de Murbach, en Alsace, font donation à un monastère d'une portion de leur forêt commune (2).

Au Concile de Trèves, en 1151, Mathieu, duc de Lorraine, reconnut en droit la tradition qui donnait aux hommes du monastère de Remiremont l'usage des bois : « Usuagium nemorum recognovit et concessit dux hominibus ecclesiæ, ubi antiquitus habere solebant.... »

En 1125, après une longue contestation, le seigneur de Roucy reconnaît de même le droit d'usage que les hommes de l'église de saint Thierry possèdent sur un marais et sur les terrains adjacents (3).

L'archevêque de Reims, Rainald, en 1126, fonde le monastère d'Igny, et lui fait une donation de terrains ; il y ajoute ceux des droits qui lui appartiennent dans la forêt commune ; « Contulimus etiam eis..... quidquid juris nostri erat, *in communi silva.....* » (4)

Enfin dans la charte de commune qu'un comte de Ponthieu, au XIIe siècle, octroye aux habitants de Dourlens, le comte reconnaît les droits d'usage que déjà possédait le bourg, pour en garantir seulement à l'avenir la libre jouissance. « Omnes usus suos..... in pascuis et imperpetuum libero et pacifice tenenda concessi. » (5).

(1) « .... præsentibus universis civibus de Ephico et Dambaco... et consentientibus per auctoritatem sui banni .. confirmans et attribuens omnia ante data jura, videlicet potestatem *secandi* in silva *publicali* quod vulgo *Almeiden* dicitur, et *jus pascendi in silvis publicalibus.* » Cité au Mémoire pour les communes de Barr, etc.

(2) « Convenerunt primarii de villis,... et tam pro se quam suis *concivibus* ad novum veri Dei templum... fundum oblaturi de *communi suo commarchio,* et *silvestri conterminio* gratuità benevolentià.... » (Alsatia diplomatica).

(3) Archives de la ville de Reims, id.

(4) Gallia christiana. T. IX. Instrum. ecclesiæ Remensi. col. 37, id.

(5) Recueil des Ordonnances. T. XI. Charte de Dourlens. art. 37.

Voilà donc toute une nouvelle série de faits, d'où il semblerait résulter, qu'en différents lieux, des droits constants, établis au profit des populations rurales, fondés primitivement ou sur un droit de propriété municipale, ou sur les antiques traditions germaniques, se seraient perpétués à travers tous les bouleversements, et auraient été non pas constitués, mais reconnus par les seigneurs à différentes époques.

L'antique communisme germain aurait donc traversé les périodes nombreuses de cette société, et subi l'influence de ses transformations successives. A mesure que les habitants se groupent, se fixent, et forment enfin un village, la propriété commune, elle-même, se localise, s'attache particulièrement à l'agglomération qui est désormais le centre du territoire, et, par ce changement insensible, mais logique, de commune, elle devient communale.

Il est certain que ce point de vue aboutit à reconnaître au profit des communes où se serait opéré un semblable mouvement, une tradition constante allant relier leur possession à une sorte de droit préexitant. Mais en conclure l'existence à leur profit d'un droit absolu, proclamer pour ce motif l'inutilité de l'intervention seigneuriale, ce serait, selon nous, ne point tenir compte des institutions politiques et sociales de ces temps.

Sans doute, les cités antiques et jadis municipales, les villes importantes comme Strasbourg, Metz, Arles, possédaient des droits ayant survécu à la conquête, et, parmi les droits, des propriétés immobilières appartenant au corps moral des habitants. Encore ces droits avaient-ils été fortement altérés ; le cens, les services, par exemple, leur avaient été imposés, « en reconnaissance de la seigneurie du comte, de l'évêque ou de son vidame. » (Rivière.)

Mais pour les agglomérations moins considérables, le droit primitif avait subi des transformations plus profondes encore.

Partout le régime féodal s'était imposé, et avait appliqué à toute institution, son organisation hiérarchique. Dès lors,

c'était le seigneur qui possédait un droit supérieur, le tréfonds; ·
la communauté des habitants n'avait, ne pouvait avoir que le
domaine utile, pour lequel ils devaient un cens ou des services
personnels. Mais la pleine propriété, le *dominium directum*,
n'appartenait pas, au XIᵉ siècle, aux habitants des bourgs et
villages.

§ 2. — A mesure que les concessions usagères se multiplient, la réglementation apparaît. Avec le temps, on leur at-
tacha plus de valeur ; des précautions furent prises pour prévenir les abus. Une fois opérée, en effet, la révolution qui
transforme l'ancien empire Carlovingien et constitue enfin le
royaume de France, une tranquillité et une sécurité relatives
apparaissent ; le travail de la civilisation ayant repris son œuvre, le défrichement et la culture resserrent de nouveau les
limites de la forêt, et par là augmentent la valeur de ses produits.

Si, d'une part, la forêt diminue et cesse d'être improductive,
elle a, de l'autre, à satisfaire les besoins d'une population plus
nombreuse ; et, comme cette population avait l'habitude de
considérer les produits forestiers comme une richesse intaris-
sable, les abus se multiplièrent au point de nécessiter l'intervention du seigneur.

Enfin le seigneur lui-même, une fois définitivement installé,
après avoir fortement établi son pouvoir, se préoccupe davantage de ses intérêts, désormais plus particulièrement bornés
au territoire qu'il occupe.

Aussi les donations qui, faites par les monastères et les seigneurs, étaient primitivement de la pleine propriété, se res-
treignent-elles plutôt à de simples droits d'usage, qui bientôt,
à leur tour, sont limités et réglementés.

Ainsi l'abbaye de Neubourg, en 1158 et 1164, obtient des
droits de pâturage, d'affouage et de marnage dans la forêt de
Haguenau, mais avec défense d'y mener les brebis ; de plus,

le bois de construction ne sera pris qu'avec la permission et la consignation du garde-forestier (1).

Deux documents de l'abbaye de Marmoutier, de 1120 et 1144 fixent les redevances, les règles que les usagers doivent respecter, enfin la punition des délits. Il est important de noter que nous y trouvons la plus ancienne application du principe de *la délivrance* (2).

Des dispositions semblables sont prescrites aux usagers par l'abbaye d'Ebermünster, dans un règlement renouvelé en 1320, mais déjà remontant à une époque antérieure ; il y est fait également mention des gardes, de la répression des délits : Personne n'y peut enlever du bois ni des glands sans la permission de l'abbé.

Enfin M. Michelet cite différentes dispositions qui constituaient autant de règlements locaux : « Ils ont droit de prendre les branches sèches avec un croc de bois ou de fer. — Arrêt de l'année 1271. — Ils ont droit de prendre dans la forêt d'Andlau le bois mort et les branches aussi haut qu'ils pourront les atteindre, montés sur leur chariot (3).

(1) « Animalia eorum utantur pascuis in silvâ, ovibus tantum exceptis ; ligna vero ad omnium officinarum suarum ignem faciendum similiter eis concessimus, ad *ædificationem autem domorum ligna, nonnisi ex consignatione et permissione ministri nostri, accipiant.* — Permittimus ligna usui suo necessaria, hoc autem intermittendum ne *quercui vel fago, nisi ad usum ædificiorum,* manum aliquis imponat. » Schœpplin. Alsatia diplomatica. n° 297 et 310. — Annls 1183 et 1164.

(2) « *Nemo debet aliquid incidere sine jussione abbatis.,.* — Si autem abbas ædificiales arbores alicui dederit, hic dabit custodi nemoris quartale vini. — Si autem incidere voluerit, hoc a custode nemoris quærere oportet. Quando pleniter glandes creverint, custos nemoris omnibus hominibus. St-Martini notificare debet, et omnium porcorum qui ibi pasti fuerint, *decima pars* abbati perveniat. » Schœpplin. Alsatia diplomatica n° 275, cité dans le mémoire contre la ville de Strasbourg.

(3) Michelet. Origines du Droit Français. p. 113

De même, pour le pâturage, il cite cette remarquable disposition (p. 78) : « Le berger de la communauté peut avancer dans la forêt, avec ses moutons et ses chevreaux juste aussi loin qu'il atteint, en jetant son bâton. »

Ainsi, nous atteignons la période où paraît la réglementation forestière, quant aux Droits d'usage. Chaque seigneur, chaque abbaye fixe les limites de leur exercice dans sa propre forêt : la Coutume, à son tour, vient bientôt établir les règles générales de ces droits, règles applicables dans la province qu'elle régit.

Les rois, de leur côté, avaient également constitué des droits dans leurs forêts, au profit de leurs sujets ; et des ordonnances furent rendues pour tracer les conditions auxquelles les usagers étaient soumis.

Le premier document de cette nature, est l'ordonnance de Philippe-le-Hardi, en 1280.

Mais avant d'entrer dans l'étude et l'interprétation des textes législatifs concernant notre sujet, il importe d'exposer cette controverse si débattue entre les auteurs, qui porte sur l'origine de la servitude usagère, et de chercher à notre tour une solution conforme aux données de l'histoire.

CHAPITRE IIe.

Discussion sur l'origine des Droits d'usage.

Il peut paraître étrange de poser la question de l'origine des Droits d'usage, après avoir poursuivi leurs traces, et signalé dans l'histoire leurs premières apparitions. Il semblerait que la solution de cette question dût résulter naturellement de ces recherches.

Telle n'a point été la pensée de certains auteurs, qui ont préféré appliquer aux institutions du passé un esprit de généralisation, d'où sont résultés des systèmes absolus.

La question discutée est celle-ci : Quel est le droit supérieur et préexistant, d'où est née la servitude usagère ?

Est-ce un droit fondé sur la propriété des bourgs ou villages ?

Est-ce un droit volontairement concédé par le seigneur à ses tenanciers ?

Dans la première opinion, la propriété communale (pour employer cette expression qui, à coup sûr, ne saurait être juste, avant la constitution des communes), aurait été violemment détruite par la conquête, ou, plus tard, confisquée par les usurpations des seigneurs, et la servitude usagère ne serait que le débris d'un droit primitivement plus complet, dont les bourgs auraient été injustement dépouillés.

Dans la seconde opinion, il y aurait eu, au contraire, de la part des seigneurs, concession volontaire, dans un but soit intéressé, soit de pure libéralité.

Telle est la controverse.

Dans l'ancienne jurisprudence, la discussion n'est pas soulevée : « De grande ancienneté, dit Coquille, les seigneurs, voyant leurs territoires déserts et mal habités, concédèrent les usages à ceux qui y viendraient habiter, pour les y semondre ; et à ceux qui jà y étaient, pour les y conserver, et retindren quelque légère prestation plus tôt en reconnaissance de supériorité, qu'en profit pécuniaire (1). »

Et cependant, dès cette époque, Legrand (2) ne partageait point l'opinion générale : « Nous ne devons pas dire comme aucuns, que tous usages, soit forêts ou pâtures, viennent des seigneurs, par cette raison que *omnia censentur moveri a domino territorii* ; ce qui n'est pas vraisemblable : mais plutôt que de toute ancienneté, et avant la création des rois, les forêts étaient publiques et communes au peuple ; vu que par le Droit civil, les bêtes sauvages étaient à celui qui les pouvaient

(1) Questions et Responses. CCCIII, p. 416.

De même, Coustumes de Nivernais. Commentaire de l'art. XV chap. XVII : « Ces usages ont autrefois esté concédés par les seigneurs, afin d'attirer des laboureurs et autres personnes, pour peupler leurs seigneuries, et avoir nombre de sujets. » P. 208.

(2) Legrand. Commentaire de la Coutume de Troyes. T. X art. 168. Glose II. nº 15.

prendre. Ce qui doit avoir lieu principalement en cette coutume et autres auxquelles (comme nous avons dit), le Roi ni par conséquent les seigneurs ne sont pas fondés en la seigneurie directe au dedans de leur territoire, s'ils n'ont titre exprès. »

Cependant, l'opinion générale de l'ancienne jurisprudence fut reproduite par M. Henrion de Pansey, dans son traité des Biens Communaux : « Les seigneurs, dit-il, avaient de grands domaines, des bois considérables, peu d'habitants, et le désir d'en augmenter le nombre. Pour y parvenir, le moyen le plus efficace était d'améliorer les conditions de leurs vassaux, en favorisant l'agriculture.... Les seigneurs se trouvaient donc dans une espèce de nécessité de permettre à leurs habitants le pâturage sur les terres de leurs domaines, et même l'usage de leurs bois ; c'est aussi ce que la plupart ont fait (1).

Enfin, Merlin, dans son Répertoire, dit que : « la plupart des villages se sont formés, et que tous se sont agrandis par des concessions de quelques parties du territoire, faites par les seigneurs à différents particuliers. »

Jusque-là, donc, les droits d'usage sont considérés comme dus à une concession, ou à la tolérance des seigneurs.

Mais, en 1825, M. Latruffe-Montmeylian s'élève contre cette tradition, et s'attache à la réfuter : « Ceux des anciens feudistes, dit-il (2), qu'on appelait Plumes Seigneuriales, et d'autres auteurs encore, qui ne méritent pas cette qualification, tels que Loiseau (3), et le bon Fréminville (4), s'obstinent à attribuer l'existence des biens communaux à la libéralité des ci-devant seigneurs.... Pour expliquer comment les seigneurs avaient acquis ces richesses territoriales, ils nous dépeignent

---

(1) Des biens communaux, par le président Henrion de Pansey. Paris 1833, p. 72-3. — Voy. aussi p. 110-111 chap. XVII, n° 8 et 18.

(2) Des Droits des communes sur les biens communaux, par M. Latruffe-Montmeylian. Paris 1825 p. 48.

(3) Traité des offices.

(4) Pratique universelle des Terriers.

la Gaule comme un pays réduit en esclavage au moment de son invasion par les Barbares. »

Mais pour cultiver, répond-il, il faut des bois et des pâturages communs. Or, on cultivait la terre avant qu'il y eut des seigneurs. Si donc les cultivateurs ne possèdent plus ces moyens, c'est que la violence les en ont privés. Les bois et les pâturages communs sont une condition essentielle de l'exercice de l'agriculture. Donc ils sont aussi anciens que l'agriculture elle-même.

Quant à Merlin, il lui reproche de s'appuyer sur les coutumes : « C'est, dit-il, invoquer le témoignage de la féodalité, dont ces coutumes sont l'ouvrage ; c'est reproduire les prétentions passées des seigneurs pour justifier leurs prétentions actuelles ; c'est, en un mot, faire une pétition de principes (1).» « D'ailleurs, ajoute-t-il, plusieurs de nos coutumes étaient allodiales, c'est-à-dire que, d'après leurs dispositions, les terres privées ou communes étaient censées appartenir à leurs possesseurs, franchement et librement, depuis une époque bien antérieure à celle de l'établissement du régime féodal. »

Il arrive donc à cette conclusion que les usages des communes, par une évidence de fait, doivent être réputés avoir appartenu aux localités dont ils dépendent, dès le commencement. S'il y a eu des libéralités particulières, elles n'autorisent point à supposer un système général de libéralités.

M. Proudhon, dans son Traité des Droits d'usage, établit une thèse nouvelle, qu'il soutint par ce raisonnement : L'existence des communes a précédé celle des fiefs, et la propriété des communes a précédé l'invasion des barbares. Par conséquent, si les seigneurs font aux communes des concessions. usagères, c'est qu'ils avaient dépouillé les communes de ce territoire, dont ils sont devenus propriétaires. Donc, partout où un droit d'usage a été constitué au profit d'une commune sur la forêt d'un seigneur, il est démontré par ce seul

_____

(1) Droits des communes, p. 52.

fait que la commune, propriétaire originaire, a été injustement dépouillée par le seigneur.

Ce système absolu fût vivement combattu par M. Troplong, dans un article où il soutient au contraire le droit préexistant des seigneurs : « Pour que l'argumentation de M. Proudhon fût solide, dit-il (1), il faudrait que cet estimable professeur eût établi avant tout trois points principaux : le premier, que l'existence des communes usagères remonte à l'époque de la domination romaine; le second, qu'elles étaient précisément propriétaires des bois et terrains possédés plus tard par les seigneurs; le troisième, que tous les seigneurs sont fils de Francs, et tous les usagers, fils de Gallo-Romains.

Pour réfuter le premier point, M. Troplong rappelle l'état de misère et d'abaissement où était tombée la Gaule, à l'époque de l'invasion des barbares : « D'un côté, les désastres des guerres, de l'autre, l'avidité du fisc et la surcharge des contributions, avaient occasionné une effrayante dépopulation...... Les villes étaient infiniment rares; les villages encore plus, et les campagnes présentaient l'aspect de vastes solitudes, de forêts impénétrables, de lacs et de marécages, percés çà et là par quelques voies militaires, et protégés par quelques camps de défense. Ces terres désertes appartenaient en presque totalité au fisc romain, effrayé lui-même de ces richesses stériles, et cherchant, mais en vain, à faire participer les Curiales, les voisins, les hommes industrieux, à ces propriétés devenues publiques...... On peut dire que les campagnes n'existaient pas...... C'est la féodalité qui a peuplé ces déserts, qui y a appelé des habitants, qui leur a donné des usages et fait des concessions pour les attacher au sol. »

Mais en supposant qu'une commune usagère préexistait à la conquête, dit M. Troplong sur la seconde proposition, s'ensuit-il qu'elle était nécessairement propriétaire des bois situés sur son territoire? Le contraire avait lieu. Le fisc, ou les grands

(1) Revue de législation et de jurisprudence. 1er article. T. I. 1835. p. 1.

propriétaires des *latifundia*, possédaient des domaines qui couvraient des provinces entières ; c'est donc sur eux, non sur la commune, qu'aurait eu lieu l'usurpation féodale.

Enfin, quant à la question de race , il est certain que : « parmi les Gaulois, beaucoup conservèrent leurs honneurs, leurs dignités, leurs richesses...... Au contraire, une foule de Francs passèrent à l'état de serfs et se confondirent dans les rangs des vaincus. » Ainsi un bouleversement s'était accompli, qui avait entièrement changé les hommes et les choses, les mœurs et les différences d'origine : « Tous les éléments divers que les siècles précédents avaient vus aux prises, dit en terminant M. Troplong, étaient régénérés, fondus, assimilés. Il est un peu tard aujourd'hui pour ébranler ce grand ouvrage du temps, et mettre d'audacieuses conjectures à la place de la vérité. Si, sur la question des communes, les législateurs de 1792 et 1793 ont cru pouvoir renier l'histoire dans un intérêt de révolution, la génération actuelle doit et veut suivre une autre route, dans l'intérêt de la science et de la raison. Je ne crois pas d'ailleurs que la cause des communes et de leurs droits d'usage, ce gage précieux de la paix des campagnes, soit si mauvaise, qu'il soit nécessaire de la défendre par des sophismes (1). »

Les communes, à leur tour, devaient trouver de nouveaux défenseurs. Dans son ouvrage sur les : « Sources du Droit rural, » M. Bouthors (2) s'appuie sur les restrictions toujours plus grandes, imposées aux Droits d'usage, et aboutit à cette

(1) Disons toutefois que M. Troplong revint sur ces idées absolues. Il donne une moins large part à la concession seigneuriale : « En fait il n'est pas douteux que la plus grande partie des communes de France ne doivent leurs richesses territoriales aux libéralités des seigneurs... Il y avait cependant beaucoup d'exceptions à cette vérité historique... » Et parlant du système de l'ancienne jurisprudence : « Les jurisconsultes de la féodalité, dit-il, l'avaient poussé jusqu'à l'exagération. » Droit civil. — Prescription, n° 206.

(2) Les sources du Droit Rural, par A. Bouthors, membre du conseil de préfecture de la Somme. 1865. p. 115.

conclusion : « Ces usages sont un reste, un vestige épargné par les siècles, de l'ancien droit de propriété sur les forêts dont les communes ont été exhérédées, et non une concession gratuite, un don gracieux de la libéralité des seigneurs. Le temps, qui transforme toutes choses, a fini par donner à l'usurpation toutes les apparences du bienfait. »

On le voit, toutes ces opinions se ramènent à deux systèmes absolus, entièrement opposés.

Selon nous, la solution de la question doit résulter d'un examen des faits, dégagé de toute idée préconçue. C'est en interrogeant l'histoire sans esprit de système, que l'on peut arriver à jeter quelque jour sur ces époques si obscures et si confuses.

Or que nous apprend-elle ?

Considérée dans son ensemble, elle nous révèle d'abord deux grandes séries de faits, qui prennent naissance à des époques différentes, qui résultent d'événements distincts, et peuvent aboutir à constituer, une fois la société organisée, deux grandes sources de droits.

Je veux dire une possession traditionnelle, puis les chartes seigneuriales.

En premier lieu, l'antique tradition germanique considère la forêt comme le sol commun, destiné à la satisfaction des besoins de tous. Nous l'avons vu, cette tradition, que les barbares apportent avec eux sur le sol de la Gaule, apparaît dans leurs lois. Tandis qu'elle fonde la Marche, en Germanie, de même, en France, elle se localise, à mesure que les populations se fixent et se groupent en agglomérations rurales. En même temps, l'antique propriété municipale romaine, ébranlée sans doute et restreinte, n'en devait pas moins nécessairement se traduire encore par une jouissance effective des forêts et pâturages voisins, encore trop abondants pour exciter chez les conquérants un désir d'appropriation exclusive.

Dans ce double fait, se rattachant d'une part à l'antique communisme germain, de l'autre à la propriété de ces terres vaines et vagues que le fisc avait imposées aux municipes gallo-romains, nous trouvons évidemment une tradition non interrompue, qui se modifie avec les événements, et constitue, en définitive, en faveur des agglomérations rurales une sorte de droit acquis (1).

Il est inadmissible, en effet, que la Gaule fût absolument dénuée de populations rurales, à l'époque de l'invasion des barbares. Sans doute, M. Guérard nous représente l'invasion sous des couleurs bien sombres, quand il nous dit : « Les Francs, s'étant emparés de la Gaule, leurs institutions et leurs mœurs ont fait invasion dans la société romaine ; mais la part du bien qu'on pourrait leur attribuer est très-petite, tandis que celle du mal est immense. Si l'on suit la marche de la civilisation dans notre Occident, on verra qu'après avoir succombé sous les coups des peuples du Nord, elle ne s'est relevée peu à peu qu'au fur et à mesure que nous nous sommes purgés de ce que nous avions de germanique ; et enfin qu'aujourd'hui, s'il est rien que la Germanie puisse encore revendiquer dans notre état social, ce sera le duel, ou quelque chose de ce genre, dont nous cherchons encore à nous débarrasser. Ainsi, loin d'avoir contribué à restaurer la société, les Germains n'ont fait que la corrompre davantage, et qu'en rendre la restauration plus difficile (2). » Mais M. Troplong n'a-t-il pas exagéré dans un autre sens, quand il nous représente la Gaule avec ces « terres désertes, qui appartenaient en presque totalité au fisc, effrayé lui-même de ses richesses stériles ? »

Il est certain que la civilisation romaine était surtout municipale, que la classe moyenne avait presque disparu, et que la

(1) Remarquons cependant que l'influence germanique fut surtout vivante dans le Nord et l'Est de la France : l'influence romaine dans le Sud et dans l'Ouest. On peut même encore constater ce fait remarquable, qu'à l'ouest du méridien de Paris, les forêts communales sont extrêmement rares.

(2) Guérard. Polyptyque de l'abbé Irminon. Prolégomènes. p. 202.

vie s'était en partie retirée des campagnes : mais on ne peut cependant admettre qu'elles étaient entièrement incultes et désertes, qu'elles ne contenaient absolument que des esclaves. Salvien lui-même, qui déplorait la décadence de la Gaule romaine au V⁰ siècle, nous apprend que non-seulement les villes, mais les bourgs participaient au régime municipal (1). La désorganisation même de l'Empire peut faire admettre que des populations rurales en avaient dû profiter pour recouvrer sans effort une sorte d'indépendance de fait, tout comme les habitants des municipes usaient suivant leurs besoins des terres que le fisc avaient imposées aux municipes, et dont ceux-ci avaient fait abandon à leurs habitants.

D'ailleurs, en supposant la Gaule dépeuplée à l'époque de l'invasion des Barbares, leur arrivée n'a point été suivie immédiatement des concessions usagères faites par les seigneurs. Entre ces deux époques, quatre ou cinq siècles se sont écoulés, pendant lesquels la population s'est complétement renouvelée : c'est précisément dans cette période que la tradition germanique, dont M. Troplong ne tient aucun compte, s'est implantée en France, et s'y est manifestée par les droits, qui devaient, à leur tour, engendrer la servitude usagère des époques féodales. C'est ici que cette tradition germanique, trop négligée jusqu'à présent, selon nous, jette une lumière nouvelle sur l'objet de la controverse.

Si la vitalité prodigieuse de la servitude usagère, débris de l'indivision primitive du sol forestier, s'explique par l'utilité que cette institution a si longtemps présentée, à plus forte raison a-t-elle dû être nécessaire, aux jours où ces peuples nouveaux commençaient seulement à s'organiser. Et si les droits d'usage, comme nous l'avons démontré, se fondent sur des habitudes et des institutions germaniques, à plus forte raison devons-nous les trouver existant déjà, fût-ce avec d'autres caractères, aux premiers temps de notre histoire, alors

(1) Salvian. De Gubern. Dei. L. V.

que les origines germaniques apparaissaient vivantes encore dans nos institutions !

Sans doute, si l'on met seulement en comparaison , comme le fait M. Troplong, les institutions de la Gaule Romaine et les concessions seigneuriales, on trouve entre ces deux ordres de faits, une séparation complète : à ce point de vue, les droits d'usage résulteraient uniquement, nouveaux et tout organisés, de la concession seigneuriale.

Mais si l'on cherche le premier principe des Droits d'usage, non plus dans la civilisation romaine, mais, comme nous avons essayé de le démontrer, dans les origines germaniques, de nouveaux horizons s'ouvrent, et la servitude usagère va, à travers les nombreuses transformations qui s'opèrent à mesure que l'on remonte la chaîne des temps, se rattacher à l'indivision des peuplades germaines de César et de Tacite.

Mais dans ce fait, il y eût-il un droit au profit des bourgs ou villages ? C'est, nous le croyons, ce qu'on ne peut nier ni affirmer d'une manière absolue. Sans doute, la grande majorité des populations rurales, avant le mouvement d'émancipation, n'avait point la pleine propriété, le *dominium directum* des biens communs, d'origine antique ou nouvelle (1). Mais, dans l'infinie diversité qui présidait à l'état des hommes et des terres à cette époque, peut-on nier d'une manière positive que des agglomérations, des bourgs, habités par des populations ingénues, n'aient conservé avec leur indépendance et leurs propriétés, certains droits sur le territoire d'alentour ? Sans doute la conjecture est vague ; mais on ne saurait nous opposer l'impossibilité absolue. Nous avons indiqué le caractère véritable de l'invasion ; parmi les peuples barbares, les uns s'établirent sans trouble ; les autres, comme les Francs, ne formaient qu'une armée, n'occupaient primitivement qu'un territoire peu étendu, et fondèrent surtout leur puissance par la politique et l'alliance du clergé. Les villes romaines conser-

(1) Rivière. Hist. des biens communaux en France. p. 256.

vèrent en partie leur liberté municipale ; dans les campagnes, les nouveaux venus partagèrent avec les anciens propriétaires leurs droits sur le sol. Il est donc vraisemblable que ces droits ne furent point soudainement anéantis, mais qu'ils durent, à travers les troubles des époques qui suivirent, parfois même grâce à ces troubles, subsister, du moins à l'état de faits traditionnels. Ainsi, les seigneurs auraient souvent trouvé sur le territoire ces faits traditionnels, et là, par conséquent, leur auraient simplement restitué leur qualité primitive de Droits, par les chartes d'affranchissement.

Ici nous touchons cette seconde série de faits dont nous avons parlé en commençant. La tradition que nous avons vue se prolonger jusqu'à la chute de l'empire Carlovingien, est rompue par la révolution qui créa, au XIe siècle, le régime féodal, bientôt suivie à son tour du mouvement d'émancipation au XIIe siècle. Si donc certaines populations ont su jusqu'au dernier moment, défendre et conserver leurs droits avec leur indépendance, si, à ce dernier moment, elles ont eu à subir une usurpation accompli par la violence, il est permis de dire que la restitution qu'elles obtiennent de ces droits par le mouvement d'émancipation, n'est plus une concession volontaire, mais une simple reconnaissance de droits préexistants.

La question se trouve donc ramenée à celle de savoir, si des situations analogues se sont effectivement produites.

A la distance qui nous sépare aujourd'hui de ces temps, on est trop disposé à les envisager, en se laissant guider par un esprit de généralisation absolue. Même en l'absence de documents, il ne faudrait pas, à ces époques de troubles, moins encore qu'en toute autre de l'histoire, s'attendre à trouver l'application, sur un pays tout entier, d'une même organisation de la propriété et des coutumes rurales. Mais, outre les traces de ces divergences que nous trouvons dans la diversité des coutumes, des faits historiques nous révèlent l'existence de droits, au profit des populations rurales. Déjà nous avons indiqué certains actes passés par des habitants de villages alsaciens : l'Alsace, il est vrai, était terre d'Empire. Mais d'autres faits sont également significatifs. Ainsi les seigneurs de la Normandie commirent de telles spoliatiohs à l'egard des forêts, qu'en 1004 les paysans se soulevèrent : « pour recouvrer les forêts dont les seigneurs s'étaient emparés (1). » Des faits semblables se produisirent en Picardie, et l'un des principaux griefs des paysans révoltés, était l'atteinte que les seigneurs avaient portée à leurs droits en s'emparant des forêts. Selon Grimm, des causes analogues provoquaient en Allemagne des soulèvements populaires.

Tous ces faits, et ceux que nous avons mentionnés à la fin du Chapitre précédent, nous témoignent d'une constante revendication de droits anciens, antérieurs par conséquent aux concessions seigneuriales. Sans doute, des situations semblables furent rares, exceptionnelles ; à l'époque du mouvement communal, dans la grande généralité des cas, les droits furent volontairement octroyés par les seigneurs ; mais enfin ce n'est pas uniquement à ce point de vue exclusif, qu'il faut considérer les concessions usagères. Les conditions les plus diverses présidèrent à la constitution de ces droits. Pour quelques villes plus importantes, ils peuvent se rattacher à l'ancienne propriété municipale ; nous avons cité Colmar et Strasbourg. Dans les villages des provinces d'allodialité, comme en Alsace, le droit procédant de l'antique coutume germanique s'était perpétué. Telle fut vraisemblablement la situation des villages dont nous avons parlé. Dans les Pyrénées, les paysans conservèrent en fait, pendant un long temps, la plus large jouissance de ces forêts. L'usurpation de ces droits provoquait des soulèvements.

Au contraire, pour les populations auparavant plus ou moins asservies, et qui, hâtons-nous de le dire, formaient certainement l'immense majorité, les droits d'usage constitués par les seigneurs ne purent offrir que le caractère de véritables con-

(1) Villelmi Gemetensis historia Normannorum. L. V. cap. X. anno 1004.

cessions volontaires. Ainsi se passèrent les choses pour les anciens serfs qui tenaient des fermes seigneuriales. C'est pour cette portion des peuples du moyen-âge, qu'il est juste de nier toute participation à de véritables droits avant l'émancipation.

Rappelons à ce propos la charte de Beaumont, octroyée en 1182, dont l'application fut bientôt étendue à un nombre considérable de villes et de villages en Lorraine, et dans les pays voisins (1). Tel fut le caractère des chartes d'affranchissement accordées par Ferri III, duc de Lorraine, aux villes et et bourgs de Neufchâteau, Frouard, Nancy, Saint-Nicolas, Lunéville (1257-1205), etc.

Après le mouvement d'émancipation communale, les seigneurs n'en conservèrent pas moins la propriété tréfoncière de leurs domaines. Les habitants possédaient des droits d'usage attachés à leurs habitations, mais ces habitations elles-mêmes ne leur appartenaient pas en pleine propriété. Ils n'avaient sur leurs immeubles que le domaine utile ; le droit du seigneur était donc, selon l'expression de M. Rivière, sinon de prendre, du moins de garder. Les habitants: « essayaient bien parfois de s'exempter du cens et de s'attribuer la pleine propriété des terres accensées, mais le droit féodal repoussait leurs prétentions, et les replaçait dans les limites de leur possession précaire (2). » Si pour les villes, l'émancipation communale mena les bourgeois à la pleine et libre propriété, dans les campagnes, le mouvement ne produisit point d'aussi considérables conséquences. Sans doute, il y eût des bourgs qui s'organisèrent en communes, mais en bien des localités, des droits furent accordés précisément en haine de la commune. C'est ce que firent les abbayes. Au XIIIe siècle: « pour attirer les paysans sur ses propriétés, le clergé leur concède large-

---

(1) Ce n'est pas, bien entendu, que les bourgs auxquels la loi de Beaumont fut accordée, reçurent tous des droits d'usage.

(2) Rivière. p. 313.

ment des terres à cultiver, des usages dans ses bois et pâturages, et une administration régulière (1). » Mais ces paysans étaient loin de l'indépendance communale ; leur liberté de changer de domicile était très-étroite, et, « de tous les documents relatifs aux communautés des habitants de la campagne, il résulte, en résumé, que les mansioniers de l'Eglise, et, à plus forte raison, les manants et vilains des barons, quoiqu'ils ne fussent plus dans les liens du servage, n'avaient pas pu atteindre encore à la pleine et entière propriété de leurs biens (2). » Même dans le Midi, où les agglomérations rurales avaient plus d'étendue territoriale que dans le Nord, « les petites communautés de manants, placées dans les domaines des seigneurs, se composaient de gens qui n'avaient point en alleu la terre qu'ils cultivaient (3). »

Que résulte-t-il de tous ces développements ?

C'est ce que la révolution communale, qui est un événement considérable, au point de vue de la propriété communale, qui apparaît libre et franche dans les villes organisées en communes, n'a plus une importance aussi prépondérante quant aux Droits d'usage. Si nous nous plaçons, en effet, au point de vue de notre législation actuelle, et si nous nous attachons à rechercher la servitude usagère fondée sur le droit de pleine propriété, de propriété allodiale, à peine seront-ils, du moins dans les campagnes, moins rares après qu'avant la révolution communale. Si, au contraire, nous nous attachons moins au droit rigoureux, qu'à cet état de fait légitimé par la tradition, les Droits d'usage existent dès avant le XIIe siècle ; les chartes d'affranchissement ne font que les renouveler et les sanctionner, tout autant qu'ils les créent (4).

<hr>

(1) Rivière. p. 302.

(2)   Id.   p. 313.

(3)   Id.   p. 315.

(4) Une autre preuve en est encore dans ce fait, que l'on rencontre des concessions de droits d'usage jusque dans le XVe siècle et au commencement du XVIe. — Des raisons analogues se présentèrent en effet après les dévastations que provoquèrent les guerres contre les Anglais.

En définitive, quelle est notre conclusion?

C'est qu'ici, comme souvent en ces matières, pour rester dans le vrai, il faut se prémunir contre l'adoption des idées trop générales et des règles inflexibles. Sur un sol aussi étendu que l'était celui de la Gaule, avec des populations aussi diverses de mœurs et d'origine, l'unité était impossible. Les usages et le mode de possession de la propriété variaient d'une région à l'autre. Tout ce qu'on peut affirmer, c'est qu'en thèse générale une tradition historique constante, fondée sur les idées de l'indivision primitive de la Germanie, constitue, au point de vue historique, une sorte de droit acquis préexistant au profit des communes ; mais que la succession d'événements passés à l'état de faits accomplis, et d'où était né le régime féodal, avait créé le droit des seigneurs : donc, au point de vue rigoureusement juridique, ce sont eux, sauf de rares exceptions, qui constituèrent, par concession, la servitude usagère.

CHAPITRE III.

Des Droits d'usage d'après les Ordonnances Royales.

SOMMAIRE. — § 1. Ordonnance de Philippe III (1280). — § 2. Ordonnance de Charles V (1376). — § 3. Les Droits d'usage dans les Ordonnances Royales postérieures.

Nous avons atteint l'époque où les textes concernant les Droits d'usage forestiers se multiplient, et leur donnent un caractère plus spécial. Ils se succèdent désormais dans l'histoire de notre législation, et prouvent l'intérêt croissant que l'on porte aux richesses forestières.

Diverses causes, précédemment indiquées, expliquent l'apparition de ces nouveaux réglements, que nécessitèrent surtout les abus commis par les usagers : « Les déprédations des habitants, nous dit M. Henrion de Pansey (1), allaient encore plus loin que la libéralité des seigneurs. Leur caprice, et non leur besoin, était la règle de leur jouissance ; coupant au hasard, dégradant partout, l'exercice de leur usage était une véritable dévastation. Un de nos plus anciens auteurs, Duluc, nous a laissé le tableau de ces malversations. Voici comme il s'exprime, Livre VII, Titre VII, article 1er : « Ab ingratis hominibus eo improbitatis deventum est, ut beneficos eorumve nepotes munificentiæ suæ, etiamsi nolint, tamen pœniteat. Rebus enim utendis, tam protervè, tam libidinosò, tam nequiter abusi sunt, ut novarum legum sanctione, judiciorumque severitate opus esset. »

Ce besoin de répression se manifesta par des réglements locaux, que les seigneurs et les établissements religieux adoptèrent pour leurs forêts. Les rois organisèrent aussi chez eux une police des droits d'usage ; mais il est important de noter que ces ordonnances royales concernèrent d'abord les forêts du domaine de la couronne. Ce fut seulement par les efforts de la royauté pour abattre la puissance féodale, et par les progrès incessants de sa prépondérance effective et morale, que les ordonnances des rois sur les eaux et forêts portèrent des dispositions applicables aux forêts seigneuriales.

Nous allons d'abord envisager à leur origine et dans leur ensemble, ces moyens de protection ; puis, à mesure que les règles de police se multiplient, sans les suivre dans leur développement, nous en dégagerons le fond du droit, pour caractériser la nature propre des Droits d'usage.

§ 1. La plus ancienne ordonnance qui nous soit parvenue en cette matière, est celle de Philippe III le Hardi, rendue en

(1) Des Biens Communaux, etc., par le président Henrion de Pansey. p. 148. Chap. XVIII.

1280 à Paris (1). Elle explique une ordonnance antérieure, dont le texte est resté inconnu, et dans laquelle on assignait aux usagers des forêts royales, certains cantons pour l'exercice de leurs droits. L'ordonnance de 1280 déclare que les rois n'avaient point entendu, par cette assignation, restreindre les droits des usagers.

Dans cet ensemble de dispositions, nous trouvons soit en germe, soit déjà caractérisés, trois ordres de mesures propres à contrôler et à limiter l'exercice des Droits d'usage.

Il est parlé d'abord des Forestiers : « Per nostros forestarios. » Les rois avaient donc des agents préposés à la conservation des terrains forestiers.

Une charte de Pépin, rapportée par Ducange, les mentionne déjà : « Forestarios cum ipsorum mansibus. » Dans le Polyptyque d'Irminon, le forestier est chargé de la garde des bois (2).

---

(1) Nous en avons deux textes : l'un, en latin, est vraisemblablement le plus ancien ; le second, rédigé en français, est reproduit le plus généralement ; les voici tous les deux :

« Cum nos ordinaverimus quod ad capiendum usagium, quod tales habent in forestis (a) nostris talis loci, fiant sibi livreie in locis sibi utilibus, ita quod si in dictis livreis merena et ligna sibi necessaria inveniri non possent, et extra livreias in dictis forestis per nostros forestarios liberentur eisdem ; Nolumus per hoc talibus, vel eorum monasterio, aut cartis et privilegiis eorumdem, in futurum aliquod prejudicium generari. »

In parlamento omnium sanctorum, anno Domini 1280.

Voici le texte français :

« Des livrées qui se doivent faire aux usagers : Aux Usagiers des Forests du Roy, seront faites livrées en lieux propres et commodes ; et si esdites livrées ne se trouve Marreur ou matière et bois nécessaire audit usage à suffisance, leur en sera délivré ailleurs esdites Forests par les Forestiers, sans préjudice de leurs privilèges, si aucuns en ont. » Edicts et Ordonnances des eaues et Forests : Recueil par M° Claude Rousseau. Paris 1633 p. 1.

(2) Prolégomènes, p. 467. En voici un exemple :

« Martinus, colonus sancti Germani, habet... etc. et est Forestarius de silva et vinea dominica. » Polyptyque. VI. 53. p. 59.

(*) On voit que déjà dans l'ordonnance de 1280, le mot FORESTA prend le sens de Forêt.

Dans les Capitulaires, les forestiers semblent surtout préposés à la garde des chasses. Leurs attributions ne sont pas encore bien déterminées pendant le XIII° siècle.

Mais, en 1291, Philippe-le-Bel adresse une ordonnance aux *Maistres des caues et forests*. Aussi est-ce à lui que l'on attribue leur établissement. Il est vraisemblable qu'ils étendirent insensiblement leur droit de police et celui de leurs lieutenants, sur des forêts qui n'appartenaient point au roi, car Philippe V le Long, en 1318, rend une ordonnance, et prescrit : « Que doresnavant ils n'ayent Lieutenants, et qu'en leurs personnes ils cognoissent des excès et délits commis en nos caues et forests *seulement* (1). »

Mais ces empiétements continuèrent, peut-être même à l'instigation secrète de la royauté, qui cherchait à affaiblir peu à peu les pouvoirs des seigneurs. Une ordonnance du roi Jean, tout en les réprimant par son article 12, réserve cependant l'intervention des officiers royaux pour le cas où les seigneurs seraient négligents : « Si ainsi n'estoit que lesdits prélats, barons ou autres justiciers fussent semonds et requis suffisamment, dont ils fussent refusans et négligens (2). »

Enfin l'ordonnance de 1376, de Charles V, celles de mars 1515, mars 1516, janvier 1518, de François Ier, fondent et organisent une administration forestière régulièrement constituée.

Nous trouvons en second lieu, dans l'ordonnance de 1280, une application nouvelle de la délivrance (3), dont nous avons déjà constaté l'apparition dans des chartes antérieures.

---

(1) Edits et ordonnances. Claude Rousseau p. 7.
Ordonn. du 25 février 1318 art. 10.

(2) Ordonn. de 1355 art. 12. Voyez aussi l'ordonn. de 1318 art. 12. Cl. Rousseau p. 11.
L'ordonnance du roi Jean est reproduite dans le Coustumier de Charles VI. L. I. chap. V. Du faict des jurisdictions. Ed. de MM. Laboulaye et Dareste p. 119.

(3) « Seront faites *livrées* en lieux propres et commodes. » Texte français de l'ordonn. de 1280. Rousseau p. 1.

Primitivement, en effet, on laissait les usagers disposer suivant leurs besoins des produits de la forêt ; mais il fallut bientôt intervenir pour prévenir ou réprimer les abus. Il est évident que le moyen le plus naturel, le plus efficace, et qui devait se présenter tout d'abord, était d'exiger la permission du seigneur ou la présence de ses agents, pour l'enlèvement des bois. Ce fut l'origine de la *Délivrance*. On prévenait ainsi la dévastation de la forêt ; on fixait le moment où les arbres pouvaient être abattus ; on réglait les coupes. Les usagers durent faire marquer par le forestier les arbres dont ils avaient besoin, comme nous le voyons déjà dans les chartes du temps.

C'est ainsi que l'on fut également conduit, soit à indiquer aux usagers un canton particulièrement consacré à l'exercice de leurs droits, soit, au contraire, à leur abandonner la forêt, en réservant certains cantons déterminés. Tel fut le germe de la *Réserve* ; et c'est le troisième moyen de protection dont nous parle l'ordonnance de 1280. Nous voyons toutefois que l'on n'avait pas entendu restreindre par là les droits des usagers : « Nolumus per hoc..... in futurum aliquod prejudicium generari. » Si donc la partie assignée n'était point suffisante, on devait compléter, dans une autre partie de la forêt, la quantité de bois nécessaire aux usagers : « Merena et ligna sibi necessaria, » ce qui, du reste, était contraire aux futurs principes de la Réserve.

La délivrance, et l'assignation faite aux usagers d'un canton pour l'exercice de leurs droits, furent introduites dans la jurisprudence avant de paraître dans les lois : inspirées par des besoins nouveaux, ces deux mesures entrèrent dans les mœurs, avant d'être consacrées par la législation.

C'est ce que prouve un texte du recueil des *Olim*, à la date de 1270, sous Philippe III : « Ordinatum fuit quod, *per liberationem forestarii in loco competenti*, et quantum comode fieri posset, eis propinquiori, capient usagium memoratum, **ita**

,uod, deficiente sibi suo usagio in loco predicto, *locus alius* sibi ad hoc competens et utilis assignetur (1). »

Dans ces termes de l'Ordonnance : « sibi *necessaria,* » apparaît encore une nouvelle mesure. Du jour où la forêt présente une plus grande valeur, où l'on veut par conséquent entraver les abus, ce n'est plus le caprice, mais *le besoin des usagers* qui fixe la limite de leurs droits. De ce principe, dont nous rencontrons ici le germe et l'explication, découleront des conséquences nombreuses et importantes, qui, plus tard, à l'époque où la législation se coordonne et cherche à unir par un lien logique ses diverses institutions, rapprocheront les droits d'usage, de la servitude personnelle du même nom, par la similitude de leur but. En vertu de cette similitude, des règles analogues leur seront imposées, et c'est ainsi que nous aurons à relier, dans l'étude de la législation actuelle, les règles de l'Usage Forestier, aux principes fixés au titre de l'Usage dans le Code Napoléon. Mais dès l'ordonnance de 1280, éclairés par la suite des conséquences juridiques que l'histoire a développées, nous pouvons signaler ces principes généraux, dont les règles, établies pour l'exercice des Droits d'usage, sont des applications.

§ 2. En même temps que les Droits d'usage sont limités par les besoins de l'usager, l'étendue de ces droits, quant aux produits sur lesquels ils portent, dut être fixée par les titres constitutifs.

Une conséquence nouvelle de la plus grande valeur des produits forestiers, fut que les seigneurs ne concédèrent plus

(1) Recueil des *Olim*, édition de M. Beugnot, Paris, 1839. — T. I. p. 820, n° XIV.

Et, sous Philippe III, à la date de 1279 : « Ordinatum fuit quod usuagiarii forestæ de Leonibus capient *per livreiam,* et fient livrelæ in tot locis, quod sufficere debebit, et in locis propinquis sibi. » T. II. p. 145, n° XVII; — Voy. aussi T. II. p. 153 n°⁵ XLIV-XLV, en 1279, sous Philippe III: « Capient per livreiam, quæ fiet in uno loco, vel in pluribus, ita quod sufficere debebit. »

comme autrefois des droits illimités, mais bornèrent ces concessions à certains avantages spécialement déterminés.

Tantôt on accordait l'usage des bois, tantôt celui du pâturage. L'usage des bois pouvait porter sur le bois à bâtir, il se nommait alors *Marronnage*, ou sur le bois à étayer, pour faire des palissades, des échalas (1), etc., ou sur le bois à brûler (2), ce qui était l'*Affouage*. L'affouage pouvait donner droit, soit au bois vert ou sec autant qu'il en fallait pour la provision, soit aux chablis, c'est-à-dire aux branches rompues, brisées ou abattues autrement que par main d'homme ; il y avait enfin le bois mort et le mort-bois.

Le droit au pâturage comprenait à son tour : 1° celui du gros bétail (chevaux, bœufs, vaches) ; 2° Le pacage des moutons et brebis ; 3° Le panage, paisson ou glandée pour les porcs (3).

Les concessions usagères pouvaient porter sur l'un ou l'autre de ces droits, ou sur plusieurs à la fois. Dès lors il fut utile de fixer le sens des termes employés dans les titres, et cette interprétation législative fut un des buts de l'ordonnance rendue en 1376 par Charles V. (4)

Déjà, en 1315, Louis X le Hutin, dans l'Ordonnance dite Charte aux Normands, applicable au pays de Normandie, avait indiqué ce qu'il fallait entendre par mort-bois, mais au point de vue du tiers et danger, droit que l'on ne percevait point sur les essences ainsi désignées (5). Selon l'Ordonnance,

(1) Recueil des *Olim*. T. I. p. 78, n° III.

(2) Bois de chauffage : « .. ad suum ardere , scilicet boscum mortuum, siccum et branchas... » Recueil des *Olim*. T. 1, p. 17, n° V. Texte du temps de Saint-Louis.

(3) Conférence de l'Ordonnance de 1669, avec les Edits, déclarations, etc., par MM. Simon et Segauld. — Paris, 1752. T. II. Titre XX. p. 40, et Titre XIX. p. 25.

(4) Ordonnance de juillet 1376, par Charles V, art. 40. Recueil de Rousseau, p. 37.

(5) Le Tiers et Danger consistait en ce que le seigneur ou le roi prélevait en Normandie le tiers plus le dixième de la chose vendue, soit en nature, soit en deniers. Les arbres désignés sous le nom de mort-bois,

le mort-bois (*nemus mortuum*) comprend neuf espèces de bois vert, mais ne portant pas fruits, qui sont : « sauls, marsauls, espine, puisne, seur, aulne, genest, genièvre et ronce. »

L'article 40 de l'Ordonnance de 1376 applique cette définition aux Droits d'usage, et décide que les titres devront être compris dans le sens indiqué par la Charte aux Normands (1). Cette interprétation fut confirmée plus tard par les Ordonnances de 1388, art. 39, de 1402, art. 38; enfin par l'Ordonnance de 1515, art. 55, rendue sous François Ier. Les lettres patentes rendues en forme de déclaration, au mois d'octobre 1533, par François Ier, rendirent applicables à toute la France ces définitions, jusque là spéciales à la Normandie (2).

Une autre conséquence de ces limitations que les titres apportèrent aux usages forestiers, fut la nécessité d'empêcher l'usurpation par les usagers, d'avantages auxquels leurs titres ne leur donnaient point droit. Dès lors, il fallut *examiner ces titres* (3). Tel fut le motif de la disposition dont l'importance

présentant une valeur minime, le Tiers et Danger n'était pas perçu sur ces essences : c'est dans ce but que l'ordonnance rendue en 1315 par Louis X le Hutin, et dite Charte aux Normands, prend soin de les énumérer, dans son article 9.

Rousseau, Ordonn. de 1315, p. 5, articles 9 et 10.

« Tiers et Danger est une sorte de droit que le roi prend dans les bois et forêts de quelques particuliers lors des coupes. Ce droit en Normandie est dit général et commun, et emporte droit de justice, s'il n'y a titre au contraire. »

Conférence de l'Ordonnance de 1669 avec les Edits, déclarations, etc., par MM. Simon et Segauld, T. II. Titre 23. p. 124.

Les droits de Tiers et de Danger pouvaient être séparément perçus, au temps des *Olim*. Voy. Recueil des *Olim*. T. I. p. 5, n° X, et note 5 de M. Beugnot.

(1) Recueil des *Olim*. ed. de M. Beugnot. T. I. p. 17, n V.

(2) Voyez aussi l'art. 29 d'un règlement de Henri II, 1554, qui réprime un abus concernant le bois mort. — Rousseau. p. 269.

(3) Nous en trouvons de nombreux exemples aux *Olim* : « *Carta* monachorum *diligenter visa*, quia *per cartam ipsam* datur solum eis usagium ad reedificationem ecclesiæ domorumque suarum, atque ad ignis alimenta,

devait aller en grandissant, et que porte l'art. 30 de l'ordonnance de 1376 ;

« Item, quant aux Usagiers qui ont droict et coustume de
prendre bois ès forests pour ardoir et pour édifier, ou pour
leurs autres usages, et avoir pasturages, pasnages et telles
choses semblables, comme nous ne voulons donner à aucun,
sans cause, empeschement, ne aussi nostre domaine souffrir
par mal-usage, soient les Maistres diligents de voir leurs titres
et s'enquérir de leurs possessions, la manière d'user et l'estat
de la forest et ce qu'elle peut souffrir ; et ceux qui auront à
outrage abusé, ne soient pas laissés jouir ; et les autres soient
soufferts par attrempance mise s'il le convient, selon la possibilité des forests et la qualité des personnes (1). »

Cet article porte que les usagers devront conformer leur
jouissance à leurs titres et à leur ancienne possession ; de plus
il ajoute à cette prescription une sanction sévère, puisqu'il
punit de la perte de leur droit « ceux qui auront à outrage
abusé. »

Ce qui frappe également dans la rédaction de cet article 30,

determinatum fuit quod ad hæc solum ad quæ sibi conceditur usagium, et
non ad alia, usagium suum habebunt. » Sous Philippe III, 1270.

Recueil des *Olim*, ed. de M. Beugnot. T. I. 832. n° I.

« Inspectis diligenter cartis partium,... » sous Louis IX, 1260, T. I.
p. 494, n° XI. — De même sous Louis IX, 1261. T. I. p. 526, n° XIX. —
sous Philippe III. 1270, T. I. p. 826 n°° XXV-XXVI. — T. II. p. 176,
n° XVII, sous Philippe III, 1281.

(1) Des Usagiers, art. 30 , ordonn. de 1376. De même, ordonn. de 1388-
1402-1515. art. 46.

Recueil de Rousseau, p. 31.

L'ordonnance de 1402, rendue par le roi Charles VI, ferme le chapitre VI. L. I. du Grand Coutumier de France, ou Coustumier de Charles VI. — Ed. de MM. Laboulaye et Dareste, p. 128. — Voy. l'art. 29,
p. 140.

L'art. 54 de cette ordonnance, de septembre 1402, enjoint également aux
usagers de jouir : « en la forme et en la manière que il sera contenu en
leurs lettres, et sur peine de perdre leurs usaiges, ou ils seront en
amendes condampnés. »

Coustum. de Charles VI. Ed de MM. Laboulaye et Dareste, p. 150.

c'est l'opposition qui y est établie entre le *Droit* et la *Coutume*, le *Titre* et la *Possession*. D'après la disposition que nous venons d'étudier « les Maistres devront être diligens de voir les *titres* des usagers et s'enquérir de leurs *possessions* », pour les comparer avec leur manière d'user.

Ainsi, dans ces premiers temps où l'on songe à réglementer la servitude usagère, un grand nombre de droits, sans doute, avaient été constitués par titres, mais d'autres aussi, soit que les titres eussent été perdus, soit au contraire qu'une longue coutume eût habitué les habitants à user des produits forestiers, se fondaient sur un état de choses traditionnel, sur une longue possession. D'ailleurs un grand nombre de titres pouvaient n'être autre chose qu'une simple reconnaissance de la possession.

Mais bientôt cet effet de la possession ne fut plus accepté.

Dès le XIII⁰ siècle, en effet, comme nous le voyons dans les *Olim*, la jurisprudence changea, et n'admit plus que la preuve (1) par titres, ou par le paiement de redevances (2). Ces redevances étaient dues parfois en nature (3). Elles cessaient avec le droit d'usage (4).

En rappelant les réglements principaux déjà en vigueur, en prescrivant de nouvelles mesures, cette ordonnance remarquable fixe les traits principaux de notre institution.

(1) C'était aux usagers à prouver leur droit; voy. au Recueil des *Olim.* T. I. p. 191, n₀ VII, sous Louis IX, 1264. — De même, p. 200, n' XI, en 1264 et p. 217, n° I. en 1265.

Toutefois le Parlement jugeant sur *enquête*, prononçait le plus souvent conformément à la possession, ce qu'indiquait la formule : « Quantum ad saisinam dicitur. » Recueil des *Olim.* T. I p. 4, n° V, et note 4 de M. Beugnot. — De même : « Et ayebatur de saisina. » T. I. p. 225, n° XIII sous Saint-Louis, en 1265.

Voy. aussi T. I. p. 5, n° XIII, p. 366, n° VIII.

(2) Recueil des *Olim.* T. I. p. 333, n° I. Enquête sous Louis IX, en 1270. — Et T. II. p. 247, n° I. sous Philippe III, en 1285.

(3) *Olim.* T. I. p. 10, n° III sous Louis IX, en 1257.

(4) Arrêt sous Philippe III (1271) *Olim.* T. I. p. 860, n° XX. « Preceptum fuit per curiam, quod, cessante herbagio, cessarent homines ipsi *avenam* solvere. »

Si un certain nombre de titres indiquaient l'étendue des droits octroyés, d'autres au contraire, et surtout les plus anciens étaient illimités. Il fallait donc protéger la forêt contre un usage immodéré. De là cette recommandation aux agents royaux d'examiner « l'état de la forêt et ce qu'elle peut souffrir (1). » Cette règle devait plus tard se formuler en ce sens, qu'on doit user des produits forestiers dans les limites *de la possibilité de la forêt ;* elle n'est évidemment qu'une application du principe supérieur qu'*on doit jouir en bon père de famille* (2).

Les ordonnances de 1388, de 1402, art. 29, de 1515, art. 46 (3), reproduisent textuellement l'ensemble des dispositions contenues en l'art. 30 de l'ordonnance de Charles V.

L'art. 32 défend au sergent forestier d'exercer son droit d'usage, s'il est usager dans la forêt dont il est sergent, sauf permission expresse des Maistres (4).

Une disposition très-importante est celle de l'art. 35, que l'on trouve également dans les Ordonnances de 1388, 1402 et 1515, art. 50 (5). Elle peut se formuler ainsi : *Les droits d'usage n'arréragent point.*

Quel est en effet leur but? De satisfaire aux besoins des usagers : l'étendue de leurs besoins fixe l'étendue de leurs droits. Ils doivent donc recevoir à chaque délivrance la quantité de bois qui leur sera nécessaire jusqu'à la suivante, et rien au-delà de cette quantité. Mais s' s ont précédemment négligé de se faire délivrer le bois, le r silence prouve que leurs besoins n'existaient pas. D'autre part, s'ils ont existé, on ne saurait prendre en considération que leurs besoins actuels et ceux qui se présenteront jusqu'à la prochaine délivrance.

(1) Art. 30 Ordonn. de 1376, Rousseau, p. 31.

(2) Recueil des *Olim.* T. I. p. 538, n° VI sous Louis IX, 1262.

(3) Rousseau, p. 77 .

(4) Ordonn. de 1388, 1402 art. 3, 1515 art. 20. Rousseau, pp. 31, 59.

(5) Ordonn. de 1388, art. 34, 1402 art. 33, 1515, art. 50. Rousseau, pp. 33, 79. — Et pour l'ordonn de 1402, art. 33, voy. Grand Coutumier de Charles VI, p. 140.

De ce principe, que les droits des usagers ne peuvent excéder cette mesure, il doit résulter naturellement qu'ils ne peuvent prétendre recevoir en un seul moment toutes les quantités de bois qu'ils n'ont pas réclamées auparavant, en supposant que ces quantités excèdent leurs besoins actuels, puisqu'eux seuls sont à satisfaire. Tel est le sens de la règle, que les arrérages ne sont pas restitués aux usagers (1).

Mais il ne faut pas admettre cette solution, si nous supposons que les usagers avaient requis la délivrance, et que l'on n'avait point satisfait à leur demande (2). Dans ce cas, ils ont fait ce qu'ils devaient; ils ont manifesté leurs besoins; et la négligence du propriétaire grevé ou de ses agents, ne doit point nuire aux usagers.

Enfin, l'art. 31 ordonne à l'usager : « de n'exercer son droit qu'au lieu pour raison duquel il prétend et perçoit ledit usage et coustume. » Par cet article, déjà il apparaît clairement que c'est *le lieu* qui donne droit à l'usage; que l'usage est attaché à la terre, et non à la personne; qu'à la fois il est établi au

(1) Rousseau, p. 33, note *a*.

(2) En effet, si les besoins des usagers limitent leurs droits, ils doivent du moins en vertu même de ces droits, être satisfaits : Recueil des *Olim*. T. I. Arrêt sous Louis IX en 1254. p. 428, n° XVIII.

Mais tant qu'il respecte le droit des usagers, le propriétaire peut disposer à son gré de sa forêt : Recueil des *Olim*. T. I. p. 513, n° XVI : « Cum peteret quod posset capere *in aliis nemoribus* domini regis, determinatum fuit quod dominus Rex ad hoc non tenebatur. » Dans cet arrêt de 1261 nous trouvons aussi une application de la réalité de la servitude usagère, quant au fonds servant.

(3) Ordonn. de 1376, art. 31. Rousseau, p. 31. De même, ordonn. de 1388-1402, art. 30 et 1515, art. 47. Rousseau, p. 78. Voy. Grand Coutumier de Charles VI, p. 140.

Nous trouvons un exemple de la réalité de la servitude usagère quant au fonds dominant, dans le Recueil des *Olim* : « Habeat usagium suum secundum tenorem cartæ, regis Philippi, *et in domo* in qua manebit *apud Acrimontem.* » Arrêt de 1261 sous Louis IX. T. I. p. 514, n° II.

Pour le fonds servant : T. II. p. 189, n° LII. — et T. I. p. 513, n° XVI.

profit d'un fonds, et grève un autre fonds ; qu'il constitue par conséquent une *servitude réelle* (1).

Nous verrons ce principe aller aussi en se développant, et donner de plus en plus nettement aux Droits d'usage le caractère propre que nous signalons dès maintenant.

Telles sont les principales dispositions de l'ordonnance rendue en 1376, par Charles V : on voit que déjà le fonds du droit se précise ; les ordonnances postérieures en reproduisent les termes, et créent différentes règles nouvelles qui contribuent à compléter l'ensemble théorique de notre institution.

§ 3. Ainsi l'art. 88 de l'ordonnance rendue en 1515, par François Ier, et que nous avons citée, fait mieux encore ressortir *le caractère de réalité* de la servitude usagère (2). Il prévoit l'espèce où de petites maisons, placées près de forêts royales, et qui avaient reçu par concession royale des Droits d'usage sur la forêt, sont vendues : « à de grands et riches hommes de nostre royaume. » Par le fait de la vente, ces droits attachés aux maisons, passent aux nouveaux propriétaires. « Ceux-ci, grands et riches, » élèvent : « de grands et notables édifices en iceux lieux, qui anciennement, et au

____

(1) Mais en même temps on distinguait l'usage, du droit de propriété immobilière ; « Et determinatum est quod dicti homines debent habere saisinam dictarum pasturarum, salva proprietate domino, *si de hoc velit agere.* » On réserve donc la question de propriété. — *Olim.* sous Saint-Louis, en 1258, p. 50, n° XXIX : et, à la même date de 1258, p. 39, n° XXIII. — Voyez aussi *Olim* T. I. p. 39. n° XXIII : « Reponatur idem Philippus in saisina *usus* ad branchas, *salvo* jure proprietatis. » et p. 50, n° XXIX.

Les usagers n'avaient point de droits au delà de leurs besoins ; ils étaient soumis à la délivrance ; les propriétaires n'étaient point soumis à ces restrictions : « *Treffonsarii* Resti *utentur in domanio suo sine livreia forestariorum.* » *Olim.* T. II. p. 206, n° IX, sous Philippe III en 1282.

(2) Ordonn. de François I, mars 1515. Elle reproduit les dispositions des ordonnances de 1346, 1376, 1388, 1402 (contenue au Grand Coutumier de Charles VI). Voy. note de Cl. Rousseau, p. 48.

Des transports de droits d'usage, art. 88 de l'ordonn. — Rousseau, p. 102.

temps desdits dons, étaient de petite accense et de petit coustement à tenir. Aussi ont mis et mettent chaque iour moult grand et excessif nombre de bestiaux en nosdites forests, et se tiennent souvent esdits lieux pour l'aisement du bois qu'il leur convient pour leur chauffage, dont ils prennent en trop plus grande quantité, sans comparaison que ne pourraient faire lesdits donataires ou leurs héritiers, s'ils tenaient encore lesdites maisons (1). » Comme « lesdits dons ne furent pas faits en cette intention, » le roi ordonne que les nouveaux propriétaires aient soin de conformer leur jouissance à celle de leurs prédécesseurs, sans en dépasser la mesure. Le roi ordonne, en outre, que pour prévenir les abus, les concessions et franchises octroyées par le roi, seront entendues pour ceux : « à qui nous avons fait dons, et pour leurs hoirs seulement, et qu'autrement ne leur en soit souffert user. »

S'il faut une disposition expresse pour empêcher que des droits d'usage, constitués dans certaines conditions, passent aux propriétaires successifs du fonds, c'est donc qu'en règle générale ces droits restent attachés au fonds.

Disons toutefois dès maintenant que les droits d'usage forestiers ne sont pas nécessairement servitudes réelles. Ils peuvent être constitués au profit de personnes déterminées; mais ils sont alors servitudes personnelles, se distinguent des premiers et sont régis par d'autres règles. Comme nous l'avons déjà dit, c'est la généralité et l'importance de ceux attachés au sol, à la résidence dans telle commune, qui a donné à ces Droits d'usage constituant des servitudes réelles, le caractère d'une institution juridique spéciale, à laquelle nous bornons notre étude.

Ce premier principe, en vertu duquel les usagers ne peuvent

(1) Art. 88. Rousseau, pp. 102, 103.

Et ordonn. de sept. 1402. art. 71. Grand Coutumier de Charles VI. p. 164.

(2) « Et qu'autrement n'en soit souffert user par lesdits Maistres de nosdites eaues et forests doresnavant. » Rousseau, p. 104.

user de leur droit qu'*au lieu pour lequel il leur a été concédé* (1), fut interprété par un arrêt rendu au siége de la Table de Marbre, au mois de juillet 1557 en ce sens que les usagers *doivent résider*, pour jouir de leurs droits (art. 34) (2). Dans le cas où l'usager ne réside pas au lieu pour lequel le droit lui est concédé, mais où son receveur ou fermier, ses gens ou serviteurs y résident, la moitié du chauffage auquel il a droit leur sera délivrée (Arrêts de 1555-1578-1581-1605) (3).

D'un autre côté, il fut jugé, en 1501, que si l'usager possède plusieurs maisons au lieu de son usage, il ne lui sera délivré du bois pour son chauffage « qu'en l'une d'icelles seulement. » C'est qu'en cette décision, nous retrouvons l'application d'un deuxième principe de la matière, déjà contenu dans l'ordonnance de 1280, et en vertu duquel *le besoin de l'usager sert de limite à son droit*. Cette règle, très-importante aussi, et qui reçut de nombreuses applications, régit également la matière des Droits d'usage, et leur donne, à cause de leur but, un caractère spécial parmi les servitudes réelles. Mais il est facile de voir qu'elle ne s'applique pas au fond du droit, qu'elle concerne son exercice seulement. C'est en ce sens que l'on pourrait qualifier la servitude usagère de servitude mixte, comme le fait Argou dans son Institution au Droit français (4). Mais il faut avoir soin d'observer que cette qualification porte sur l'exercice, non sur la nature même du droit, ainsi que nous le verrons plus tard.

De ce que la délivrance était faite aux usagers dans la limite de leurs besoins et pour les satisfaire, il résultait naturelle-

---

(1) Ordonnances de 1376, art. 31, de 1388, de 1402, de 1515, art. 47.
Ordonnances des eaux et forêts. Recueil de Sainctyon L. I. Titre 19, p. 379. Paris, 1610.
Voyez aussi, Recueil de Rousseau, p. 31.
(2) Réglements des eaux et forêts, L. III. Tit. 23. p. 1077. Recueil de Sainctyon.
(3) Sainctyon. L. III. T. 23, id.
(4) L. II. chap. 7. Tome I. p. 503, Paris, 1771.

ment qu'*ils ne pouvaient point céder le bois de leur usage.*
C'est ce que François Ier ordonna, en janvier 1529, à Troyes :
« Faisons inhibitions et deffenses aux usagers, que doresnavant ils ne aucuns d'eux ayent à vendre, ne autrement disposer
de leur usage, ne iceluy appliquer, sinon pour leur user ; ne
tenir bœufs, etc....., ne les mettre pasturer en nos forests, qui
ne soient de leur nourry, et jusqu'à telle quantité qui leur est
limitée, sans fraude (1). » Henry IV, dans un réglement général des eaux et forêts, de mai 1597, article 31 (2), fait l'application de cette règle aux droits de paisson et de glandée.

Telle fut également la décision de plusieurs arrêts qui défendent à l'usager « de n'employer le bois à autre effet que celui
pour lequel il leur sera délivré, et pour autres que pour eux,
ès maisons pour lesquelles il leur a été concédé (3). » Un réglement de 1584, porte : « Leur ont aussi fait et font délivrance
d'avoir et prendre le mort-bois..., le tout pour employer à
leur chauffage, et *sans en pouvoir vendre, transporter ailleurs
ou trafiquer avec autres personnes,* sinon de coustumiers à
coustumiers, sous peine de privation desdits droits et d'amende
arbitraire. » Et pour le pâturage (4) « Ont aussi lesdits juges
fait délivrance ausdits demeurans èsdites anciennes maisons,
du droit de paisson et panage pour leurs porcs.... et pâturage
pour leurs bêtes aumailles, chevalines et à laine.... et pourvu

(1) Sainctyon. Ordonn. p. 378. art. 20.
Cette règle se trouve aussi dans les *Olim :* « Pronunciatum fuit quod
cum tale usagium *vendi nequeat,* dicti fratres in ipsa domo ta'iter ad
vitam hominis data ad firmam, uti non poterant usagio memorato. »
Recueil des *Olim.* T. 1. p. 826, n° XXVII. — Et : « Habent usagium...;
ita tamen quod ipsum usagium nequeunt dare vel vendere. » Sous
Louis IX, 1259. T. 1, p. 463 n° V. Cette dernière prohibition semble porter sur le droit lui même.
(2) Rousseau p. 819.
(3) Sainctyon p. 1078.
(4) Rousseau. — Réglement pour la forest de Rouvray, 1581. p. 676.
— Voy. pp. 688-7-8. Sainctyon p. 1096 XV. Et défense d'emporter le
gland des forêts p. 1103 Arrêt de 1584 etc.

que lesdits porcs,... soient à eux ou de leur nourriture esdits lieux et maisons, *sans en pouvoir prendre d'autres personnes non coustumiers*, ou usagers à *titre de ferme et louage*, profit ou autrement, *et en faire trafic de marchandise* directement ou indirectement, sinon comme dit est de coustumier à coustumier, sous peine de privation desdits prétendus droits, confiscation desdites bestes et amende arbitraire. »

Nous trouvons dans ce réglement plusieurs applications du principe : les usagers ne pouvaient user de leur droit de pâturage pour les animaux qu'ils avaient à ferme. Il ne leur était pas permis, en effet, de spéculer sur leurs droits d'usage, mais uniquement de les appliquer à leurs besoins. Aussi les usagers exerçant « métiers et marchandise de bois, » ne pouvaient-ils « s'immiscer à la jouissance de leurs droits, » car il leur eût été trop facile d'employer le bois délivré, autrement que pour les besoins de leurs maisons. C'est ce que portent un réglement général de 1601, au titre : « Des usagers, » un autre de 1584, etc. (1). Cependant un arrêt de 1603 (2) permet qu'il soit délivré aux artisans de bois ce qui leur sera nécessaire pour leur chauffage, sous le contrôle des officiers royaux. Des arrêts de 1551, 1553, etc., 1603, (3) énumèrent les personnes qui ne peuvent, pour des motifs analogues, jouir de leurs droits d'usage. C'est aussi sur ce fondement que, par un arrêt de 1270, rapporté par Pecquet, il fut décidé, contre les religieux de Fontainebleau, qu'un locataire ne pouvait jouir de l'usage (4). De même, les usages des monastères et hôpitaux étaient augmentés ou restreints « à proportion des religieux ou pauvres y estans (5). »

(1) Rousseau p. 757. — Id. p. 680-692-756-).
Saintyon. Réglements des eaux et forêts. p. 1069. Réglem. de 1601.
(2) Saintyon id. arr. de 1556-1603.
(3) Sainctyon, id. p. 1068. Arr. de 1551, 1553, 1555, 1584, 1603.
(4) Pecquet. Loix forestières de France. T. I. Tit. 20 Section 7. p. 817. Paris 1753. Cependant cette règle, contraire au principe de la réalité, n'est plus admise dans notre législation.
(5) Arrêts de 1549, 1551, etc. Sainctyon p. 1080.

Par une autre application du même principe, les usagers devaient employer le bois délivré pour réparations, dans l'année (1). Autrement, en effet, il eût été démontré que ces bois, n'étant point nécessaires aux usagers, ne leur étaient pas dus. Mais inversement, il était interdit aux officiers royaux de faire vente de bois mort, avant « que les usagers ne soient fournis de leurs livrées, suivant leurs priviléges (2). »

Outre cette limitation, établie par rapport aux usagers, une autre avait été fixée en considération de la forêt assujettie. Il eût été possible, en effet, que l'exercice des Droits d'usage, tout en n'excédant pas les besoins des habitants, excédât cependant les ressources de la forêt, ce qui eût conduit à sa ruine.

Tel fut le motif d'un troisième principe, que nous avons vu apparaître dans l'art. 30 de l'ordonnance de 1376, principe en vertu duquel « on doit user des produits forestiers dans les limites de la *possibilité* de la forêt. » Il fut de nouveau formulé par un Édit de réglement rendu par Henri III, en janvier 1583. L'art. 10 porte : « nous voulons qu'il soit informé par les Grands-Maîtres, etc... de la possibilité ou impossibilité de nos forêts, et que suivant icelle, les usagers qui se trouveront bien fondés en Droict d'usage, soit pour chauffer, bâtir, réparer, pasturer et autres droicts, soient restreints... (3) » décision qui fut appliquée par de nombreux arrêts : « usagers jouiront de leurs droicts, selon la commodité et possibilité des forests, et pour leur usage seulement.... (4) »

Des règles de police multipliées, et que nous n'avons pas à étudier ici, se rattachent à cette règle générale.

La plus ancienne, comme la principale d'entre elles, fut la

<hr>

(1) Sainctyon p. 1033. Notoire par plusieurs arrêts.
(2) Arrêt de 1337. Sainctyon p. 1072.
(3) Rousseau. p. 419, et Sainctyon p. 868.
(4) Sainctyon p. 1036. Notoire par plusieurs arrêts. Et, pour la glandée, Sainctyon p. 1102.

Délivrance, proscrite de nouveau par François Ier dans une ordonnance de 1540 (1). L'Edit de réglement de Henri III (1583), par son art. 2, défend très-expressément: « à tous lesdits prétendans droicts d'usage... à peine de privation de leurs droicts, de doresnavant couper aucuns bois si ce n'est par la permission de nosdits officiers, et ès temps et saisons convenables, n'y pareillement envoyer leurs bestiaux, esdits bois, sinon qu'ils aient atteint l'âge compétent, et, comme dit est, déclarés *defensables* par nosdits officiers, à peine aussi de confiscation du bétail, etc... (2). »

Mais, comme les officiers royaux commis à la délivrance exigeaient des salaires exorbitants, « au point qu'il coûte plus aux usagers à nourrir et salarier lesdits officiers que ne valent souventes fois les dictes délivrances (3)», un arrêt du 30 avril 1540 (4) régla le mode de la délivrance, le salaire des officiers, et établit comme peine de tout nouvel abus : « la suspension de leurs Etats et offices et l'amende arbitraire. »

La *défensabilité* fut, relativement au pâturage, l'application du même principe qu'on doit jouir en bon père de famille (5): « Défendons très-expressément à tous nos officiers, de ne permettre sous quelques couleurs et prétextes que ce soit laisser entrer en nosdites forêts aucun bétail pour y brouter et

<hr>

(1) Sainctyon. p. 379 : Défense de prendre sable, marne, pierre, etc. sans congé. Sainctyon p. 1087.

(2) Rousseau p. 405. Sainctyon p. 380. Même principe dans le réglement général de 1601. Rousseau p. 751-2-3.

(3) Arrêt du 30 avril 1549. Sainctyon p. 1089.
De plus les officiers devront faire la délivrance dans la huitaine qu'ils en auront été requis, sous peine d'amende arbitraire, etc. Arrêts de 1549-1552. Sainctyon. p. 1085.

(4) Voyez aussi Rousseau p. 693. Arrêt, de 1613. Les officiers d'un seigneur propriétaire de forêt, ne doivent exiger aucun salaire.

(5) La déclaration de défensabilité est en effet le seul mode possible de délivrance pour le pâturage.

pasturer, si ce n'est que les taillis soient défensables, et tels déclarés par nos officiers..... (1). »

Du reste, les Ordonnances générales n'avaient pas établi de règle fixe sur l'âge auquel un taillis était défensable, c'est-à-dire, auquel il pouvait, sans trop en souffrir, supporter les atteintes des animaux. Les officiers royaux ou les coutumes locales réglaient ce point, d'après le climat et la situation des bois (2).

Mais, de plus, les troupeaux ne pouvaient entrer, dans les bois défensables, à certaines époques où la pousse est plus tendre (3) : cette époque, fixée par les réglements, se nommait *mois de défends* ou *temps de Broust*.

Malgré cette rigoureuse réglementation, les abus se multipliaient. L'Edit de réglement de Henri III, janvier 1583, recommande de les réprimer sévèrement : « Et parce que nosdites forêts sont venues en la ruine et degast où l'on les voit à présent, en partie par les abus, pilleries et grandes malversations qui y ont été faites, tant par les usagers..... que par connivence et nonchalance de nos officiers.........; nous voulons qu'il soit informé des abus et malversations commises par lesdits usagers, pour être procédé contre eux par condamnation d'amende, et *privation de leurs droits*, s'il y échet (4). »

En même temps de nombreuses usurpations s'étaient com-

---

(1) Edit de réglement de Henri III, janvier 1583, art. 1. — Rousseau, p. 404-405. — De même l'art. 2.

Cet édit ne fait d'ailleurs que reproduire la règle énoncée déjà dans l'Ordonnance de 1516, art. 24, et dans celle de François, 1er mars 1515, art. 72 : « Ordonné est, que nulle beste (des usagers) n'ira en taillis jusqu'à tant que le bois se pourra défendre des bestes. » Et ordonn. de sept. 1402, art. 55. Grand Coutumier de Charles VI p. 150.

Voyez aussi Sainctyon p. 380.

(2) Pecquet T. I p. 509.

(3) Simon et Segauld. T. II. p. 29. — Sainctyon, p. 1096-7-8-9.

(4) Rousseau p. 412-413. — Sainctyon, p. 368 art. 3.

mises. Il fallut exiger la production des titres (1), dans le double but de supprimer les usages illégitimes, et de restreindre à la teneur de leurs titres, ceux qui étaient fondés, mais dépassaient la limite des droits accordés. L'ordonnance de Villiers-Cotterets rendue par Henri II, en juillet 1558, se propose ce dernier objet : « Il ne sera baillé ne délivré par nos officiers aux usagers... en nos forests, pour chauffer ou bâtir, en autre espèce et nature de bois, que celui qui se trouvera désigné et spécifié en leurs vieilles et anciennes Chartes et Titres, sous peine contre lesdits usagers de privation de leurs prétendus droits.... (2). » Henri III, dans l'article 11 de l'Edit de règlement (janvier 1583), prescrit aux usagers de produire leurs titres et de se faire délivrer des *lettres de confirmation,* dans les trois mois qui suivront la publication de l'édit, sous peine de déchéance. Ces titres seront vus et examinés par des commissaires désignés ; il en sera rédigé une liste, dont copie sera baillée aux grands maîtres, lieutenants et maîtres particuliers des eaux et forêts : tout usager dépourvu de confirmation sera déchu de son prétendu droit (3).

Un arrêt rendu par la Table de Marbre, à Paris, le 20 août

(1) L'article 20 de la Déclaration de François Ier, faite en août 1545 sur l'édit de juillet 1534, réglant un cas particulier, ordonne la production des titres. Rousseau p. 216.

Voyez aussi les exemples que cite Pecquet. Ordonn. du mois de mars 1533, pour la Normandie : arrêts du Conseil du 12 juin, du 18 décembre, 1661. Les particuliers imitent l'exemple donné par les rois. Pecquet. Lois forestières. T. I. p. 540.

(2) Sainctyon. p. 371. art. 7.

(3) Rousseau p. 418. Sainctyon p. 370-1. art. 4-5-6.

« Et pour ce qu'il se trouve à présent grand nombre desdits usagers qui prennent bois en nos forests,..... et jouissent aussi des pâtures sans en avoir eu confirmation de nous ou de nos prédécesseurs, les uns sans aucun titre ou concession ;..... cette tolérance continuant apporterait l'entière ruine et dépopulation de nos forests : pour y pourvoir, ordonnons que tous prétendans droicts d'usage..... seront tenus dans trois mois après la publication de ces présentes, obtenir de nous lettres de confirmation sur leurs titres qu'ils auront ; au défaut de ce faire, les déclarons déchus de leurs prétendus droicts, etc..... » Rousseau p. 418.

1582, et rapporté par Rousseau, à la page 670 de son Recueil, règle les droits d'usage dans la forêt de Pressigny, et limita ainsi d'après la teneur de leurs titres, les droits des usagers. Lesdits habitants de Pressigny pourront prendre et avoir par marque montrée et ordonnance des officiers, bois pour bâtir, réparer et entretenir leurs maisons usagères, mais : « ils seront tenus de faire les quatre principaux murs et pignons de maçonnerie de pierre ou de brique, et non de bois, et visitation préalablement faite par gens à ce cognoissant des choses et lieux qu'il conviendra faire et réparer. »

Pecquet et Chaillant présentent ce réglement comme faisant loi pour les usages consistant à prendre du bois à bâtir et maisonner.

Les usagers ne doivent point laisser jouir : « les autres non usagers ne inscripts auxdicts registres, ains le dénoncer aux officiers, sous peine de privation de leurs droicts d'usage (1). »

Enfin, l'art. 9 de l'ordonnance rendue en mars 1597, par Henri IV, déclare que les usagers ne seront point reçus « à faire preuve par témoins de leur jouissance, si ancienne qu'elle puisse être, ni de la perte de leurs titres, priviléges et concessions, quelque prétexte qu'ils prennent de les avoir perdus ou autres (2). » Les droits d'usage dans les forêts du roi devaient donc se prouver par titres, « plus encore dans les forêts du roi que dans les autres bois, nous dit Pecquet, parce que généralement ils n'y étaient point à titre onéreux (3). »

Mais, pour ce même motif, il était certainement admis que l'acquisition d'un droit d'usage pouvait être prouvée, comme le dit Pecquet (4), par une longue possession accompagnée de

(1) Sainctyon p. 1093. art. 5.
(2) Sainctyon p. 881. art 27.
(3) Pecquet Lois forestières. T. I. p. 533.
(4) « La redevance vaut titre, étant jointe à la jouissance. » Pecquet Lois forestières. T. I. p. 525.

redevance. Du moment en effet que le propriétaire acceptait la redevance, il était présumé avoir consenti l'avantage dont il recevait le prix. L'acceptation de la redevance constituait une sorte de reconnaissance, un titre récognitif. Ajoutons toutefois que les usagers n'étaient point admis à la prouver par témoins ; ils produisaient les quittances.

Les communautés d'habitants s'étaient insensiblement étendues au point de rendre les droits d'usage qui leur avaient été anciennement accordés, infiniment plus onéreux qu'il n'avait été possible de le prévoir. Pour remédier à cet autre danger, on décida que les maisons nouvellement construites ne participeraient point à la jouissance des droits d'usage (1). Le réglement de 1584 pour la forêt de Rouvray (2), distingue les anciennes maisons, bâties au moins depuis quarante ans : ces maisons devront être visitées par les officiers royaux ; état en sera dressé ; elles seront marquées au-dessus des portes ; elles seules donneront droit aux usages. Le réglement de 1601 généralise cette prescription.

Mais, par une mesure de justice, comme certains usagers avaient acquis leurs droits à titre onéreux, et payaient en retour certaines charges ou redevances (3), ceux qui furent déboutés de l'usage furent en même temps déchargés de leurs redevances (4).

Un remède plus énergique encore, fut la *Réserve.* Son emploi devient plus fréquent à mesure que nous avançons. Fran-

(1) Si plusieurs ménages occupent la maison usagère, un seul jouira de l'usage. — Arrêts de 1554 et 1556. Sainctyon, p. 1068 art. 6. — Voy. aussi Rousseau, Réglement de 1572. p. 645.

(2) Rousseau, p. 676. Voyez aussi Sainctyon, p. 1065, art. 1 et 2. p. 1066. Les chefs de ces maisons seront responsables civilement des abus commis. art. 3. p. 1067.
Autres prescriptions : usagers ne pourront exploiter leurs usages nuitamment (p. 1073, art. 23) ; ni les jours de fêtes (art. 24). Ils devront se servir de leurs chevaux et de leurs voitures (art. 25).

(3) Sainctyon, p. 1081. art. 44.

(4) Id. art. 45. Arrêt de 1581.

çois I⁰ᵉʳ en prescrit l'application dans la forêt de Saint-Aubin (1), dont les usagers avaient commis de nombreux abus. L'article 7 de la même déclaration généralise cette mesure : « Aux vrais usagers, voulons être baillé *quelque triage* de la forest à part, le plus prochain d'eux, et le moins dommageable pour nous et le bien de nostre dicte forest, à la charge qu'*ils ne pourront entrer au reste de la forest, ny y prendre aucun usage ;* et en ce faisant, seront déchargés des rentes et devoirs qu'ils font, *pour la rate portion* de ce qui leur sera osté. »

Dans l'ordonnance de 1280, nous avions trouvé le germe de la réserve : on y reconnaissait cependant le droit au profit des usagers de se faire délivrer du bois dans les autres parties de la forêt, si le canton assigné ne leur en avait point fourni en suffisance. Dans la déclaration de 1545, cette faculté ne leur est plus accordée, ce qui est le trait propre de la Réserve.

La Réserve, Aménagement, Apportionnement ou Cantonnement ancien, était l'opération par laquelle on assignait aux usagers une portion séparée de la forêt, où ils devaient exercer exclusivement leur droit. Le propriétaire, de son côté, jouissait dès lors exclusivement du surplus.

Les parties soustraites à l'usage des habitants se nommèrent *réserves.*

Le canton assigné aux usagers était proportionné à l'étendue de leurs besoins. Si, par exemple, la commune absorbait le tiers des produits de la forêt, on affectait à l'usage des habitants un tiers déterminé de la forêt ; et, dans ce tiers seulement, ils pouvaient couper le bois qui leur était nécessaire.

On voit donc que la réserve ne constituait point une interversion de titre ; la commune ne changeait point son titre précaire en un droit de propriété ; *elle restait usagère.* Elle

(1) Déclaration de François I, à Arques en août 1545, sur l'édit de Juillet 1544, art. 15. Rousseau, p. 212 et Sainctyon, p. 381, art. 26.

restait, quant à la portion délimitée, dans la position qu'elle avait auparavant pour la forêt entière.

Aussi verrons-nous que le caractère de l'aménagement ou réserve est essentiellement distinct de l'opération, plus particulièrement nommée *Cantonnement*.

La réserve, en effet, bornant le droit d'usage à ce qui est nécessaire aux habitants, n'est autre chose qu'une stricte application des principes de la servitude usagère (1).

Le cantonnement, au contraire, la transforme en un droit de propriété sur un territoire restreint.

Bien que l'article 7 de la déclaration de 1545 emploie l'expression de *triage*, il n'y faudrait point voir une application du *triage féodal*. Ce mot n'a point ici d'autre sens que celui d'une *portion délimitée de forêt, d'une étendue territoriale quelconque*. D'ailleurs, la suite même des idées et des expressions le prouve : « voulons être baillé *quelque triage* de la forêt à part, *le plus prochain d'eux*, et *le moins dommageable pour nous*. » Il est facile de voir que le mot triage se rapporte au terrain, non à l'opération.

Il est important de remarquer, en effet, qu'un certain nombre de mots, dont le temps a déterminé le sens technique, furent longtemps employés dans des acceptions diverses. Il est certain, par exemple, que le mot *usage* fut pris dans le sens de propriété (2), notamment dans l'édit de 1667, ce qui rend

(1) « L'usager aurait mauvaise grâce à s'en plaindre, puisqu'il n'en souffre aucun dommage, et qu'il est pleinement satisfait à son usage, dont la nature consiste à remplir les nécessités de l'usager, et non point à passer au delà. »

Grivel, Décision 66°. Arrêt du Parlement de Dôle, du 9 octobre 1590. — Décision 64° *in fine*.

Un autre auteur donne la raison de la réserve : « Ne proprietas domino reddatur inutilis. » (Mornac).

Et Salvaing, de l'usage des fiefs, chap. 98. — Arrêt du 14 août 1653.

(2) La confusion vint de ce que les communes avaient aussi des fonds, en toute propriété, et qui étaient livrés aux *usages* des habitants. Comme les individus n'avaient que l'usage de ces fonds appartenant à la commu-

parfois difficile l'interprétation des titres. De même le mot *triage* fut pris dans le sens de réserve, dans ceux de partage, d'étendue territoriale, comme dans notre article 7 (1) ; enfin il s'appliqua plus spécialement à l'institution de Droit féodal dont nous aurons à parler, à propos de l'édit de 1607.

La réserve préservait au moins une partie des forêts contre l'extention menaçante des Droits d'usage.

Les États de Blois accomplirent une réforme plus radicale encore. Déjà, à Brunay, en mai 1346, le roi Philippe VI de Valois avait déclaré qu'il ne serait plus fait aucun don d'usage (2). L'art. 336 des États de Blois, tenu en novembre 1576, confirmé par Édit donné à Paris en mai 1579, va plus loin, et supprime tous usages et chauffages concédés gratuitement depuis François Ier, avec ordre de tenir pour nuls ceux qui pourraient être accordés à l'avenir (3). Henri IV (4), par un

nauté et nommés *communs*, on donna le nom d'*usages* à ces biens communs, et inversement on appela *communs* de simples usages. Mais en réalité ces deux dénominations désignent des objets très-distincts. Aussi est-ce par une interprétation exclusive de ces expressions, dans un sens ou dans un autre, que plusieurs auteurs ont adopté des systèmes trop absolus : les uns soutenant toujours, comme M. Latruffe-Moutmeylian, le droit de propriété des communes, les autres leur opposant toujours la précarité de leurs titres.

(1) Voyez des actes de 1572, un arrêt de réglement de 1582 ; un extrait des registres de la Chambre des eaux et forêts, de 1607, portant : « Partage ou *triage* de bois communs. » Un extrait des registres du Parlement, de 1613, etc. Rousseau, pages 641-645-670-831-845-895. — Dans le Code forestier, même, on trouve le mot *triage* dans le sens de l'ancien mot « garderie. » Voyez l'article 6. — « Les gardes sont responsables des délits.... qui ont lieu dans leurs *triages*. »

(2) Sainctyon, p. 372, art. 8.

(3) Simon et Segauld, Conférence, etc., T. II. p. 48,

(4) Rousseau. Edit de Henri IV. Janvier 1597, p. 461 : « Voulons que tous usages et chauffages, par nous et nos prédécesseurs rois donnés et concédés gratuitement depuis le règne du feu roi François Ier.... à quelques personnes et pour quelque cause, temps et occasion que ce soit....., demeurent nuls, cassés et révoqués..... sauf s'il y en a d'acquis à titre onéreux, de pourvoir à leur indemnité et décharge. Et pour le regard de ceux qui sont de plus ancienne concession, seront réglés et jugés selon la

Édit de janvier 1607, renouvelle cette révocation : les droits acquis à titre onéreux donneront seulement lieu à une indemnité.

Rien n'autorise à penser que cette mesure de Henri IV soit une application du fameux édit de 1566.

Cet édit avait proclamé le principe immémorial de l'inaliénabilité du domaine royal. Il en résultait naturellement que toute concession usagère devait être interdite à l'avenir dans les forêts royales.

Toutefois, l'ordonnance de 1669 est rendue en interprétation de ce principe, car elle renvoie formellement à l'édit de 1566, dont elle reporte l'application à l'année 1560.

Malgré les prescriptions formelles de Henri IV, en effet, abus et concessions poursuivirent leurs cours, puisque l'ordonnance de 1669, dans une certaine mesure, supprime de nouveau les Droits de chauffage et de bois à construire ou réparer.

Telle est, avant l'ordonnance de 1669, la marche de la législation dans les Ordonnances Royales. La suite de ses développements nous montre les Droits d'usage, larges et illimités à leur début, puis réglementés, à mesure que la civilisation progresse. La diminution des forêts, comme leur valeur toujours croissante et l'augmentation de la population, donnent à ces Droits d'usage une importance que les donateurs n'avaient point évidemment prévue. Ce motif, joint aux dévastations commises, provoqua les restrictions imposées à la servitude usagère, jusqu'au moment où les abus la discréditèrent de plus en plus et entraînèrent sa suppression dans une certaine mesure.

Ainsi, la série des Ordonnances Royales nous donne comme un tableau historique de cette institution ; les coutumes, de leur côté, nous la présentent sous un ensemble plus synthé-

possibilité de nos forests, et la teneur de leurs titres, lesquels, à cet effet, ils seront tenus de produire dans six mois où il leur sera ordonné, à peine de privation desdits droits, lesquels ayant été réglés, en sera dressé estat général.

tique. Nous allons donc voir les principes de la matière se dessiner plus nettement encore dans les lignes générales du Droit coutumier.

CHAPITRE IV.

Des Droits d'usage d'après les coutumes.

Il est important d'observer qu'une grande diversité règne dans les différentes parties de la France pour la législation des Droits d'usage comme pour celle des autres institutions. Nous l'avons vu, « l'unité n'était pas au point de départ. Les diverses régions de la France, dit M. Laferrière, avaient dans leurs usages un caractère propre à l'origine des races, au mélange des populations, au développement des mœurs (1), » et même aux différentes productions du sol, pourrions-nous ajouter à propos des droits d'usage. Il est à remarquer, en effet, que la réglementation de ces droits se trouve concentrée dans les régions du Nord-Est et de l'Est de la France, et généralement sur les territoires les plus abondants en forêts, où les usages, par conséquent, offraient le plus d'importance.

Toutefois, le mouvement insensible qui porte vers l'uniformité des principes, les différentes institutions locales, se fait également sentir pour la servitude usagère. Nous chercherons à fixer les caractères généraux, communs aux coutumes principales, qui nous permettront d'en dégager la nature constante des Droits d'usage, aussi bien que les traits les plus importants de leur réglementation.

Quatre coutumes nous guideront surtout, celles de Niver-

---

(1) Laferrière. Histoire du Droit Français. — Coutumes. Tome 5 p. 2.

nais, de Troyes, de Lorraine et de Luxembourg, en vigueur dans les provinces les plus boisées : c'est à elles que nous nous attacherons principalement.

SECTION Ire — *Nature de la servitude usagère.*

Si nous maintenons la réserve que nous avons déjà faite pour les cas spéciaux où les Droits d'usage sont constitués au profit de personnes déterminées, nous trouvons un caractère général que présente dans l'ensemble des Coutumes la servitude usagère, celui de *réalité.*

Guy Coquille, le savant commentateur des Coutumes de Nivernais, Legrand, pour la coutume de Troyes, le président Bouhier, pour la coutume de Bourgogne, comme nous le verrons tout-à-l'heure avec plus de détail, l'attestent expressément. Mais, outre ces démonstrations formelles, on peut en notre sens, tirer une preuve remarquable, de ce fait presque général, que la plupart des coutumes traitant des Droits d'usage, les examinent à propos des servitudes réelles.

Ainsi la coutume de Lorraine consacre son Titre XIV aux servitudes réelles, le Titre XV, aux « Bois, rivières et pâturages. » Nous pouvons faire le même rapprochement pour les coutumes de Saint-Mihiel (Titre XII, des servitudes réelles ; T. XIII, des pasturages, bois et usages), de Clermont (Chap. 19 et 20), de Sedan (chap. 14 et 15). Ce qui est également significatif, la coutume de Vitry, dans son chap. IX, traite du Droit de propriété immobilière, dans son chapitre X, des censives, dans le chap. XI, des pasquis, pasturages et usages ; dans la coutume de Metz, le chap. XII parle des servitudes réelles, le chap. XIII, des cens, le chap. XIV, des Droits d'usage.

Si par la suite de ses titres, la coutume de Troyes n'est point aussi caractéristique, son commentateur Legrand, ne permet pas le moindre doute : « L'usage ou l'usufruit d'un bois ou forêt, dit-il (1), étant concédé à une personne, la servitude sera personnelle. Mais si l'usage est concédé à un particulier à cause de sa maison et château, ou bien à une communauté d'habitants de telle ville, bourg ou village, *cette servitude est réelle.* » Puis il tire de ce principe les conséquences que nous aurons nous-mêmes à examiner.

Dans son commentaire sur les coutumes de Nivernais, Coquille n'est pas moins explicite : « Il ne faut mesurer ces usages, dit-il sur l'art. 15 du chap. XVII de la coutume (2), selon le Droit romain au titre *de usu et habitatione*, qui est servitude personnelle, et est pour la seule commodité de la personne. Car ces usages de nostre coutume sont *réels* et *perpétuels*; ils appartiennent aux usagers *à cause des héritages desquels ils sont détenteurs.* »

Dans ses questions et responses, nous lisons (3) : « L'usage, selon le Droit romain, est personnel, et octroyé pour la seule commodité de la personne et pour sa vie durant..... Mais, selon nostre coustume et plusieurs autres de France, *les usages des bois et pascages sont réels*, et sont concédés par les seigneurs à leurs sujets, en considération des maisons qui appartiennent auxdits usagers. »

Enfin : « Il n'y a nul doute, dit le président Bouhier, parlant des droits d'usage (4), que ce ne soit une servitude.... Mais est-elle réelle ou personnelle ? Il y a une distinction à faire à cet égard. Si ce droit est accordé à une personne, et pour une considération personnelle, la servitude est personnelle..... Que

(1) Legrand. Commentaire sur la Coutume de Troyes. Titre X. art. 168. Glose II. n° 34 et 35. — IIe Partie. p. 288. Paris 1715.

(2) Œuvres de Guy Coquille. T. II. Coustumes de Nivernais p. 208. Paris 1665.

(3) Questions et Responses. Question CCCIII. Tome II. 2° Partie p. 416.

(4) Le président Bouhier, sur la Coutume de Bourgogne, chap. LXII, n° 26 et suivants.

De même Fréminville. Pratique universelle des Terriers T. III. p. 299. — Cæpola, Traité des Servitudes, ch. IX. etc.

si, au contraire, l'usage est accordé à des particuliers par rapport à leur domicile dans le lieu, et pour les mettre en état d'y subsister plus commodément avec leurs bestiaux, et d'y bâtir ou réparer leurs maisons, en ce cas, la *servitude est réelle*, et suit le possesseur de l'héritage. »

Ainsi les Droits d'usage sont, dans la grande généralité des cas, *servitudes réelles*. Rarement ils étaient octroyés à la personne : des droits de chauffage ou de pacage était constitués, par exemple, au profit des officiers royaux, comme nous le voyons dans une ordonnance rendue en 1578 par Henri III (1), parfois aussi des droits d'usage étaient accordés à certaines familles déterminées ; il en subsiste encore dans le comté de Dabo.

Ce principe de *réalité* domine toute la matière de la servitude usagère. Mais nous en pouvons dès maintenant signaler d'importantes conséquences :

1° Le droit d'usage ne peut être vendu ni transféré seul. En effet, « la servitude de faire paître son bétail au fonds d'autrui est réelle et attachée au fonds et non à la personne ; et pareillement le droit d'usage de bois concédé à cause des maisons est réel ; il s'ensuit que la servitude ne peut pas être vendue sans la maison et héritages, à cause desquels la servitude est due. » L'usager ne doit pas davantage bailler son droit à ferme (2).

S'il est interdit de vendre le droit d'usage séparément du fonds, nous verrons qu'il est défendu aussi de vendre le bois de son usage. Mais si la première prohibition est une conséquence du principe de *réalité*, la seconde se rattache surtout à la règle que les produits de l'usage doivent être consacrés

(1) Rousseau, p. 882.

(2) Legrand. Comment. T. X. art. 168 Gl. II n° 37.

De même Coquille, sur l'art. 15 du chap. 17 p. 209 ; « Le droit et propriété de l'usage ne peut être vendu et transféré seul, mais bien avec le tenement, pour raison duquel il a été concédé. »

aux seuls besoins de l'usager (1). D'ailleurs ces différents principes se confondent souvent en de communes applications.

2° Le droit d'usage étant attaché au fonds, passe aux propriétaires successifs de ce fonds : « Il se doit dire (2), que si l'usager vend le tenement pour raison duquel il est usager, le droit d'usage appartiendra à l'acheteur ; et ne pourrait vendre ledit droit d'usage séparément, parce qu'il est adhérent au tenement, et en vendant l'université et corps, les droits y adhérents sont transférés, qui séparément ne pourraient être vendus. »

Et Legrand : « Si aucun de ceux qui ont le droit de pasturage, et d'usage dans les bois et forests, à cause de quelque maison et héritage à lui appartenant, vient à vendre sa maison et héritages à un autre, l'acquéreur sera bien fondé à prétendre droit d'usage aux prés ou bois communs, comme étant ledit droit une suite et accessoire de la vente, si autrement il n'est expressément dit par le contrat. » (3)

Toutefois, comme d'un autre côté, le droit d'usage doit être proportionné aux besoins de l'usager, une restriction nécessaire et que nous connaissons déjà, avait été apportée à cette règle. L'acheteur doit être restreint et limité à la raison et proportion de l'usage qui avait été concédé au vendeur. Les Droits d'usage fussent devenus, s'il en eût été autrement, de plus en plus onéreux (4).

(1) Remarquons, cependant, que cette seconde prohibition est également, au point de vue rigoureusement juridique, une conséquence du principe de réalité. Les produits de la servitude doivent être employés en effet pour l'utilité du fonds dominant (L. 8 § 1 et L. 6 D. De servit. præd. rust. L. VIII T. III). — Mais à notre époque, cette relation n'était point encore nettement déterminée.

(2) Coquille, question CCCIII, in fine. Voyez aussi, sur l'article 15, p. 209 : « Le droit d'usage suit le tenement, et adhère à iceluy »

(3) Legrand. Id. Gl. II, n° 38.

(4) Id. Id. Gl. 2. n° 20 p. 286. Voyez aussi les Ordonnances de François Ier, mai 1515, et de Henri III, 1584, qui défendent de transporter les droits d'usage et pâturage à plus puissants, et ordonnent que ceux auxquels la cession aura été faite, ne puissent prendre plus grande part que les premiers usagers. Legrand, Id. n° 20.

— 183 —

De même lorsque l'usager, étant devenu plus riche, veut bâtir une maison plus grande, l'usage sera restreint à l'état premier de la maison (1).

Il ne saurait être permis en effet de dénaturer le titre primitif, en augmentant sans mesure l'étendue des droits concédés. Ces droits doivent rester proportionnés à l'état primitif du fonds.

« Si un ménage se sépare en deux, les deux ne devront avoir plus de droit qu'avait le ménage estant tout uni. » (2)

Il n'en serait plus ainsi dans le cas où l'usage aurait été concédé à une famille déterminée, et non en considération d'un immeuble. « L'usage alors doit être augmenté et étendu à raison du nombre des enfants, et à raison que chacun d'eux en a besoin pour la culture et nécessité de son ménage. » (3)

Enfin si la concession était faite indéfiniment aux habitants d'un village, sans nommer les particuliers, les nouveaux survenus se trouveraient compris en la concession. (4)

3° Comme nous venons de le voir, l'usager doit jouir dans la proportion des besoins de sa maison, conséquence qui se confond avec un autre principe de la servitude usagère, la limitation de la jouissance par les besoins de l'usager. (5)

4° Du principe de réalité il résulte aussi que l'usager (6), « ne peut se servir des produit de son droit qu'au lieu où il les reçoit. » (7)

(1) Legrand, id. n° 21.

(2) Coquille sur l'art. 13 p. 209, et Legrand art. 168 gl. II n° 23 p. 286.

(3) Legrand, n° 22.

(4) Coquille, p. 209.

(5) Coutumes de l'évêché de Metz. T. XIV art. 11 Coutumier Général de Richebourg. T. II. p. 444.

(6) Legrand, art. 174 de la Cout. de Troyes. Comment. Gl. II. n° 1. p. 303.

(7) Coutume de Lorraine art. 238 T. 13. Et Coutumes de Gorze T. XVI art. 59 : « Et ne peuvent (les usagers) se servir du bois, sinon au lieu pour lequel ils sont usagers, ny vendre leur droit à personne qui en doit employer et user plus largement qu'eux. » Richebourg. T. II. p. 1036.

5° Enfin, « le Droit d'usage ayant été accordé de certains bois, s'il vient à manquer, le seigneur n'est pas tenu de récompenser ou réassigner ailleurs (1). » Le fonds servant, en effet, doit seul les prestations attachées à la servitude.

SECTION II. — *Constitution de la Servitude usagère.*

Généralement, les Droits d'usage se fondaient sur le titre, sur la possession immémoriale, sur la possession accompagnée de redevance.

Loysel (2) nous apprend, dans ses Institutes Coutumières, que cette règle était le Droit commun : « Nul ne peut avoir, dit-il, Droit d'usage ou pâturage en Seigneurie ou Haute-Justice d'autrui, sans titre, ou sans en payer redevance par temps suffisant pour acquérir prescription , ou qu'il y ait possession immémoriale. »

Telles étaient les coutumes de Sens (art. 133) (3), d'Auxerre (T. XV, art 261), de Clermont (Chap. XX, art. 5), de Saint-Mihiel (T. XIII, art. 0 .

La redevance devait être payée de façon, nous dit Coquille (4), à ce qu'il se puisse dire que le seigneur l'a su ou pu savoir, par exemple au seigneur lui-même, ou à son receveur comptable, mais non « à un accenseur, qui toujours a la main ouverte pour recevoir, et n'a pas grand intérêt aux droits fonciers du seigneur. »

Quant à la possession immémoriale, nous devons l'entendre

Le président Bouhier, sur la Coutume de Bourgogne, chap. LXII, n° 20 : « Ce droit ne peut être exercé que par celui qui réside dans le lieu pour lequel la concession a été faite. » Voy. Henrion de Pansey, des Biens Communaux. Chap. XVII, n° 20.

(1) Legrand. p. 288. glose II de l'art 168, n° 42. Voy. aussi n°° 30 et 31.

(2) Loysel, Institutes coutumières. L. II. T. II art. 23.

(3) Des Bois, Forests, Usages et Pasturages. — Coutumier Général. T. III. p. 494.

(4) Comment. des art. 9 et 10 des Coutumes de Nivernais, p. 205.

comme le dit la coutume de Chaulmont, d'un exercice de possession si long, « qu'il n'est mémoire du commencement ni du contraire. » La preuve en sera reçue par témoins âgés au moins de cinquante-quatre ans, « pour qu'ils puissent, nous dit Coquille, déposer de bonne souvenance de quarante ans, en présupposant que le témoin eust pour le moins l'âge de quatorze ans, qui est la puberté, lors du commencement de la connaissance qu'il a eue de l'affaire (1). »

Toutefois, cette règle commune sur la preuve des Droits d'usage présentait certaines divergences suivant les coutumes.

Ainsi, la coutume de Chaulmont admettait le titre et la possession immémoriale, mais elle exigeait que la possession, accompagnée de redevance, fût trentenaire (Chap. IX, art. 101 (2).

Dans la coutume de Nivernais (3), la possession, accompagnée de redevance, servait au possessoire, mais, quant au pétitoire, disait-elle, avec ledit payement est requise prescription suffisante.

La coutume du bailliage de Vitry admettait le titre, la possession trentenaire avec redevance, enfin l'acquisition « *longissima prescriptione*, qui est de quarante ans (4). »

Dans une deuxième classe de Coutumes, les Droits d'usage devaient se prouver par titre ou par la redevance accompagnée du temps suffisant pour prescrire.

Ainsi prononçaient « li droict et lis coustumes de Cham-

(1) Coquille, sur l'article 1er du Chapitre XVII des Coustumes de Nivernais, p. 206.

(2) Coutume de Chaulmont. Cout. Gén. T. III. p. 360.

(3) Coutume de Nivernais. Chapitre 17, articles 9 et 10.

(4) Coutume du bailliage de Vitry. Chap. XI. art. 119. Cout. général. T. III p. 324.

paigne et Brie (1), » la coutume de Bourgogne (2) et celle de Troyes (3).

Beaumanoir rapporte un jugement de la cour de Creil, rendu d'après les mêmes principes. Elle prononça que les habitants de Haïes, qui prétendaient fonder leur droit d'usage sur une possession immémoriale, « n'avaient droit de user ès prés des susdits, et que le long usage qu'ils avaient proposé ne leur valait rien, pour ce qu'ils ne rendaient dudit usage, cens, rentes ni redevances » (4).

D'après la coutume de Troyes : « les servitudes rurales, dit Legrand, se prescrivent par dix ans entre présents, et vingt ans entre absents, avec titre ; et par trente ans, sans titre ; mais celui qui prétend avoir acquis droit de servitude, par prescription de trente ans sans titre, est obligé de prouver qu'il a joui, *non vi, non clam, non precario*. Et s'il a joui de la servitude par l'espace de cent ans ou par temps immémorial, il n'est pas tenu à cette preuve, tel espace de temps suppléant tout les défauts (5). » D'après l'ancienne coutume, que rapporte Legrand, les Droits d'usage pouvaient s'acquérir par titre, redevance ou possession immémoriale. Cette règle, pour les Droits d'usage, était conforme à celle de la coutume de Troyes sur les servitudes rurales, relativement à la possession immémoriale. Néanmoins, le nouvel art. 108 de la coutume ne fit plus mention de la possession immémoriale, « à l'effet, dit

(1) « Coustume est en Champaigne, que nulz ne puet avoir usage en bois, se il ne monstre de chartre, ou de redevance, ou se il ne le tient en flé de celi, de qui li tresfonds du bois est. » Cap. XXIV. Comment on doit monstrer usaige en bois. — Coutumier Général. T. III p. 113.

(2) Coutumes du pays et duché de Bourgongne. Chap. XIII. art. 2. Coutum. Génér. T. II. p 1180.

(3) « Habitans, communités, et aultres gens particuliers ne peuvent prétendre ni avoir droit d'usage, ni pâturage... sans titre ou en payer redevance au seigneur, son procureur ou receveur, par temps suffisant pour acquérir la prescription. » T. X. art. 168. Legrand, p. 281.

(4) Coutume de Beauvoisis, chap. XXIV.

(5) Legrand, Coutume de Troyes T. X art. 168. glose II. n° 4. p. 289.

Legrand, d'exclure toute possession, même centenaire ou immémoriale ; autrement il s'en suivrait qu'en vain et frustratoirement notre coutume aurait désiré un titre (1). »

Toutefois, selon Legrand, la perte du titre, sauf dans certains cas spéciaux, peut être prouvée par témoins (2).

Quant à la prescription des servitudes rurales par dix ou vingt ans *avec titre*, elle s'appliquait également à l'acquisition des Droits d'usage et pâturage (3). « Si aucun a joui de la servitude d'usage et pâturage pendant dix ans entre présents, et vingt ans entre absents avec titre, soit d'achat, legs, donation ou autrement, il ne sera pas besoin de s'informer, si celui qui a joui pendant ledit espace de temps a payé quelque redevance ou non, la prescription étant pleinement acquise par ledit temps, pourvu que la jouissance ait été faite *non vi, non clam, non precario.* »

Enfin, dans le cas de redevance, le paiement fait au seigneur « par le temps susdit de dix ans, sera preuve que ledit droit d'usage et pâturage a été tacitement accordé par lui aux usagers, moyennant ladite redevance et sera la prescription acquisitive (4). » Si au contraire « le payement n'a pas été fait à la personne du seigneur, ou que l'on ne montre pas clairement que le paiement est venu à sa connaissance, la jouissance de trente ans sera nécessaire pour acquérir prescription dudit droit, mais aussi ladite prescription suffira (5). »

Dans une troisième classe de Coutumes, il n'est pas question de possession accompagnée de redevance ; le titre ou la possession immémoriale font acquérir les droits d'usage. Coutumes du bailliage de Meaux (Chap. XXII, art. 176); coutumes de l'évêché de Metz (T. XIV, art. 0), de Gorze (T. XVI. art. 38),

(1) Legrand. Id. glose IV n° 6. p. 290.
(2) Legrand. Glose IV. n° 9 et 10, p 200.
(3) Legrand. Glose V n° 7, p 293.
(4) Legrand sur l'art. 168 Glose v. n° 5 p. 293.
(5) Legrand, Id, n° 6.

de Luxembourg (1) (T. XVIII, art. 19) et de Thionville, id. (2).

Enfin, dans une quatrième classe de Coutumes, le titre seul fait acquérir la servitude usagère. Telle est la coutume de Sedan. L'art. 304 du Chapitre « Des pasquis, pasturages, aisances et usages », est conforme à l'art. 277 des servitudes réelles. La coutume de Bar, au titre XV ne dit rien sur l'acquisition des Droits d'usage, mais les articles 171 et 177, *in fine*, sur les servitudes réelles exigent également le titre (3).

Telle était aussi la règle dans les Coutumes où l'acquisition des servitudes réelles n'était possible que par titre. Cette règle introduite par le Droit Coutumier, se trouve principalement formulé dans les coutumes de Paris (T. IX art. 186-7) et d'Orléans (4) (chap. XIII, art. 225. — Chap. V, art. 155).

« Il faut remarquer, dit de Laurière, que cette prescription n'a point lieu dans les Coutumes qui n'admettent point de servitudes sans titre, comme celle de Paris, art. 186, et celle d Orléans, art. 155. »

Suivant M. Henrion de Pansey (5), ces divergences entre les

(1). « Les droits d'usage et pâturage se preuvent non-seulement par tiltres, ains *ordinairement* par tesmoins et longue possession à faute de tiltres, lesquels *pour la grande part* ont esté égarés et perdus par l'injure des guerres survenues audit pays de temps à autre ; bien entendu que telle possession ni autre desdits usagers quel'e qu'elle soit, ne leur pourra attribuer droit de propriété ès bois et places y enclavées. » Coutum. Général T. II. p. 352.

(2) Les Coutumes de Thionville reproduisent exactement les coutumes de Luxembourg et Comté de Chiny. — Le pays de Thionville était dit d'ailleurs Luxembourg Français. — Cout. gen. T. II. p. 355.

(3) Et coutume de Lorraine, au titre des Servitudes T. XIV, art. 23 ; « Aucun pour aller, venir, passer, repasser ou mener son bétail vain pasturer en l'héritage d'autrui lors qu'il n'est en garde ou défense, n'acquiert droit ny possession de servitude de passage ou vain pasturage, et n'empêche que le seigneur ce nonobstant n'en puisse faire profit, si ce n'est qu'il conste de *tiltre*, ou que depuis la *contradiction* du seigneur, il y eut prescription de trente ans »

(4) Institutes Coutumières de Loysel, avec des notes par Eusèbe de Laurière. Paris 1710. T. I. p. 307. — L. II. des Institutes art. 23.

(5) Des Biens Communaux, par le président Henrion de Pansey Chap. XVII, n° 6. p. 81.

Coutumes sont l'œuvre du temps. Les anciennes coutumes de Champagne représentent la jurisprudence du XIII° siècle, d'après laquelle la possession la plus longue était insuffisante pour conférer des Droits d'usage (Voyez le jugement de Creil, rapporté par Beaumanoir, qui écrivait en 1270). Plus tard, il fut admis que la possession immémoriale était un véritable titre : telle était l'opinion de Dumoulin. On la retrouve érigée en loi dans les coutumes de Chaumont, de Nivernais, de Meaux, d'Auxerre, de Sens, de Saint-Mihiel. Enfin ce système fut abandonné vers le milieu du XVI° siècle, comme on le voit dans la coutume de Paris, rédigée de nouveau en 1580.

Quant aux pays de droit écrit où le Droit romain, comme en Alsace, formait le droit commun, il est probable que les servitudes usagères pouvaient s'acquérir par la prescription, suivant les distinctions ordinaires (1). Disons toutefois qu'en notre matière, de nombreux statuts locaux dans l'examen détaillé desquels il nous serait impossible d'entrer, avaient modifié les solutions du Droit romain et posé certaines règles particulières aux territoires qu'ils régissaient. En un mot, à côté du Droit romain, formant le droit commun, il y avait *la Coutume*, dont le rôle devait surtout être important en notre matière.

SECTION III. — *Obligations et Droits de l'Usager.*

Pour connaître les droits et les obligations de l'usager, il faut d'abord s'en référer au titre, qui fait la règle et la loi des parties. L'usager, en effet, doit user et jouir selon son titre ; tel est le principe que formulent expressément les coutumes de Sedan (art. 304) et de (Gorze XVI, 58). Nous le trouvons aussi dans les coutumes de Lorraine (T. 15, art. 27), de Metz, de Gorze (T. 10, art. 30), etc. « Les usages, dit Legrand, se

(1) Constit. 12 de Justinien. De præscriptione longi temporis.... C. T. XXXIII L. VII.

règlent suivant les concessions et les titres des usages (1). »

Nous avons vu des applications de ce principe dans la règle que l'usager ne peut vendre son immeuble et son droit à un propriétaire qui userait plus largement (2), et qu'il ne peut à son gré, agrandir sa maison (3). Nous en verrons d'autres encore.

Indépendamment de cette première mesure imposée aux Droits d'usage, deux grands principes dominent la matière, et fixent les obligations comme les droits de l'usager.

1° L'usager doit jouir en bon père de famille ;

2° Les Droits d'usage sont destinés à la satisfaction des besoins de l'usager.

§ I. — Le premier principe se trouve expressément formulé dans l'art. 17, T. XV de la coutume de Lorraine: « Usagers ayans droit de prendre bois de marronnage pour leurs bastiments, ou bois pour leurs affouages ou fournages, doivent user de ce droit en bons pères de famille. » De même coutumes de Luxembourg. (T. XVIII. art. 7,) Thionville, Metz (T. XIV. art. 15,) Clermont (Chap. XX, art. 6).

Pour assurer le respect de ce principe, on avait souvent établi des réglements, d'après lesquels les usagers devaient exercer leurs droits « Usagiers ayans droit de prendre bois de marronnage, affouage ou fournage, doivent user de ce droit en bon père de famille, et *par réglement, s'il leur en est donné.* » (Cout. de Metz, XIV, 12. — Lorraine 17, XV).

La sanction était soit le réglement (Cout. de Metz, art 15', soit la déchéance du droit, complète (4) (Cout. de Clermont Chap. XX, art. 6), ou temporaire (Cout. de Troyes, art. 174); soit l'amende (Cout. de Metz. T. XIV, art. 16. — Troyes, art. 174) (5); soit enfin la confiscation des chars et chevaux (Cout. de Lorraine. T. XV, art. 20. — Gorze, XVI, 50).

(1) Legrand sur l'art. 168 glose II. n° 6.
(2) Coutume de Gorze T. XVI art. 59.
(3) Legrand sur l'art. 168 gl. II. n° 11.
(4) Voy. Legrand, sur l'art. 174. Gl. II, n° 3. p. 301.
(5) Legrand, sur l'art. 174. Gl. III, p. 304.

D'ailleurs, les peines variaient suivant les coutumes, et sui-vant les infractions commises.

Ainsi, dans la coutume de Luxembourg, les usagers doivent avoir soin de ne pas couper « sans aucune règle, et par pièces çà et là, au grand préjudice, deshonneur et déformité des bois (1), » mais de faire les coupes de bois de taille *par régions* (2).

D'autres règles qui variaient suivant les Coutumes avaient aussi pour but de prévenir les abus.

Généralement, les usagers ayant droit au bois de chauffage, devaient prendre d'abord le bois mort et le mort-bois, que la plupart des Coutumes avaient soin de définir (Lorraine XV, 18, 19, 20. — Gorze, XVI art. 52, 55, 56-7. — Metz, XIV, 13 (3). — Nivernais, XVII, 11 et 12. Luxembourg, XVIII, 12, etc. (4).

De même, selon la coutume de Luxembourg, le bois coupé doit être enlevé (XVIII, 9), pour ne pas entraver la croissance. L'usager ne doit pas abandonner l'arbre qu'il a commencé à couper, s'il le trouve de coupe ou de pente difficile, pour en choisir et abattre un autre (art. 15). Les arbres vifs et ver-doyants, abattus par l'orage, et qu'on appelle *Ventoirs* (Cha-blis), sont au propriétaire (art. 16).

Pour ménager la forêt et faciliter la surveillance, d'après

(1) T. XVIII, art. 8.

(2) Id. — Et coutume de Lorraine : « Et se doit reigler tellement que l'usager ne le prenne à son choix indifféremment partout, ains par *Lisières*, qui se marqueront, etc. » T. XV, art. 20.

(3) « Bois mort est le bois sec debout ou gisant ; et mort-bois est toutes sortes de bois, hormis le *Chesne* et le *foug.* »

Voy. aussi cout. de Gorze, art. 57.

Mais généralement, on entendait, selon la Charte aux Normands, par mort-bois ou blanc-bois, les arbres ne portant pas fruits, comme le faisait la coutume de Lorraine, art. 20.

(4) L'art. 46 du T. XVI dans la coutume de Gorze indique les arbres à prendre de préférence, dans l'intérêt de la forêt.

Voyez aussi Coquille. Questions et Responses. — Question LXXXI. — « Que c'est mort-bois non portant fruict, en usages ? »

certaines Coutumes, on assignait aux usagers des régions de forêt pour l'exercice de leur droit, ce qui était *la réserve* (Cout. de Luxembourg, XVIII, 13-14) (1).

Legrand en parle également (2) : « Lorsque les habitants ont droit d'usage et pasturage indiscret en toute une forêt, les arrêts de la Cour ont ordonné que le droit d'usage et pasturage serait restreint et limité à certaine partie du bois et pâture, et que le reste demeurerait libre et exempt de toute servitude et droit d'usage, au Seigneur du lieu, afin que la propriété ne lui soit pas rendue tout à fait inutile. »

Et Coquille, sur l'art. 11 du chap. XVII des coutumes de Nivernais : « Aujourd'hui tels réglements sont souvent pratiqués quand le bois est ample ; et selon le nombre des usagers, on le réduit à la moitié, au tiers ou au quart pour les usagers, *en usage*, et le reste demeure au seigneur, libre en toute propriété, exempt de tout usage et servitude. Ce qui peut estre fondé, ou sur ce que d'ancienneté, lors des concessions, les bois n'estaient en aucun compte à cause de la rareté du peuple; ou pour éviter que la propriété ne demeurast à jamais inutile au seigneur propriétaire (3). »

(1) Art. 13 : « Ne sera doresnavant permis à ceux ayant ledit droit de chauffage de couper deçà et delà à leur plaisir, ains ès *quartiers et régions* que leur seront *assignées* pour l'honneur et conservation du bois, et afin que les forestiers puissent plus facilement recognoistre les abus que l'on y commet. »

Art. 11 : « Celui qui sera reconnu avoir coupé et usagé *au dehors des quartiers assignés, payera telle amende que font ceux qui coupent bois sans avoir droit.* »

(2) Legrand, Comm. de l'art. 168. Gl. II, n° 7, p. 285.

(3) « Il est passé comme pour règle générale, que si les bois sujets à usage sont de fort grande estendue, l'usage soit restreint au tiers, ou au quart desdits bois, selon le nombre des usagers, et l'outre plus soit délaissé au seigneur propriétaire, pour en disposer ainsi que bon lui semblera ; ce qui semble estre fondé en raison... Aussi est-il expédient que les usagers mesnagent les bois de telle façon que ferait un bon mesnager ses bois propres ; quoy faisant, le tiers fournira ce que le total soulait fournir. » (Coquille. Quest et Resp. 303).

Ainsi, Legrand cite un arrêt rendu en février 1553 ; un autre en octobre 1555, qui règle les usages des habitants de Vendenesse dans la forêt du couvent de Jouarre. L'arrêt leur donne exclusivement l'usage du tiers de la forêt ; les deux autres tiers demeureront francs et quitte aux religieuses du couvent. Un arrêt de novembre 1636 attribue aux habitants et aux seigneurs usagers dans la forêt du roi, à Romilly, une part proportionnée à leurs besoins. Il semble même la leur concéder en pleine propriété, ce qui serait un véritable *cantonnement*. Mais Legrand (sur l'art. 168, Glose II, n°s 9, 10, 11) s'oppose énergiquement à cette interprétation, et n'y voit que l'attribution d'un canton *pour l'exercice du droit d'usage seulement*.

Du reste, il faut avoir soin de distinguer ces réglements, des arrêts opérant partage *des Usages qui appartenaient en propriété* aux habitants ; le tiers était adjugé au seigneur, et les deux autres tiers restaient aux habitants. Cette opération, nommée *Triage*, ne concernait point les Droits d'usage, et n'était qu'un abus de la puissance féodale (1).

Outre la réserve, un autre moyen était employé dans l'intérêt de la forêt. Nous le trouvons mentionné dans la coutume de Gorze. Les usagers devaient ménager un certain nombre « d'estalons, outre les balliveaux et plus grosses pièces de bois, et tous arbres fruitiers sauvages qu'il sera jugé expédient. » Cette réserve se faisait par chaque arpent (2).

De plus les usagers étaient complétement exclus des bois de *Garenne*, réservés pour l'exercice du droit de chasse (Cout. de Troyes, art. 176. — Cout. de Nivernais (3, chap. XVII, art. 1 et 2, Gorze, XVI, 41, etc.).

Mais une mesure plus générale était la *délivrance*, prescrite surtout pour le marronnage.

(1) Arrêts du 3 décembre 1552. — Arrêt du 25 mai 1607. — Recueil de Rousseau, p. 831. etc.

(2) Coutumes de Gorze. T. XVI, art. 53.

(3) L'art. 1 du chap. XVII de la Coutume de Nivernais indique quels bois sont réputés *garennes*.

C'est ce que porte l'article 13. chapitre XVII de la Coutume de Nivernais : « Usagers ayans droit de prendre bois pour bastir, ne le peuvent prendre sans soy adresser au seigneur foncier, son forestier ou commis, pour venir marquer et délivrer au lieu moins dommageable dudit bois usager que faire se pourra ; et si lesdits usagers prennent bois à bastir autrement, ils sont amendables envers le seigneur foncier, posé qu'il n'ait justice, pour la première fois de trente sols tournois, pour la seconde fois arbitrairement, et pour la tierce perdront leurs usages. »

« Ce reiglement de prendre marque ne peut estre prescrit, nous dit Coquille (1), et quelquefois tenant les assises du bailliage de Thianges, j'ai déclaré non recevables les possessions des usagiers, par lesquelles ils disaient avoir joui par temps immémorial de prendre bois à bastir sans marque ; car telle possession emporterait droit de propriété en bois de haute fustaye ; et la qualité d'usagers, qu'ils avaient et confessaient, résistait à telle possession et prescription, car la première cause et commencement de la possession qui estait en qualité d'usager, reiglait toute la suite de leur jouissance. »

On voit que la coutume de Nivernais ne parlait expressé-

(1) Comment. de l'art. 13 du chap. XVII.
Voyez aussi Coquille. Questions et Responses. Question LXXXII : « .. En plusieurs endroits de ce pays, qui est fort couvert de bois, le nonchaloir a été si grand, que les seigneurs n'ont pas fait contreroller les usagers, qui prenaient bois sans marque : et les usagers ayant esté tolérés par fort long temps, ont prétendu n'estre tenus de prendre la marque, comme ayant prescrit. Mais je dis que cette charge de prendre marque ne peut être prescrite, *etiam* par possession de liberté immémoriale, tant que la qualité d'usager est reconnue en la personne de celuy qui dit avoir droit de prendre bois pour bastir. Car tant qu'il porte la qualité d'usager, il ne peut acquérir droit de propriétaire ; ce serait droit de propriétaire, s'il prenait bois à tord et travers à son plaisir... Sa qualité d'usager le rend sujet à prendre pour son usage avec discrétion.... Or la règle est que les conditions et charges qui sont de la propre essence du contract ne se prescrivent point.... Et si l'usager voulait faire un bastiment trop somptueux.... le seigneur luy peut refuser ce qui serait outre la modération... »

ment que du bois de marronnage, mais, dit également Coquille, à propos du bois mort et du mort-bois (1) « on allègue un arrest notable (du 1er février 1535), pour le reiglement des usagers qui ont ample et plein usage, par lequel ils doivent prendre le bois par marque et monstrée, etc. »

La coutume de Lorraine (2), établit expressément la même règle pour les bois de marronnage et de chauffage, comme nous le voyons au Titre XV.

Le concours du forestier, l'assignation et la marque étaient imposés aux usagers des forêts, pour les bois de construction ou de chauffage, comme le portent les arrêts du Parlement et ceux de la Table de marbre de Paris (3). Sainctyon (4) cite à ce propos des arrêts des 2 décembre 1603, art. 30; 13 nov. 1597 ; 4 sept. 1601, art. 29 ; 6 oct. 1605, art. 20 ; etc.

Le président Bouhier et Legrand nous signalent les mêmes règles en Bourgogne (5) et en Champagne (6).

Le signe extérieur de la délivrance, est la *marque* : Cout. de Luxembourg, T. XVIII, art. 17 ; Sedan, art. 206. L'art. 307 de cette dernière coutume exige même que le bois de chêne soit, dans certains cas, acheté du gruyer seigneurial.

A l'égard du droit de pâturage, le mode employé de déli-

---

(1) Comment. de l'art. 12 du chap. XVII.

(2) Coutumes de Lorraine, T. XV. art. 286, 287, 289, 290, 291 de la Coutume. — Voyez aussi Coutume de Gorze, T. XVI, art. 45, 46 pour le bois de marronnage, et art. 52, 53, pour les bois de chauffage et autres.

(3) Voy. Imbert, Enchiridion juris Galliæ, v° Usus i.

(4) Réglement des eaux et forests. L. III. Titre XIII. voy. art. 13-27-23-67, etc.

(5) Observations sur la Coutume de Bourgogne, chap. LXII. Arrêt du 11 août 1610.

(6) Legrand, Coutumes du bailliage de Troyes. Comment. de l'art. 168 (Titre X) Glose II, n° 24 et 25 : « Un réglement général, dit-il, oblige les usagers de prendre bois par marque et monstrée, et enlever à tire-haire, clore le bois coupé, et laisser en chacun arpent huit baliveaux. » Et Legrand cite à ce propos Carondas sur le Code Henri L. XVI, T. XVIII, art. 1. Choppin, L. 3. chap. 17. Papon, Chenu, en ses Réglements, T. XIX, chap. CIX et suiv.

vrance, est, comme nous l'avons vu, la déclaration de *défensabilité*.

L'obligation de ne mener les troupeaux que dans les forêts ou parties de forêts déclarées défensables est prescrite par la coutume de Nivernais, chap. XVII, art. 7. Les nouveaux taillis ne seront défensables que quatre ans après la coupe. La coutume de Clermont, T. XX, art. 4, et celle de Vitry, Chap. XI, art. 118, fixent un délai de cinq ans : Celle de Saint-Mihiel, T. XIII, art. 10, un délai de sept ans. D'après la coutume de Bar, on déclare par sentence, s'il y a difficulté, quand le bois est défensable, « avec l'avis de deux ou trois non suspects, » T. XV, art. 205 (1).

De plus, le pâturage est interdit dans les forêts défensables, à certaines époques que fixaient les coutumes. D'après la coutume de Metz, par exemple, le temps de paissons et glandées ès forest était compris entre le 1ᵉʳ octobre et Noël (T. XIV, art. 10) (2) .

§ II. — Le second principe, en vertu duquel les Droits d'usage sont destinés à la satisfaction des besoins de l'usager, est formulé dans l'art. 23, T. XV, de la coutume de Lorraine : « Généralement ne peuvent les usagers, autrement user du bois de leurs usages, que pour leur propre (3) » et pour le pâturage : « Régulièrement usagers ayans faculté de mettre

---

(1) Voy. aussi coutumes de Sens. art. 134. Auxerre, art. 262. Luxembourg, T. XVIII, art. 9. Bourgogne, chap. XIII, art. 3. Gorze, T. XVI art. 47.

(2) De même Saint-Mihiel, XIII, 16. — Troyes, X, 178. — Bourgogne. XIII, 4. — Gorze, XVI, 43.

(3) Coutumes de Metz, T. XIV, art. 11. — Luxembourg, XVIII, 18. — Lorraine, 27, XV. - Gorze, XVI, 61. « Ains sont obligés (les usagers) d'en user en tout et partout pour leur seul usage et profit. — Et cout. de Meaux, XXII, 181.

« ... Si l'usager a commodité passable de recouvrer pierre, chaux et tuil'e, le seigneur lui pourra refuser bois à faire les murailles de bois, et à couvrir de chaume. » Coquille. Question LXXXII.

Voyez aussi le règlement déjà cité, de la forêt de Pressigny, rendu le 20 août 1582 (Rousseau, Recueil, p. 670.)

porcs à la grasse pâture d'aucuns bois n'y en peuvent mettre que pour la nourriture de leur maison, à peine de confiscation du surplus, s'ils n'ont tiltres, possession ou usages valables au contraire (1). »

Cette règle elle-même n'est qu'une application du principe.

De ce que les besoins des usagers doivent être satisfaits par les produits de la forêt, il résulte que la réparation civile des infractions commises au détriment des usagers, s'exerceront par eux et à leur profit. En effet, la coutume du Nivernais, après avoir parlé dans l'article 17 : « des bois appartenans à autruy *en pleine propriété,* » porte, dans son art. 18 (chap. XVII), « En bois usagers est observée semblable peine et punition que dessus, et *outre ce,* est réservé aux usagers action et poursuite *pour leurs interests* et dommages, s'il n'y a privilége comme dessus (2). »

Il en résulte aussi que si les usagers sont soumis à la délivrance, ils ont, de leur côté, droit de l'exiger (3).

Dans la coutume de Nivernais, ils doivent demander la délivrance. Si le seigneur ou son forestier est « refusant ou délayant, » ils le peuvent sommer en justice ou par devant notaires, et « ce fait, huict jours après, pourront user de leurs usages franchement sans péril d'amende. »

D'après la coutume de Lorraine, les formalités sont plus

(1) Cout. de Nivernais, XVII, 19.

Coquille. Question LXXXIII. « Que c'est en usage de paisson, *porcs de la nourriture ?* » — « Deux choses, dit Coquille, sont requises conjointement ; que les porcs soient de la nourriture, et de l'auge de Mars...» Il faut : « ... que le nombre de porcs soit modéré selon l'ancien mesnage du propriétaire. Car s'il surpassait ce nombre, on présumerait que ce fust par négociation, et non par mesnage rustique. Et en telles servitudes, *etiam* les usagers entre eux peuvent contraindre l'un l'autre à ce que nul d'eux ne charge l'usage, sinon selon que son tenement peut vraisemblablement porter, en comparant les tenements les uns aux autres... »

(2) C'est-à-dire s'il n'y a : « congé et consentement exprès. » art. 17. Chap. XVII.

(3) Coutume de Nivernais. Chap. XVII. art. 14. — Coutume de Lorraine. T. XV, art. 25.

simples encore ; le seigneur doit faire la délivrance dans les vingt-quatre heures de la demande, « à faute de quoy pourra ledit usager en aller couper (du bois de marronnage) ou faire couper sans reprise. »

Une importante conséquence du principe que nous avons posé, consiste en ce que les usagers *ne peuvent point vendre* les produits de leurs usages. Ces produits doivent être consacrés aux besoins de leurs maisons ; ils n'ont point le droit d'en faire un autre emploi. C'est ce que porte l'art. 15 du chap. XVII de la coutume de Nivernais : « Usagers de quelque qualité qu'ils soient, ne peuvent vendre bois, herbe ou autre chose quelconque croissant ou estant en l'héritage duquel ils sont usagers : ne prendre et mener bestes d'autruy avec les leurs pour user de semblable droit qu'ils ont. »

Telle est également la décision des coutumes de Metz (XIV-14), de Lorraine (XV, 19, 23 (1), 24), de Gorze ;XVI-60) (2).

Nous trouvons dans cette même coutume de Gorze (T. XVI art. 54), une règle spéciale en vertu de laquelle les usagers ne peuvent vendre leurs droits à aucuns forains et étrangers ; mais il la faut rattacher plutôt à la règle de l'art. 59, qui prescrit aux usagers de se servir du bois *au lieu* pour lequel ils sont usagers, et qui se rattache surtout au principe de *réalité* (3).

---

(1) « Généralement ne peuvent les usagers vendre ou distribuer du bois de leurs usages, n'y autrement en user que pour leur propre, non plus que des herbes, fruits, ou autres choses quelconques croissantes esdits bois. »

(2) De même Meaux, XXII, 180.

(3) Coutumes de Lorraine, XV, 19, pour le bois mort : « Il n'y eschet autre règlement, sinon de prohiber audit usager d'en vendre ou distribuer hors le lieu dudit usage. » Et Troyes (X, 174) défense de transporter hors les lieux compris audit usage, sous peine d'amende et privation de l'usage par an et jour. »

SECTION IV. — *Extinction de la Servitude usagère dans les Coutumes.*

Les Coutumes ne parlent point, au Titre des Droits d'usage, de leur extinction. En effet, la nature même de la servitude usagère, la faisait considérer comme perpétuelle.

Le cantonnement ne parut qu'au XVIII⁰ siècle, en dehors de la législation coutumière.

On ne pourrait donc appliquer à ces droits que le mode ordinaire d'extinction des servitudes réelles, qui est la prescription par non-usage pendant trente ans : « Sont toutes actions, charges, redevances, rentes et prestations personnelles ou réelles, prescriptibles par trente ans, et toutes prescriptions par lesquelles on peut acquérir plein droit, en la chose soit meubliaire ou immeubliaire, uniformément réduites à ce temps (1). »

Nous avons aussi parlé d'un mode d'extinction signalé par Legrand (2) (cinquième conséquence de la réalité de la servitude usagère). « Le Droit d'usage ayant été accordé de certains bois, s'il vient à manquer, le seigneur n'est pas tenu de récompenser ou réassigner ailleurs. » Legrand cite à ce propos un arrêt rendu au Parlement, en 1261, et s'appuie sur le témoignage de Papon (L. XIV, titre 3).

Toutefois, il convient ici de faire une distinction.

Si le fonds servant, le bois, est détruit par force majeure,

---

(1) Coutumes de Lorraine, T. XVIII, art. 2. — De même Cout. de Saint-Mihiel, T. X, des prescriptions art. 1. — Gorze, XIV, 1. — Bourgogne, XIV, 1, etc. — Code Nap. 706. — Et coutumes du bailliage de Vitry, XIV, 135 : « Toutes terres occupées, tenues et réclamées franches, par dix ans entre présens et vingt ans entre absens, âgés et non privilégiés, avec juste tiltre et bonne foy, sont à tousjours *franches ou sans servitudes*, et ainsi en use l'on. »

(2) Legrand, Comment. de l'art. 168. Glose II, n° 12. p. 288. II⁰ partie.

telle qu'un incendie, l'usage périt avec la chose, comme l'ont décidé Legrand et plusieurs arrêts.

Mais si le bois, au contraire, est détruit par le fait du propriétaire, s'il veut, par exemple, opérer un défrichement, il est certain que les usagers pourraient légitimement s'opposer au changement. La volonté seule du propriétaire du fonds servant ne saurait, en effet, détruire la servitude.

Cependant, l'art. 271 de l'ancienne coutume de Bourgogne, cité par le président Henrion de Pansey (1), apportait une exception à cette règle : « Qui a vaine pâture en un lieu, le sire du lieu peut, *audit bois*, faire étang ou gagnage (champ labouré), *sans congé* de ceux qui ont le pâturage. » Ainsi, d'après cet art. 271, le défrichement est permis dans deux cas ; lorsque le propriétaire veut faire un étang, ou lorsqu'il veut convertir le terrain défriché en gagnage, même en l'absence du consentement des usagers.

Le motif de cette exception à la règle générale, est, que le propriétaire a du se réserver le moyen d'améliorer son domaine. On ne peut présumer qu'il a entendu « condamner ses terres à une éternelle stérilité, » ce qui serait contraire à l'intérêt public, comme à l'esprit de la concession primitive (2).

Toutefois les usagers conservent leur droit de pâturage ainsi modifié : ils peuvent l'exercer sur les bords de l'étang, ou sur les terrains cultivés, après la récolte, comme le porte un arrêt du 15 mars 1561, cité par le président Bouhier, dans ses Observations sur la Coutume de Bourgogne (3).

---

(1) Des Biens Communaux, par M. le président Henrion de Pansey, chap. XVII, n° 19, p. 124.

(2) Des Biens Communaux, p. 125.

(3) Observations sur la coutume de Bourgogne, par le président Bouhier, chap. LXII, n°˙ 72 et 73.

CHAPÍTRE V.

Des Droits d'usage d'après l'Ordonnance do 1669.

Nous avons vu les efforts constants des Ordonnances Royales pour restreindre les Droits d'usage, et réprimer leurs abus, dans les forêts du domaine. Henri IV avait même été jusqu'à prononcer la suppression des droits concédés depuis François Ier, suivant les distinctions que nous avons signalées (1). Mais cette décision était trop radicale pour recevoir une complète exécution ; non-seulement les anciens droits subsistèrent, mais de nouveaux furent institués. Une telle mesure devait au moins se fonder en droit pour être formellement prise ; tel fut le but de l'ordonnance d'août 1669, rendue pour ainsi dire en exécution du principe d'inaliénabilité, que l'édit de 1566 avait proclamé.

D'ailleurs les abus s'étaient aggravés à un tel point, qu'ils soulevaient depuis longtemps les réclamations des hommes soucieux de l'avenir. Bernard Palissy protesta contre une telle imprévoyance : « Et quand je considère, dit-il, la valeur des plus moindres gittes des arbres ou espèces, je suis tout esmerveillé de la grande ignorance des hommes, lesquels il semble qu'aujourd'hui il ne s'estudient qu'à rompre, couper et deschirer les belles forests que leurs prédécesseurs avoyent si précieusement gardées. Je ne trouverais pas mauvais qu'ils coupassent les forests, pourvu qu'ils en plantassent après quelque part ; mais il ne se soucient aucunement du temps à venir, ne considérant point le grand dommage qu'ils font à leurs enfants à l'advenir.

Je ne puys assez détester une telle chose, et ne la puis ap-

(1) Edit de Henri IV. Janvier 1597. Rousseau p. 461.

peler faute, mais une malédiction et un malheur à toute la
France, parce que, après que tous les bois seront coupez, il
faut que tous les arts cessent, et que les artizans s'en aillent
paistre l'herbe, comme fit Nabuchodonosor. » (1)

Telle était aussi l'idée de Sully, lorsqu'il disait « *que la France
périrait faute de bois.* » (2)

Les Droits d'usage, ceux de pâturage surtout, contribuaient
largement à ces dévastations : « Les droits de pâturage dans
les forêts du Roi, nous dit Pecquet, sont une des parties sur
lesquelles les temps reculés nous présentent le plus d'abus
préjudiciables aux forêts de Sa Majesté. On peut dire qu'elles
en étaient inondées ; il n'y avait quasi personne un peu voisin
des forêts qui n'y fût usager. Et cela ne pouvait être autrement, puisque ç'avait été originairement un des avantages
qu'on avait accordés libéralement pour attirer des habitants
dans les environs. L'on ne prévoyait pas alors que les bois deviendraient d'une valeur considérable, et que ces espèces de
colons qu'on cherchait à multiplier, deviendraient un jour fort
à charge aux forêts. » (3).

L'ordonnance de 1669 s'efforça de remédier à cet état de
chose. Selon le préambule, « bien que le désordre qui s'était
glissé dans les eaux et forêts du royaume fût si universel et si
invétéré, que le remède en paraissait presque impossible ;
néanmoins, le Ciel a tellement favorisé l'application de huit
années consacrées au rétablissement de cette noble et pré-
cieuse partie du domaine, qu'elle se trouve en état de refleurir

(1) Recept véritable pour multiplier les thrésors, dans les œuvres de
Bernard Palissy. Ed. Cap. p 88-89.

(2) Mot que l'on attribue aussi à Colbert. — « Sully fit planter dans un
grand nombre de villages, aux portes des églises, sur les places publiques,
et aux abords des routes, des ormes, des tilleuls, des chênes, qui subsistent encore pour la plupart, et ont reçu du peuple le nom de *Sullys* » —
Histoire des grandes forêts de la Gaule et de l'ancienne France, par
A. Maury. Paris 1850 p. 317.

(3) Pecquet, Lois Forestières. Tit. XIX. Sect. VI. Tome I. p. 506.

plus que jamais..... Mais il ne suffit pas d'avoir rétabli l'ordre et la discipline : il faut aussi les assurer par de bons et sages réglements, pour en faire passer le fruit à la postérité, etc..... »

Le Titre XIX de l'Ordonnance est consacré aux droits de pâturage et de panage ; le Titre XX aux « Chauffage et autres usages de bois, tant à bâtir que réparer. »

En ce qui concerne les droits d'usage en bois, l'article 1 du Titre XX pour les droits de chauffage, l'article 10 pour ceux de bois à bâtir ou réparer, prononcent une suppression complète pour le passé ; pour l'avenir, il ne sera fait aucune attribution de chauffage, pour quelque cause que ce soit « et si par importunité ou autrement, dit le roi, aucunes lettres ou brevets en avaient été accordés et expédiés, défendons à nos Cours de Parlement, Chambre des comptes, grands maîtres et officiers d'y avoir égard. » (Art. 11.)

Tel est le principe.

Mais certaines distinctions en atténuent la rigueur.

L'art. 5 contient une exception au profit des établissements religieux ou de bienfaisance : leurs droits seront maintenus (1), mais eu égard à la *possibilité* des forêts, et sauf les réserves posées par les articles 5, 6 et 7.

Les redevances et prestations fournies en retour de droits d'usage, sont supprimées avec eux (art. 4).

Indemnité sera due aux officiers forestiers pour les chauffages qui leur avaient été attribués « en conséquence de finance par eux payée » (art. 3).

L'art. 9 prescrit à cet égard une mesure de surveillance ; l'art. 8 leur défend d'exiger des marchands ou autres aucun bois, sous prétexte de chauffage.

Les communes ou les particuliers qui ont des droits d'usage « pour cause d'échanges, indemnités, et qui justifieront d'une

---

(1) Soit en nature, soit en deniers, suivant la distinction des articles 5 et 6.

possession avant l'année 1560, ou autrement, à titre onéreux ·
seront indemnisés comme l'indique l'art. 2.

Quant aux droits de pâturage et de panage, ils sont conservés (T. XIX, art. 1) dans les forêts et parties de forêts déclarées défensables, et pour les porcs et bêtes aumailles seulement (art. 1 et 13) ; mais le titre indique une série de mesures
propres à régler l'exercice du droit (art. 2).

L'usager doit être dénommé dans l'arrêté du conseil, car la
règle est qu'on ne peut exercer un droit d'usage sans titre
(Pecquet.)

Le principe de la *défensabilité* se trouvait exprimé déjà
dans les ordonnances de 1318, 1402 et 1515 (1). L'ordonnance
de 1669 exige que cette défensabilité soit *déclarée* par les officiers, suivant les lieux et la situation des bois art. 3. 4, 7).

Les maisons usagères, suivant les états dressés, doivent
seules jouir des droits d'usage (art. 5).

Les bestiaux d'un village sont marqués d'une même marque (art. 6', conduits par un chemin désigné (2), et confiés au
pâtre choisi par la commune (art. 9). Les habitants ne peuvent
les mener à garde séparée (art. 8-11).

Comme l'usage ne doit point excéder les besoins des usagers, les habitants jouiront de leur droit de pâturage pour les

(1) Ordonnance de 1318, art. 24, et de 1515, art. 73 · « Item ordonné
est que nulle beste (*a*) n'ira en taillis jusqu'à tant que le bois se pourra
défendre (*b*) des bestes, pour ce que une beste qui ne vaudra pas soixante
sols ou quatre livres, y pourrait faire dommage de cent livres ou de plus
en une année. »
Recueil de Rousseau. p. 95.

(2) Réglement de la forêt de Rouvray, 1584. Voy. Rousseau, pp. 674-
689. — De même, réglements des forêts de Chizé et d'Aulnay, 1602.

(*a*) Nulle beste des Usagers et privilégiés, car quant aux autres, les bois
sont toujours en deffends.

(*b*) A présent cela ne suffit pas, mais il faut aussi que le bois ait été déclaré défensable par les officiers, suivant l'Ordonnance de 1583, et plusieurs
Arrêts. — Notes de Cl. Rousseau p. 95.

bestiaux de leur nourriture seulement (art. 14). L'art. 15 limite les droits des officiers.

Le principe que les usagers seuls peuvent participer à ces droits, reçoit son application dans l'art. 10.

Enfin, les articles 12 et 13 prescrivent des mesures propres à protéger la forêt.

On voit que l'ordonnance de Louis XIV ne fait que reproduire et refondre un grand nombre de dispositions empruntées aux ordonnances antérieures, et que déjà nous avons mentionnées (1).

Il faut remarquer aussi qu'elle n'eût pour but que de libérer des usages en bois les forêts du domaine. Dans les autres, les Droits d'usage subsistèrent et furent toujours régis par les réglements locaux et par les Coutumes. Le titre XVI sur les bois des particuliers ne fait même pas mention des Droits d'usage.

Disons enfin que l'ordonnance de 1669, supprimant les Droits d'usage en bois dans les forêts domaniales, ne chercha point à les réglementer. Mais comme son exécution présenta des difficultés sans nombre, et fut incomplète, les Droits d'usage subsistèrent en fait, notamment en Dauphiné, dans les Pyrénées, et continuèrent par conséquent à être réglementés par les ordonnances antérieures (2).

---

(1) Une déclaration de Louis XIV, faite le 9 avril 1687, eut pour but de faire exécuter l'Ordonnance de 1669 dans le duché de Luxembourg.

Recueil d'Edits, Ordonnances, etc., décrétés dans le duché de Luxembourg en matière de Forêts, par Würth-Paquet. Luxembourg, 1835, p. 51.

(2) Nous savons qu'il était dans l'esprit des Ordonnances Royales d'être applicables aux forêts des particuliers. C'est ce que nous voyons également dans l'art. 5 du Titre XXVI, et dans l'art. 28 du Titre XXXII de l'Ordonnance de 1669.

En Lorraine, une Ordonnance de Léopold, rendue le 15 mai 1708, prescrivit aux usagers de produire leurs titres dans les six mois ; mais elle ne s'appliquait qu'aux droits accordés *jusqu'à bon plaisir*, et non pas aux titres anciens et authentiques. Elle avait pour but de réprimer les usurpations.

En effet, la guerre de Hollande, les embarras toujours croissant du trésor, entravèrent les opérations des commissaires réformateurs, envoyés dans les provinces pour dresser les états des droits légitimes, et payer les indemnités. Parmi les Droits d'usage, un certain nombre fut racheté au moyen d'une somme représentant la valeur entière de ces droits ; pour d'autres, on en payait la valeur annuelle seulement. Ces payements, une fois suspendus, furent remplacés par les délivrances en nature, et c'est ainsi qu'en fait, les Droits d'usage furent maintenus, et que les dévastations des forêts se renouvelèrent, surtout aux approches de la Révolution.

Aussi, Louis XVI, par une proclamation du 3 novembre 1780, confie-t-il aux municipalités la garde des forêts ; il rappelle les dispositions rendues pour réprimer les infractions : « Fait défenses, Sa Majesté, à toutes personnes de ne plus introduire dans les bois et forêts de son domaine, aucunes vaches ni chevaux, à peine de confiscation et d'amende, à moins qu'elles n'y soient autorisées par des usages anciens et légalement reconnus. » — « Permet Sa Majesté, aux usagers d'y enlever le bois sec et gisant, sans se servir d'aucune espèce de ferrement, même de crochets, à peine d'amende et de confiscation d'iceux. »

L'arrêté du 5 vend., an VI (26 septembre 1797), remet en vigueur les dispositions de l'ordonnance de 1669, concernant la *défensabilité* (1).

Ainsi, nous voyons de plus en plus s'affirmer ce mouvement qui porte à la suppression des Droits d'usage. Autant on les avait jugés propres à fixer les populations, et utiles pour la prospérité d'une société qui se fondait, autant on les trouve odieux, une fois accompli ce travail de la civilisation. Les abus étaient devenus effrayants, en même temps que la raison d'être de l'institution avait cessé. Il en résulte qu'elle était fatalement appelée à disparaître.

____

(1) De même, décret du 17 niv. an XIII (7 janv. 1805), et avis du Conseil d'État des 18 brum.-16 frim. an XIV (9 nov. 7 déc. 1805).

Les textes législatifs que nous avons parcourus, depuis les Etats-Généraux de Blois (1576) jusqu'à l'Ordonnance de 1669, cherchent à détruire la servitude usagère dans les forêts royales. Les autres propriétaires, à l'exemple des rois, vont tenter les mêmes efforts. Mais, comme ils n'ont pas la puissance, et que les Droits d'usage avaient été constitués dans leurs forêts plus particulièrement à titre onéreux, ils ne le pourront que plus lentement, et aux prix de plus grands sacrifices.

CHAPITRE VI.

Le Cantonnement d'après les Lois révolutionnaires.

L'Ordonnance de 1669 n'avait supprimé les Droits d'usage que dans les forêts du domaine. Comme les particuliers avaient aussi beaucoup à souffrir de ces droits, ils durent chercher à en délivrer leurs forêts.

Un premier moyen, employé dans le cours du XVIᵉ siècle, avait été la *réserve* (1), ou cantonnement ancien, qui renfermait l'exercice de l'usage dans une partie *déterminée* de la forêt, et suffisante pour remplir les usagers de leurs droits. Comme nous l'avons vu, on avait soin de choisir les cantons qui étaient le plus à la portée des populations, dont les besoins devaient être satisfaits avant ceux des propriétaires.

Les passages de Coquille et de Legrand, précédemment cités à propos de la réserve, nous montrent qu'elle était de règle générale et de jurisprudence constante.

Elle résultait donc soit de transactions amiables, soit de dé-

____

(1) Voy. l'art. 7 de la Déclaration de François Iᵉʳ, août 1545, sur l'édit de juillet 1544. Rousseau p. 210.

cisions judiciaires. Pecquet rapporte un certain nombre d'arrêts qui *limitaient* ainsi, sans les *dénaturer*, les droits des usagers (1).

Au commencement du XVIIIᵉ siècle, le mode de procéder changea, et l'on en vint à substituer peu à peu à l'aménagement-règlement ou réserve, le *Cantonnement* nouveau, qui consistait à changer les droits d'usage portant sur la forêt, en un droit de *pleine propriété*, sur une portion déterminée de cette même forêt.

Il est facile de comprendre ce qui distinguait cette opération de la précédente.

La réserve modifiait l'usage en le limitant, mais le seigneur demeurait propriétaire de la portion spécialement destinée à l'exercice de l'usage.

Le cantonnement, au contraire, ne concentre pas la servitude usagère, mais la *détruit* ; il opère une interversion de titre, et rend propriétaire d'un canton moindre, celui qui était primitivement usager.

Comment cette nouvelle opération fut-elle introduite dans la jurisprudence ?

Pour arrêter la diminution et l'appauvrissement des forêts, l'ordonnance de 1669, dans l'art. 2 du titre 25 (et art. 2 T. 24) prescrivait aux communes de réserver le quart de leurs forêts « pour croistre en futaye, dans les meilleurs fonds et lieux plus commodes. »

L'augmentation des forêts communales entraînait donc dans une même proportion l'accroissement des quarts de réserve. Toute demande tendant à agrandir et à multiplier les forêts communales entrait dans les vues de cette législation. Aussi les seigneurs qui, pour mettre fin aux abus et aux difficultés

(1) Voy. Pecquet, Lois Forestières T. II p. 280 — Voy. aussi Papon, Recueil d'Arrêts, p. 859 nᵒˢ 1 et 2 — Guenois, Conférence T. II p. 284 — Grivel, 64ᵉ décision — le président Bouhier, Observations sur la Coutume de Bourgogne T. II. p. 387 nᵒ 75. — Arrêts de 1515, 1531, 1547, 1548, 1553, 1555, 1590 et 1621, 6 février.

qu'entraînaient avec eux les droits d'usage, proposèrent de
transformer en bois communaux une partie des forêts usagères, firent-ils entrer facilement ce système dans la jurisprudence (1).

Tels sont les motifs pour lesquels le cantonnement ne fut
usité d'une manière aussi générale, qu'après l'ordonnance
de 1669.

Rien ne prouve, toutefois, que, sans être une institution
répandue, il ne fut point connu avant le XVIII⁰ siècle. Au
contraire, M. Troplong, dans une espèce jugée en 1845, croit
pouvoir établir qu'un arrêt de la Table de Marbre, du 2 juillet
1572, admit un propriétaire à éteindre une servitude usagère
en concédant aux usagers un véritable droit de propriété.

Ces cantonnements devaient varier, quant aux parts à ré-
partir, selon l'étendue des Droits d'usage, le nombre des habitants, leurs besoins, la dimension de la forêt. Ainsi, un arrêt
du 20 mai 1727, adjuge en toute propriété aux habitants, les
trois cinquièmes de la forêt.

Deux autres, des 24 mai 1726 et 1ᵉʳ juin 1751, leur donnent
moins de moitié.

Trois, des 10 décembre 1727, 10 mai 1741, 13 juillet 1756,
le tiers :

Enfin, un arrêt du 10 février 1778 ne leur attribue qu'un
cinquième 2).

Ces arrêts émanaient non des tribunaux ordinaires, comme
pour les réserves, mais du Conseil du roi. La raison de cette
différence est facile à saisir.

Les communes étaient placées sous la tutelle légale du souverain, dont l'autorité s'exerçait aussi spécialement sur la
conservation des forêts. Or, comme il s'agissait ici non plus
de l'interprétation d'une convention antérieure, mais vérita-

(1) Voy. Henrion de Pansey. Des Biens Communaux, p. 153.
(2) Pecquet, Lois Forestières T. XXV, art. 3, p. 282. — Merlin, Répertoire vᵒ Prescription Sect. I. § 6. — Droits d'Usage Sect. II. § 6.

blement d'un contrat nouveau, et dont les règles ne pouvaient être constamment uniformes, le roi stipulait au nom de la commune, et l'arrêt du Conseil était considéré comme une transaction (1).

Ainsi le cantonnement répondait à un besoin nouveau, et, pour ce motif, il fut admis par la jurisprudence, comme la plupart des institutions concernant la servitude usagère, avant d'exister en législation (2).

Après la suppression du Conseil du roi, ce fut la loi des 20-27 sep'embre 1790, art. 8, qui fit mention du cantonnement.

Considéré comme un attribut de la propriété, le droit d'exercer l'action en cantonnement appartenait au propriétaire seulement. L'article 8 de la loi décida que cette action continuerait d'être exercée comme ci-devant, dans les cas de droit, et qu'elle serait portée aux tribunaux de district, qui venaient d'être institués.

Mais la loi des 28 août et 14 septembre 1792, vint innover, sous l'influence des idées révolutionnaires, et décida que l'action en cantonnement appartiendrait désormais aux usagers comme aux propriétaires (art. 5). Elle autorise même, pour un délai de cinq ans, la révision de tous les arrêts du Conseil, transactions et autres actes, qui auraient prononcé des réserves ou des cantonnements, ou qui, sans prononcer de cantonnements, auraient statué en général sur des questions de propriété ou d'usage entres les ci-devant seigneurs et les communautés (art. 6).

Cette loi (3), inspirée par un violent esprit de réaction contre

(1) Henrion de Pansey. Dissertations féodales. V° Communes, § XVI, p. 458.

(2) L'ordonnance du 20 juillet 1782 l'introduisit dans la législation du pays de Luxembourg (Préambule · art. 1, 5, 7, 9, etc.)

Recueil d'Edits, Ordonnances, etc . décretés dans le duché de Luxembourg, en matière de bois et forêts, par M. Würth-Paquet. Luxembourg, 1835, p. 142.

(3) Voyez les articles 7, 8, 9, 12. — Art. 12 : « Pour statuer sur les demandes en révision, cassation ou réformation de cantonnement, on

les abus de la féodalité, modifiait profondément par son art. 5 tous les principes et la nature même des Droits d'usage.

Jusqu'alors, en effet, un propriétaire n'avait pas pu être contraint à cantonner. Il était seul juge de l'avantage et de l'opportunité de cette opération. Les usagers, ayant un simple droit de servitude, ne pouvaient rien réclamer au delà du libre et complet exercice de leur usage. Mais, comme la servitude usagère constituait une entrave sérieuse au droit de propriété, sans qu'un grand intérêt public vint la justifier, on avait trouvé juste de donner au propriétaire la faculté de se dégager par le cantonnement. Comme les usages, en effet, s'appuyaient, de leur côté, sur d'anciennes concessions, sur une longue tradition, en un mot sur le droit acquis, ils devaient être remplacés par une indemnité payée en nature, c'est-à-dire par l'abandon en pleine propriété d'une portion de la forêt.

Le cantonnement constituait véritablement un *rachat*. Ainsi le propriétaire avait toujours à sa disposition le moyen de libérer son domaine, tandis que les communes recevaient un dédommagement conforme aux droits qu'elles perdaient. Leur intérêt, comme celui du propriétaire, se trouvait ménagé. Mais la commune, n'ayant que la servitude usagère, n'avait point le droit de demander une portion de la forêt, parce *qu'elle n'était pas copropriétaire.*

Tel est le principe que méconnaît et renverse la loi du 28 août 1792. Par là même qu'elle donne aux usagers le droit de réclamer pour eux, en toute propriété, une portion divise de la forêt, elle reconnaît évidemment qu'ils avaient antérieurement sur l'ensemble de cette forêt, un droit de copropriété. Leur servitude usagère se trouve donc transformée en un droit de co-propriété. Il n'y a plus, dans le cantonnement, inter-

sur des questions de propriété, de servitude ou d'usage, s'il y a concours de plusieurs titres, le plus favorable aux communes et aux particuliers sera toujours préféré, sans avoir égard au plus ou moins d'ancienneté de leur date, ni même à l'autorité de la chose jugée en faveur des ci-devant seigneurs. »

version de titre, comme sous l'empire de la législation précédente, mais simplement un *partage*, opéré dans le but de sortir d'indivision. Tel est, en effet, le système de M. Proudhon.

La loi de 1792 ne s'applique pas seulement aux usages forestiers, mais aux usages réels établis sur les propriétés autres que les bois. Si donc le Code forestier du 21 mai 1827 est venu l'abroger en ce qui concerne le cantonnement des Droits d'usage *forestiers,* elle subsiste néanmoins à l'égard de tous les autres Droits d'usage, dont les titulaires peuvent encore, aussi bien que les propriétaires, demander le cantonnement.

L'article 8, de la loi des 20-27 septembre 1790, consacrait pour les droits de pâturage, comme pour tous droits d'usage, l'action en cantonnement, que la loi de 1792 rend réciproque. L'art. 8, Titre I, Section 4, de la loi du 28 septembre 6 octobre 1791, porte que, « *entre particuliers,* tout droit de vaine pâture *fondé sur un titre,* même dans les bois, sera racheté à dire d'experts, » mais « sans préjudice au droit de cantonnement, tant pour les particuliers que pour les communautés (1), confirmé par l'art. 8, du décret de 1790. » La loi offre donc au propriétaire deux moyens de libérer sa propriété, le rachat et le cantonnement. Le Code de 1827 ne maintient que le cantonnement pour les droits d'usage en bois : le propriétaire seul peut exercer l'action (art. 63). Pour les pâturages et autres Droits d'usage *exercés dans les forêts,* l'art. 64 ne permet que le rachat.

De tous ces textes combinés, il ressort que les Droits d'usage *non forestiers* sont toujours régis par les lois de 1790, 1791 et 1792, qui étaient générales.

Par conséquent, les pâturages non forestiers sont rachetables à la volonté du propriétaire (loi de 1791), et cantonnables

---

(1) La loi, en nommant ici les communautés, qu'elle oppose aux particuliers, n'entend parler évidemment, comme le décret de 1790, que du droit des propriétaires du sol, contre les usagers.

(loi de 1790) sur la demande de l'usager comme sur la demande du propriétaire (loi de 1792).

La loi de 1791 ne parle, il est vrai, que des droits de pâturage *entre particuliers et fondés sur un titre;* mais la jurisprudence n'a point suivi cette distinction.

Les usagers comme les propriétaires peuvent demander le cantonnement des autres droits d'usage exercés hors des forêts (lois de 1790 et de 1792).

Le cantonnement, supposant chez une communauté la qualité d'*usager,* ne présente aucun rapport avec le *triage,* droit féodal qui supposait chez la communauté la qualité de *propriétaire.*

Le triage, suivant Merlin (1), était le droit pour un seigneur de distraire à son profit le tiers des bois ou des marais qu'il avait (lui ou ses auteurs) concédés gratuitement en toute propriété à la commune de son territoire.

L'origine et les premières applications du triage sont incertaines. Aucune loi positive ne l'avait établi : peut-être était-il né d'une interprétation abusive de l'art. 7 de la Déclaration de François Ier (1515).

Pour le justifier, on s'appuyait sur ce raisonnement; le seigneur, en concédant les terrains à titre gratuit, ne s'est pas dépouillé d'une manière aussi absolue que s'il les avait cédés à titre onéreux : il conserve une sorte de copropriété et le droit de se servir de la chose, comme principal habitant. Or, comme nul n'est tenu de rester dans l'indivision, le seigneur peut légitimement, pour en sortir, distraire une portion divise, déterminée au tiers, pourvu que les deux autres tiers suffisent aux besoins des habitants (2).

Ces opérations entraînèrent de nombreux abus, dont le

(1) Merlin, Répertoire, v° Triage.

(2 Voy. Henrion de Pansey. Dissertations Féodales, v° Commune. T. I, p. 456. — Latruffe-Montmejllan. Droits des Communes, 106, 169, etc. — Leber, Histoire du Pouvoir municipal. 1e Partie, chap. VII, p. 413 et suivantes. Paris 1828.

principal était le renouvellement du triage sur les mêmes terrains, par les seigneurs successifs (1).

Pour remédier au mal, l'ordonnance du mois d'avril 1667, par ses articles 7 et 8, abolit tous les triages qui avaient eu lieu depuis l'année 1630, et fait remise du triage dans les domaines du Roi (art. 12 et 13) (2), sans se prononcer d'ailleurs sur les conditions et la valeur même de l'institution.

L'ordonnance de 1669 vint combler cette lacune. Elle fixa le droit de triage au tiers des biens, et exigea deux conditions pour son exercice : 1° la concession devait avoir eu lieu à titre gratuit; 2° les deux autres tiers devaient suffire aux besoins des habitants (art. 4 et 5, T. XXV). La concession ne pouvait pas être réputée gratuite, s'il y avait eu un prix payé lors de l'acquisition, ou si les habitants étaient tenus en retour, de redevances, de reconnaissances en argent, ou de services (art. 5).

On voit que le triage n'était en définitive que le droit pour le seigneur de reprendre ce qu'il avait donné (3). « Or, dit Merlin, ce que je donne cesse-t-il moins d'être à moi que ce que je vends ? »

Le seigneur avait conservé pour sa part l'usage des terrains donnés, mais en sa qualité d'habitant. Il n'avait donc pas plus le droit de s'appuyer sur cet usage, pour recouvrer une partie de la propriété elle-même, que les communes usagères n'au-

---

(1) Voyez le préambule de l'édit de 1667. Latruffe Montmeylian, T. II, p. 47.

(2) D'après la division de l'Edit en articles, par Fréminville. Latruffe, p. 50. T. II.

(3) Rapport de Merlin à l'Assemblée Constituante, le 8 février 1790. Voyez aussi Leber, Histoire du Pouvoir municipal. — Latruffe Montmeylian. Droits des Communes, T. I, p. 170, 1 et suiv. — Merlin. Rep. v° Triage. — Henrion de Pansey. Des Biens Communaux, p. 251 et suiv. Dissertations féodales, v° Commune. — Des Glajeux, de l'Aliénation et de la prescription des biens de l'Etat, des Communes, etc., p. 269 et suiv. — Paris 1860.

raient le droit de s'appuyer sur leur titre pour réclamer, en toute propriété, une portion divise de la forêt assujettie.

Il est facile ici de saisir l'injustice de la loi de 1792, puisque tel est précisément le principe que cette loi a méconnu au profit des communes.

Le triage n'est donc autre chose qu'une fausse interprétation du droit qui fonde et légitime le cantonnement (1). Aussi, Merlin démontra-t-il facilement à l'Assemblée Constituante la différence de ces institutions, lors de la suppression des droits féodaux (2). Par son art. 30, Titre II, le décret des 15-28

(1) M. Rivière est tombé dans cette confusion, lorsqu'il dit dans ses conclusions (Hist. des Biens communaux p. 396-397) que le triage est né du cantonnement, et que les cantonnements du XVIe siècle, ceux dont parle Coquille, dans ses Questions (Rép 303) attribuent aux communautés une pleine propriété sur leurs communaux.

Nous avons vu que ces réserves limitaient seulement l'usage, sans en changer la nature. M. Rivière confond le cantonnement nouveau et le cantonnement ancien ou réserve : il confond aussi les *communaux*, dont les communautés avaient la propriété, et les terrains sur lesquels elles n'exerçaient que des *droits d'usage*. Les termes sont pris souvent, les uns pour les autres, dans les anciens textes, comme nous l'avons expliqué, mais les choses elles-mêmes sont très distinctes.

(2) L'art. 32. T. 2. de la loi du 15 mars 1790, s'occupe du *Tiers Denier*, spécial à la Lorraine et aux pays adjacents. Il consistait en ce que le Seigneur avait le droit de prendre, comme donateur, le tiers du produit des ventes extraordinaires, que les habitants, après la satisfaction de leurs besoins, faisaient du bois et des herbes dans les forêts dont ils étaient propriétaires ou usagers. La loi de 1790 abolit le Tiers-Denier portant sur les forêts dont les communes sont propriétaires, et le maintient dans les forêts dont les communes sont usagères seulement. La loi du 28 août 1792 révoque tous les arrêts du Conseil et autres actes qui auraient, sous prétexte du droit de Tiers-Denier, distrait des portions de forêts dont les communes sont usagères ou propriétaires, et ne maintient le droit de Tiers-Denier que dans les forêts usagères, et si le droit se trouve réservé dans le titre qui a concédé l'usage (art. 2.)

Il semble que ce droit de vente, à l'occasion duquel s'exerçait le Tiers-Denier, était incompatible avec l'art. 23 du Titre XV de la coutume de Lorraine « Généralement ne peuvent les usagers vendre ou distribuer des bois de leurs usages, etc... » Mais il faut remarquer que cette prohibition n'était point de l'*essence* de la servitude usagère ; les termes mêmes de la

mars 1790 abolit pour l'avenir le droit de triage. L'article 31 supprime tous les triages opérés dans les trente années précédentes, hors des cas permis par l'ordonnance de 1669, et donne cinq ans aux communes pour se pourvoir. La loi des 28 août 14 septembre 1792, va plus loin : elle révoque tous les triages, réguliers ou non, opérés depuis 1669 (art. 1).

Nous avons cherché par ces développements à marquer la différence qui sépare le triage du cantonnement. Le premier suppose un droit de propriété communale ; le second s'applique aux droits d'usage. Le triage était une institution injuste, que le temps devait donc effacer tôt ou tard, et de plus une institution de droit féodal, qui devait disparaître avec la société dont les principes lui servaient de bases.

Le cantonnement fût conservé, parce qu'il tendait au contraire à détruire un état de chose que l'intérêt social avait cessé d'expliquer. Loin de se rattacher aux souvenirs du passé, il satisfait un désir légitime, il répond à des nécessités nouvelles et aboutit enfin à dégager la propriété, principe fécond des institutions modernes.

loi : « *généralement* » indiquent que dans certains cas elle n'était pas applicable.

Les communes usagères soumises au Tiers-Denier étaient donc vraisemblablement celles qui pouvaient vendre les produits de leurs usages.

TROISIÈME PARTIE

DROIT ACTUEL

CHAPITRE I.

Nature de la servitude usagère.

Pour parvenir à déterminer nettement la nature propre des Droits d'usage, il importe d'abord de rappeler ici les principes généraux de la matière.

Le pouvoir direct et immédiat que la personne exerce sur la chose, se nomme *Droit réel*.

Le premier et le plus complet de ces droits réels est la *propriété*, qui les réunit en elle, lorsqu'on la conçoit dans la plénitude de ses attributs.

Considérés isolément, ces divers attributs peuvent devenir l'objet de droits séparés, qui ne sont donc autre chose que les *démembrements* de la propriété parfaite.

Parmi ces attributs, nous pouvons citer : le droit de disposer, qui est un des éléments les plus intimes de la propriété elle-même, et qui, s'il existe seul, constitue la nue-propriété ; puis le droit de percevoir les fruits, ce qui est la jouissance ; le droit de se servir de la chose ; enfin le droit en général d'affecter la chose aux différents services qu'elle peut rendre, ce qui est la destination du père de famille.

Détachés de la propriété elle-même, ces droits réels constituent : l'usufruit, l'usage, l'habitation, les services fonciers (C. N. art. 543).

Du moment que ces droits ont une existence séparée, ils supposent évidemment un droit de propriété dont ils ont été détachés.

Ils supposent en même temps que ce droit de propriété, portant sur la chose qui leur est affectée, appartient à autrui. Et comme cette chose est destinée à l'exercice du droit réel, la propriété portant sur elle se trouve désormais restreinte par cet asservissement de la chose. Il est donc vrai de dire que ces démembrements constituent, relativement à elle, *des Servitudes.*

Mais, dans ces droits, tous réels et dérivés également de la propriété, il est facile de reconnaître deux groupes distincts.

Les uns ont été détachés de la propriété pour l'utilité d'une personne déterminée, ce qui les rend temporaires ou viagers.

Les autres, constitués sur un fonds au profit d'un autre fonds, offrent le caractère de perpétuité des héritages eux-mêmes (C. N. art. 637).

Ainsi ces droits réels, démembrés de la propriété, établis au profit, tantôt d'une personne, tantôt d'un héritage, constituent des servitudes qui sont elles-mêmes *personnelles* ou *réelles.*

Or, si nous considérons les *avantages* que procurent les Droits d'usage dont nous nous occupons, il semble tout d'abord qu'ils doivent se rapprocher de l'Usage que réglementent le Code civil par les articles 625 et suivants. Dans l'un et l'autre Usage, en effet, le droit est de participer aux produits de la chose d'autrui.

Si, nous attachant au fond du droit, nous recherchons, au contraire, *la nature* même des Droits d'usage, nous voyons qu'ils se présentent à nous dans la législation avec un caractère différent. Parfois, sans doute, des droits individuels, comme ceux de Dabo et du Valromey, ont été concédés à des particuliers, sans aucune indication d'immeubles auxquels ces droits seraient attachés ; et quand ils ont été héréditairement constitués, ils s'établissent par la filiation avec les premiers concessionnaires. Mais dans la grande généralité des cas, le droit d'usage est établi sur une forêt, au profit d'un territoire, d'un immeuble ; il est exercé par ceux qui habitent et possèdent successivement cet immeuble, dont il est devenu comme une dépendance et une qualité.

Aussi, peut-on dire avec' raison que les maisons sont usagères, puisqu'elles seules conservent et transmettent perpétuellement l'exercice de ce droit.

Ainsi, tandis que l'Usage du Code civil n'est qu'un usufruit restreint, essentiellement limité à la vie de la personne au profit de laquelle il a été constitué, l'Usage forestier présente au contraire un caractère de perpétuité ; c'est au profit d'un fonds dominant que le fonds servant est soumis à l'usage ; or, cette situation rentre précisément dans les termes de l'article 637 du Code civil, qui en fait le caractère propre des *Servitudes réelles* : « Une servitude est une charge imposée sur un héritage pour l'usage et l'utilité d'un héritage appartenant à un autre propriétaire. »

« Il y a donc servitude sur une forêt, dit Merlin (1), comme il y a servitude sur un champ, sur un pré, par cela seul que la forêt, le champ, le pré, sont grevés d'une charge, non au profit d'une personne, en quelque lieu qu'elle demeure, mais au profit d'un héritage qui en est à portée ou voisin. Or, tel est précisément le caractère des droits d'usage qui s'exercent dans les forêts ; car ce n'est que pour l'utilité des héritages, que ces droits sont établis. Ces droits forment donc de véritables servitudes. »

Cette solution, fondée sur les principes du droit, fut également celle de l'histoire.

____

(1) Merlin. Questions de Droit, v° Usage § 7.

Nous avons rapporté les textes des jurisconsultes romains, qui sont formels à cet égard (1).

Si dans la législation coutumière, les Droits d'usage, en raison de leur importance et de nécessités spéciales, sont isolément réglementés, ses interprètes cependant s'accordent tous quant au fond du droit, et sur la filiation juridique de cette institution. Déjà nous avons cité des passages explicites de Guy Coquille, de Legrand, du président Bouhier, qui démontrent la réalité de la servitude usagère.

Mentionnons encore le témoignage de Salvaing :

« Nous entendons parler de la faculté de prendre du bois dans une forêt ou d'y faire paître le bétail, accordé à une communauté, ou à des habitants dans la terre du Seigneur, ou à des particuliers, en considération de telle métairie qu'ils possèdent ; auquel cas elle est réelle, et prédiale, et perpétuelle, parce que si bien *debetur personis*, elle est due *ratione loci*, elle est due *ratione habitationis aut prædii possessi.* C'est pourquoi elle est due à perpétuité à tous ceux qui habiteront dans cette terre, ou qui posséderont ce fonds (2).

MM. Henrion de Pansey (3) et Merlin (4), adoptèrent cette doctrine ancienne, qu'ils transmirent à la nouvelle législation.

Dans notre système, la servitude usagère est donc un démembrement de la propriété, comme toute servitude réelle, mais elle ne donne à l'usager aucun droit de co-propriété.

Telle ne fut point l'opinion de M. Proudhon, qui écrivit sous l'empire de la loi du 28 août 1792.

Nous savons que le cantonnement avait été introduit par la

______

(1) « In rusticis servitutibus computanda sunt... jus pascendi, calcis coquendæ... » Loi 1 d'Ulp. § 1. *De servit. præd. rust.* L. VIII T. III ; et : « Item longe recedit ab usufructu jus arenæ fodiendæ,... item silvæ cæduæ... » Loi 6 de Paul § 1. *De servit. præd. rustic.*

(2) Salvaing. Traité de l'Usage des fiefs, chap. 97.

(3) Dissertations féodales, v° Communaux, n°° 9 et 16, — et, Des Biens Communaux, chap. XVII, n° 4.

(4) Répertoire, v° Usage, sect. II, § 3 et § 7.

jurisprudence comme un mode d'extinction de la servitude usagère. De ce que l'usager ne participait point à la propriété, et ne pouvait exiger que le libre exercice de son droit, il résultait naturellement que le propriétaire seul pouvait cantonner. La loi de 1792, qui donnait à l'usager comme au propriétaire le droit de réclamer le cantonnement, modifiait ces principes. Si l'usager pouvait demander le partage, c'est qu'il possédait, avec le propriétaire, un droit indivis, qui devait être un droit de co-propriété, puisque l'usager pouvait sortir de l'indivision par le cantonnement, et obtenait, au moyen de cette opération, un droit de propriété divise.

Aussi, M. Proudhon présente-t-il la servitude usagère comme un droit mixte, participant tout à la fois de la nature du droit d'usage personnel, de celle de la servitude réelle, et du droit de propriété foncière.

En effet, dit-il (1), le droit de propriété consiste dans la faculté de jouir, c'est-à-dire de percevoir les fruits, et dans la faculté de disposer. Or, quant au droit de jouir, la servitude usagère en détourne une partie au profit de l'usager. Sans doute, les deux jouissances ne sont pas de même étendue, « mais cela ne change rien dans leur nature, qui est toujours la même » (n° 5). Sans doute aussi, elles diffèrent en ce qu'elles ne procèdent pas de la même cause ; mais le propriétaire « souffre un démembrement de jouissance, et ce dont il souffre la privation est dévolue à l'usager. Donc, le premier attribut du droit de propriété, c'est-à-dire l'attribut qui consiste dans la faculté de jouir, se trouve en partie communiqué à l'usager ; donc, le droit d'usage dans les forêts, participe de celui de propriété foncière. »

Quant à la faculté de disposer (n° 6), l'ancienne jurisprudence donnait au propriétaire seul le droit de cantonner, considérant l'usager comme ayant un simple droit de servitude. Mais on ne saurait assimiler le droit de couper du bois dans

<hr>

(1) Proudhon. Traité des Droits d'Usage. T. I, n°° 1 et suiv., n° 5.

une forêt, à la simple servitude ordinaire, puisque l'usage donne seul le droit à la perception des fruits.

D'ailleurs, la loi de 1792, en donnant à l'usager le droit de demander le cantonnement, le fait participer au droit de disposer, qui est le second attribut intrinsèque du droit de propriété. « Si donc, en fait, l'usager n'est toujours censé exercer qu'une servitude, tant qu'il n'a pas demandé son cantonnement, néanmoins le droit qui lui appartient est, en lui-même, un droit mixte, qui l'associe déjà à la faculté de disposer de la propriété du fonds. » (n° 6, *in fine*).

Telle est l'argumentation de M. Proudhon (1).

Nous avons vu déjà que ce système s'explique historiquement : il est certain que la loi de 1792 avait modifié réellement, et d'une manière considérable, les droits de l'usager. « Elle n'avait pu lui accorder l'action en partage, qu'en le considérant comme associé à la faculté de disposer de la propriété dont elle l'autorisait à demander sa part. » (Proudhon, n° 6).

M. Troplong objecte que si l'usager peut demander le cantonnement, le cantonnement n'est qu'une transformation du droit d'Usage ; qu'il y a novation fondamentale, mais, qu'avant cette métamorphose, le droit d'usage n'en est pas moins une simple servitude (2).

« Mais, répond M. Proudhon (3), le droit de requérir le partage d'un fonds est bien certainement préexistant à l'action par laquelle on demande sa part. Par conséquent le droit d'arriver à la co-propriété doit nécessairement précéder l'ac-

(1) « Considérant que, d'après l'article 636 C. civ. l'usage des bois et forêts est réglé par des lois particulières ; que les droits d'usage et de pacage dans les bois peuvent être acquis à l'aide d'une longue possession réunissant les conditions prescrites par la loi. — Qu'il ne faut pas appliquer à de pareils droits les règles prescrites pour les servitudes discontinues, puisque ces droits dans les bois ne sont pas des servitudes. » Rej. 19 août 1829.

(2) De la Prescription T. I n° 399, in fine.

(3) Traité des Droits d'Usage, n 6.

tion par laquelle on demande le cantonnement; autrement il faudrait supposer un effet sans cause, ce qui est impossible. »

Toutefois, même sous l'empire de la loi de 1792, la première partie de l'argumentation de M. Proudhon pouvait être combattue.

Est-il juste, en effet, de présenter le droit de percevoir les fruits dérivé de la propriété, et celui de l'usage, comme pouvant assimiler en une certaine mesure la servitude usagère au droit de propriété ? « Ces jouissances, sans doute, n'ont pas la même étendue, dit M. Proudhon, mais cela ne change rien dans leur nature qui est toujours la même. » C'est précisément là que nous trouvons une manifestation et le résultat de la différence qui sépare ces deux jouissances. Si le droit aux produits né de l'usage est limité, n'est-ce pas en effet que le titre de ce droit réside uniquement dans la servitude, et non dans la propriété? Sans doute la jouissance du propriétaire est amoindrie, mais est-ce à dire qu'une fraction proportionnelle du droit de propriété, dans son essence, est transmise à l'usager? C'est, en effet, ce que M. Proudhon aurait à démontrer, puisqu'il cherche à distinguer les droits d'usage des autres servitudes réelles, car la servitude réelle n'est-elle pas elle-même un démembrement de la propriété?

Et du moment enfin que ces deux jouissances ne procèdent point de la même cause, M. Proudhon le reconnaît lui-même, que reste-t-il de cette assimilation? Il objecte que l'usage, donnant droit aux produits du fonds, ne saurait être considéré comme une simple servitude réelle. Mais en vertu de quelle loi est-il de l'essence des servitudes réelles, de ne point faire participer aux produits d'un fonds? Les lois romaines ne rangent-elles point au rang des servitudes prédiales le droit de couper du bois, le droit de pacage, celui d'extraire de la pierre ou du sable?

La coutume de Nivernais ne donne-t-elle pas formellement le nom de servitude à l'usage réel, dans l'art. 10 de son chapitre XVII (1) : « Toutefois jouissance du droit de *servitude ou usage* par temps immémorial, *etiam* sans titre ou payement de redevance, équipolle à titre..... » ?

Legrand, dans son Commentaire de la Coutume de Troyes nous parle des usages dans les bois « *dont le fonds*, dit-il, *et la propriété, appartiennent aux seigneurs.* » (2)

D'ailleurs le Code civil lui-même nous fournit l'exemple d'une servitude réelle de ce genre, puisqu'il range le droit de pacage et autres semblables, parmi les servitudes discontinues (art. 688).

Ainsi, même sous l'empire de la loi de 1792, cette seconde série de motifs pouvait être contestée. Mais aujourd'hui le Code de 1827 a tranché le débat et détruit le premier et principal argument de M. Proudhon, par ses articles 63 et 118, qui donnent au propriétaire seul le droit de cantonner les droits d'u-sage en bois. Les rapports de MM. Favart de Langlade et Roy ont formellement établi que les droits d'usage dans les forêts ne sont autre chose que des servitudes réelles: « Loin que l'usage, dit le premier (3), emporte l'idée de propriété, *il l'ex-clut* au contraire ; on ne saurait avoir un droit d'usage que sur le fonds d'autrui. »

La disposition qui donne au propriétaire seul le droit de cantonner « est conforme, dit M. Roy (4), à la nature du droit d'usage qui n'est qu'un *droit de servitude*, et à celle du can-tonnement, qui n'est qu'un acte de *rachat*, destiné à opérer la *libération* du fonds. »

Telle est notre conclusion, du moins pour le fond du droit.

(1) De même l'art. 9.

(2) Sur l'article 168 de la Coutume de Troyes, Glose II, n° 18.

(3) Rapport fait à la Chambre des députés par M. Favard de Langlade, sur le projet de Code Forestier. — Séance du 12 mars 1827.

(4) Rapport fait à la Chambre des Pairs par M. le comte Roy. Séance du 8 mai 1827.

Les art. 64 et 120 établissent le même principe quant aux autres droits d'usage forestiers.

En ce qui concerne la réglementation , de nouvelles considérations se présentent, qui ne permettent point de rendre cette assimilation absolue.

D'une part, l'importance des Droits d'usage, et la nature des héritages sur lesquels ils s'exercent, leur donnent un caractère spécial parmi les servitudes réelles ; d'autre part, les avantages qu'ils confèrent, la nature particulière des prestations auxquelles ils donnent droit, nécessitent des conditions d'exercice différentes. C'est en ce sens qu'on pourrait rapprocher la Servitude Usagère de l'Usage servitude personnelle du Code civil, et lui reconnaître, sinon pour le fond du droit, du moins au point de vue de la réglementation, cette dénomination de *Droit mixte*, que lui donne Argou, dans son Institution au Droit Français (1).

L'usage, en effet, considéré d'une manière générale, est le droit de participer à certains produits de la propriété d'autrui. Qu'il soit établi sur un meuble ou sur un immeuble, au profit d'une personne ou au profit d'un fonds , l'usage présente toujours ce caractère, qu'il porte sur une perception déterminée de fruits (C. N., art. 630). Ce trait uniforme ayant fait naître des besoins semblables , il en dut résulter que des mesures communes furent prises pour régler l'exercice, prévenir l'abus, et garantir les droits du propriétaire : ces mesures doivent varier sans doute suivant la nature des héritages et les produits à percevoir, mais elles dérivent de principes analogues, puisqu'en définitive le but à atteindre, les droit à protéger, les abus à prévenir, présentent les mêmes caractères. Ces considérations nous expliquent pourquoi les mesures prescrites au Code Forestier pour réglementer l'exercice de la servitude usagère dans les forêts, ne sont autre chose que les applications nouvelles de ces principes dont les conséquences règlent au Code civil l'exercice de l'Usage Personnel. C'est

(1) Argou, Institution au Droit Français l., II, chap. VII. Des Servitudes et Rapports d'experts.

donc la portée qu'il est juste d'attribuer à l'art. 636 du Code civil : « L'usage des bois et forêts est réglé par des lois particulières. » Cet article, en réservant l'application de règles particulières aux usages forestiers, s'explique aisément par les conditions différentes dans lesquelles ces droits s'exercent, et par leur importance : c'est pour le même motif que les Coutumes, tout en reconnaissant les Droits d'usage comme servitudes réelles, consacraient des titres spéciaux .à leur réglementation.

Ainsi, qu'est-ce que la règle concernant la possibilité de la forêt, sinon une application spéciale du principe général rappelé dans l'art. 627, et en vertu duquel l'usager doit jouir en bon père de famille ? Qu'est-ce que la délivrance, sinon un moyen de protection analogue aux mesures que prescrit l'a Lele 626 ? L'article 628 s'applique également aux droits d'usage forestiers.

D'ailleurs cette question sur la véritable portée de l'article 636 du Code civil, en renferme réellement deux. Comme nous chercherons bientôt à le démontrer, il ne concerne pas le fond du droit, ni les principes applicables aux droits d'usage forestiers et dérivant directement de leur nature juridique. Nous venons de voir qu'il n'a pas non plus pour but d'exclure les principes eux-mêmes qui règlent l'exercice de l'Usage Personnel.

Son seul objet est, selon nous, de réserver pour les droits d'usage forestiers *des applications spéciales de ces principes*, applications conformes aux conditions particulières de ces droits. Il a donc une portée à peu près analogue à celle de l'article 2264, qui, tout en renvoyant aux différents titres du Code civil pour les règles de la prescription sur des objets spéciaux, n'exclue point cependant pour ces applications spéciales, les principes généraux contenus au titre de la prescription.

L'Usage forestier étant servitude réelle, doit participer des caractères généraux de la servitude réelle. Nous aurons à constater de nombreuses conséquences de ce principe.

C'est ainsi que :

1° L'usage est incessible (1) : il ne pourrait être aliéné, cédé, ni loué séparément du fonds, parce qu'il est attaché à l'immeuble.

Il en résulte que la servitude usagère ne pourrait être grevée par elle-même d'hypothèque.

2° La servitude usagère, en vertu de son caractère de réalité, est transmise activement et passivement à tous les propriétaires successifs du fonds dominant et du fonds servant : « etiamsi nihil dictum sit. » (2).

3° Pour la prescription acquisitive des Droits d'usage, nous aurons à nous reporter à l'article 691 du titre des Servitudes réelles, au Code civil.

4° Pour le même motif, c'est l'étendue du fonds dominant qui détermine la quotité des délivrances, et non pas le nombre de ses habitants.

Il en résulte que ni, d'une part, le fait qu'il y a indivision du fonds dominant entre plusieurs copropriétaires, ni, d'autre

______

(1) Il faut distinguer l'incessibilité du droit, de l'incessibilité des produits du droit. Si la Servitude Usagère que nous étudions ne peut être cédée ni louée à un autre qu'au propriétaire du fonds dominant, ce n'est pas par application des articles 631 et 634 du Code Civil, qui, régissant le fond du droit pour l'Usage Personnel, ne concernent pas l'Usage réel, mais parce que cet Usage est une servitude réelle, inséparable du fonds dominant (art 637 C. N).

Au contraire, l'incessibilité des produits eux-mêmes, tient au caractère d'*Usage*. Ce droit en effet, d'après la rigueur des principes, est accordé à l'Usager pour la satisfaction de ses besoins individuels. Alors même que l'on n'admettrait point l'incessibilité des produits pour l'usage personnel (Demolombe T. X. L. II. Tit. III. Chap. II. De l'Usage n° 773), il faudrait admettre cette solution pour l'Usage Forestier, en vertu de l'article 83 du Code Forestier.

(2) L. 47 d'Ulp. de Contrahendâ emptiono. L. XVIII. T. I. — « Si fundus serviens, vel is, cui servitus debetur, publicaretur, utroque casu durant servitutes ; quia cum sua conditione quisque fundus publicaretur. » L. 23 § 2 de Paul, *De servit. præd. rust.* L. VIII. T. III. — L. 116 § 4. De Legatis L. XXX. 1°. — l. 3 Gaius. Quemadm. servit. amitt. L. VIII. T. VI.

part, le partage du fonds dominant, ne doivent aggraver les charges du fonds servant (C. N. art. 700).

Examinons successivement ces deux hypothèses.

A. — Le fonds dominant appartient par indivis à plusieurs copropriétaires.

Si la quotité des délivrances a été déterminée, les copropriétaires ne pourront prendre à eux tous que cette quotité. Par exemple, s'il s'agissait d'un droit de pacage pour un nombre de têtes limité, ils ne pourraient pas en envoyer un plus grand nombre (1). Il en serait de même pour le droit d'extraire du sable ou de la marne (2).

Si au contraire la quotité n'avait point été fixée, elle ne peut être augmentée par le fait seul de l'indivision, mais elle sera déterminée d'après les besoins du fonds dominant, indépendamment du nombre des propriétaires (3).

Cette solution ne s'appliquerait plus au cas où le droit d'usage aurait été constitué au profit de personnes déterminées et de leurs descendants.

Les droits de cette nature « ne doivent point être restreints et limités à la qualité que l'on donnait au père de son vivant, mais ils doivent être étendus et augmentés à raison du nombre des enfants, et à raison que chacun d'eux en a besoin pour la culture et nécessités de son ménage. »

B. — Le fonds dominant, par suite de vente ou d'aliénations partielles, est divisé en plusieurs lots.

Si la servitude n'a pas été expressément affectée à une partie déterminée du fonds, auquel cas elle accompagne cette seule partie, le droit d'usage se fractionne, en vertu du principe de réalité, proportionnellement à l'étendue de chaque lot,

---

(1) Voy. Demolombe Des Servitudes ou Services Fonciers T. II, n° 860.

(2) Voy. Henrion de Pansey, qui rapporte à ce sujet l'art. 490 de la Coutume d'Auvergne. Des Biens Communaux Chap. XVII n° 22 *in fine*. — Et Chap. XVII, n° 13.

(3) Legrand, sur l'art. 168 de la Coutume de Troyes, Glose II, n° 23. — Henrion de Pansey, Des Biens Communaux. Chap. XVII, n° 14.

à moins que les propriétaires n'aient autrement réglé entre eux l'exercice de la servitude (1).

La servitude en effet est attachée à chacune des parties du fonds comme au fonds tout entier (2). D'ailleurs, s'il en était autrement, la vente du domaine opérée par détail anéantirait le droit d'usage, puisqu'il ne serait point dû aux fractions, et qu'il n'y aurait plus de domaine principal.

Ce n'est point ici, en effet, qu'il faut appliquer le principe d'indivisibilité de la servitude usagère. D'après les articles 709 et 710 du Code civil, cette indivisibilité concerne seulement le cas où l'héritage est dans l'indivision. Par conséquent, les différentes parties de l'héritage qui a été partagé, forment désormais autant de fonds séparés, à chacun desquels s'appliquent autant de servitudes distinctes (3).

D'ailleurs, la situation du fonds servant n'en sera pas aggravée (4), puisque l'exercice de la servitude doit avoir lieu de façon à ne pas augmenter les charges du fonds servant (5) (C. N., art. 700). Si, par exemple, par suite d'un partage ou d'une vente, la présence de plusieurs ménages nécessite un plus grand nombre de feux dans la maison usagère, les délivrances qui leur seront faites à tous ne pourront excéder la somme des émoluments qui étaient dus à leur auteur.

---

(1) Demolombe. Des Servitudes n°⁵ 861 et 864.

(2) « Quæcumque servitus fundo debetur, omnibus ejus partibus debetur ; et ideo, quamvis particulatim venierit, omnes partes servitus sequitur, et ita ut singuli recte agant, jus sibi esse fundi. »
L. 23 § 3 de Paul *De Servit. præd. rustic.* L. VIII. T. III.

(3) « Si divisus est fundus inter socios regionibus, quod ad servitutem attinet, quæ ei fundo debebatur, perinde est, atque si ab initio duobus fundis debita sit... » L. 6, § 1. Celse. *Quemadmod. servit. amitt.* L. VIII. T. VI.

(4) « .... nec sit ulla injuria ei, cujus fundus servit, imo si quo melior ; quoniam alter dominorum, utendo, sibi, non toti fundo, proficit. » L. 6 § 1. Celse, *id.*

(5) Voy. Curasson sur Proudhon. Des Droits d'Usage, n° 86. — Henrion de Pansey, des Biens Communaux. Chap. XVII, n° 22, p. 129.

Cependant l'ancienne jurisprudence appliquait rigoureusement sur ce point le principe d'indivisibilité, et n'admettait point ce fractionnement de la servitude. En cas de partage d'une maison usagère, on décidait « qu'il n'y aurait que l'un desdits ménages, tel qu'il serait accordé entre les usagers, ou ordonné par justice, qui jouirait du droit d'usage (1). » Et Pecquet (2) rapporte une ordonnance du Grand-Maître des Eaux et Forêts, au département de Paris, du 30 mars 1718, dont l'art. 1 porte : « Ordonnons que les héritiers d'une maison usagère ne pourront jouir que d'un seul droit d'usage, à l'effet de quoi ledit usage sera loti entre eux.... » Et l'article 13 : « Les propriétaires seulement des maisons usagères pourront jouir desdits usages et pâturages, à raison d'un seul usager et d'un seul feu pour chaque maison, sans que les *copropriétaires* d'icelles puissent user d'aucuns de ces droits... »

5° Une conséquence remarquable de la réalité de la servitude usagère, est l'*Indivisibilité*, que nous pouvons étudier dès maintenant.

Indivisibilité. — La servitude usagère est indivisible, en ce sens, d'une part, qu'elle affecte indivisiblement tout le fonds servant (3), et que le payement intégral en est dû par chacune des fractions indivises du fonds servant (4) : d'autre part, qu'elle est établie indivisiblement au profit de tout le fonds et de chacune de ses parties (5).

---

(1) Arrêt du 26 février 1572, rapporté par Fréminville, Pratique universelle des Terriers. T. III. p. 299.

(2) Pecquet. Lois Forestières. T. I. p. 514. — Cette mesure était prise dans le même esprit de prudence, qui avait dicté l'article 88, sur « les transports de droicts d'usage, » de l'Ordonnance de François Ier, mars 1515, contenant Règlement général des Forêts. Voy. Rousseau. Recueil des Edits, etc. p. 102.

(3) L. 21 de Paul. *De servit præd. rust.*, L. VIII. T. III. « totus fundus servlet. » L. 4. § 4. d'Ulp. Si servitus vindicetur L. VIII. T. V.

(4) « ... Servitus ita diffusa est, ut omnes glebæ serviant. » L. 13. § 1 de Javolenus. De servit præd. rust. L. VIII. T. III.

(5) L. 23. § 3. Paul De servit. præd. rust. L. VIII. T. III. « Quæcumque servitus fundo debetur, omnibus ejus partibus debetur... »

Chacun de ces principes reçoit de nombreuses et importantes applications.

I° Indivisibilité de la Servitude Usagère à l'égard du fonds servant. En voici plusieurs conséquences :

1° Il suffit que la servitude ait été exercée sur une partie quelconque du fonds servant, pour qu'elle soit conservée sur le fonds tout entier (1).

2° Si le propriétaire du fonds servant défriche une partie de la forêt, les usagers auront le droit d'exercer tout leur usage dans la partie non défrichée, alors même qu'ils consommeraient tous les produits de cette partie conservée en forêt.

3° Si le propriétaire, après avoir opéré des défrichements veut cantonner les usagers, il devra leur assigner, dans ce qui reste de la forêt, un cantonnement fixé d'après son étendue primitive.

4° De même, l'usager ne peut être contraint à recevoir une délivrance partielle. Par conséquent, si nous supposons plusieurs propriétaires indivis de la forêt asservie, ces copropriétaires, soumis indivisément au même droit, sont tenus de s'entendre pour faire une délivrance intégrale.

5° En ce qui concerne la prescription, il résulte de l'indivision, que l'action intentée par l'usager contre l'un des copropriétaires, interrompt la prescription à l'égard de tous les autres.

6° De même les délivrances opérées par l'un des co-propriétaires interrompent la prescription à l'égard de tous. Mais la quotité de la délivrance elle-même peut être diminuée par l'effet de la prescription (art. 708, C. N.).

7° Dans le cas où le propriétaire voulait assigner aux usagers un canton désormais affecté à l'exercice de leur droit, ce qui était l'aménagement-réglement ou réserve, il ne pouvait

(1) Bourges, 3 juillet 1828. — Colmar, 27 avril 1838.
Mais il faut que la totalité de la forêt appartienne au même propriétaire. Req. 22 juillet 1837.

l'opérer partiellement, ni contraindre les usagers à accepter un aménagement entier, portant sur des parties séparées de la forêt. Il en était de même pour chacun des copropriétaires de la forêt asservie.

8° De l'indivisibilité, il résulte également que l'usager ne peut être contraint à accepter un cantonnement partiel. Le cantonnement doit porter sur le droit d'usage tout entier. Supposons, par exemple, deux propriétaires d'une forêt qui a été partagée, et sur l'étendue entière de laquelle une commune est usagère : l'un d'eux veut cantonner. Si l'autre s'y refuse, le premier ne le pourra pas, ou devra cantonner pour le tout.

9° Si le fonds servant est divisé, l'usager ne peut être contraint à fractionner l'exercice de son droit, qui subsiste d'une manière indivise (1) sur l'intégralité de la forêt, soit quant à la jouissance de son usage, soit quant au cantonnement. Le partage est, à son égard, *res inter alios acta* (2).

Mais, dans cette nouvelle hypothèse, l'usager ne pourra plus, comme dans le cas où la forêt indivise appartient à plusieurs co-propriétaires, interrompre la prescription entre tous, en exerçant son droit à l'égard de l'un seulement des propriétaires. A ce point de vue, par suite du partage ou de ventes partielles, la forêt se trouve véritablement divisée, comme nous l'avons vu, en plusieurs propriétés distinctes et indépendantes (3). Chacune d'elles pourra prescrire par trente ans la servitude usagère qui n'aura point été exercée sur son propre territoire (art. 706. C. N.) (4).

II. Indivisibilité de la Servitude Usagère à l'égard du fonds dominant (5). Conséquences :

(1) L. 17. Pomponius. L. VIII. T. I. De servitut. — L. 4. § 4. Ulp. L. VIII. T. V. Si servitus vindicetur.

(2) Bourges, 22 juillet 1839. — Pau, 19 août 1847.

(3) « ... Non est pars fundi, sed fundus. » L. 6. § 1. Ulp. Communia prœdiorum. L. VIII T. IV.

(4) Curasson sur Proudhon, n° 74.
Colmar, 21 décembre 1824.

(5) « Stipulationes non dividuntur earum rerum, quæ divisionem non

1° Si nous supposons plusieurs copropriétaires indivis du fonds dominant, la délivrance intégrale faite à l'un d'eux libère le propriétaire du fonds servant, sauf, pour celui qui a reçu les produits, à les partager avec les autres usagers.

2° L'action intentée par l'un des copropriétaires du fonds dominant contre le propriétaire du fonds servant, ou la minorité de l'un d'eux, interrompt la prescription à l'égard de tous (art. 709-710, C. N.). Si donc nous supposons un droit d'usage communal, qui profite par conséquent à tous et à chaçun des habitants, l'exercice de la servitude par l'un seulement des habitants, en sa qualité de membre du corps communal), conserve le droit pour tous les habitants (1).

Mais si nous supposons que le fonds dominant est divisé entre plusieurs propriétaires (2), l'un de ces propriétaires pourra perdre son droit par le non-usage, tandis que les autres l'auront conservé (3). De même la minorité de l'un d'eux ne mettra plus obstacle à la prescription que pour lui seul. Comme nous l'avons déjà vu, ces solutions sont des applications du principe que la servitude usagère es t réelle. Les art. 709 et 710 du Code Civil ne sont applicables en effet que dans le cas où l'héritage dominant est indivis ; leur texte est formel. D'ailleurs « on considère qu'il y a désormais autant de servitudes distinctes que de lots différents. » (4)

___

reciplunt, veluti viæ, itineris, actus, aquæductus ; cæterarumque servitutium. » L. 72. princ. Ulp. De Verbor. oblig. L. XLV. T. I. - L. 2. p. 1. Paul. De Verb. oblig.

(1) Rej. 18 février 1835. — Req. 22 Juill. 1835. — 10 mai 1841.

(2) L. 23. §§ 2, 3. — Paul, De servit. præd. rust. L. VIII. T. III.

(3) « ... Perinde est, atque si ab initio duobus fundis servitus debita sit : et sibi quisque dominorum usurpat servitutem, sibi non utendo deperdit; nec amplius in ea re causæ eorum fundorum miscentur... » L. 6. § 1. Celse. Quemadm. servit. amitt. L. VIII. T. VI.

(4) Demolombe. Des Servitudes. T. II. n° 1000.

CHAPITRE II.

Constitution de la servitude usagère.

Nous avons vu que l'Ordonnance de 1669 avait prononcé, sauf certaines exceptions, la suppression des droits d'usage en bois dans les forêts domaniales. Il en résulte que, sauf les droits exceptés, les usages en bois dans les forêts de l'ancien domaine sont éteints, et que les usagers n'ont conservé qu'une action en indemnité.

Mais de nombreuses servitudes usagères n'en subsistent pas moins sur les forêts domaniales.

Même en ce qui concerne l'ancien domaine, la suppression des usages ne peut atteindre les usages établis dans les régions où l'Ordonnance de 1669 ne reçut pas son exécution, comme dans le Dauphiné ou dans les Pyrénées, où la pauvreté des populations détermina le maintien des Droits d'usage (1).

D'un autre côté, comme l'Ordonnance n'était rendue que pour les forêts dépendant alors du domaine royal, elle ne peut être appliquée à celles qui n'en faisaient point partie à cette époque, mais en avaient été déjà séparées, ou n'y ont été réunies que plus tard. Par conséquent les Droits d'usage n'ont point été supprimés par l'Ordonnance de 1669 dans les forêts ayant appartenu aux établissements ecclésiastiques ou aux émigrés (2), et devenues propriétés nationales lors de la Révolution.

Ainsi les droits d'usage peuvent encore exister:

(1) Rej. 1er juin 1836.

(2) Mais la loi du 5 décembre 1814 a rendu les bois confisqués sur les émigrés à leurs anciens propriétaires.

1° Dans les forêts de l'ancien domaine, pour les cas exceptés par l'Ordonnance de 1669.

2° Dans les forêts qui ne faisaient point, en 1669, partie du domaine royal.

3° Dans les forêts des particuliers.

L'extrême diversité de l'ancienne législation, quant à la constitution des droits d'usage, a disparu aujourd'hui. Dans les forêts soumises au régime forestier (C. F. art. 1), on ne peut faire aucune concession de droit d'usage, « de quelque nature et sous quelque prétexte que ce puisse être » (C. For. art. 62), comme le portait déjà l'art. 11, Tit. XX, de l'Ordonnance de 1669.

Dans les forêts des particuliers, l'établissement de Droits d'Usage ne serait plus possible que par titre (C. N. art. 691). Nous aurons à examiner en cette matière l'effet de la prescription. Toutefois les Usagers dont les droits ont été valablement constitués par la prescription sous l'empire des anciennes lois, peuvent toujours en fournir la preuve. En effet, le Code Civil a supprimé, dans son article 691, l'acquisition par la prescription des servitudes discontinues; la possession même immémoriale ne suffit pas pour les établir; mais elle ajoute, pour ne pas blesser les droits acquis : « sans qu'on puisse cependant attaquer aujourd'hui les servitudes de cette nature déjà acquises par la possession, dans les pays où elles pouvaient s'acquérir de cette manière. »

Disons cependant que la preuve d'une possession immémoriale acquise dès le 10 février 1804 est devenue aujourd'hui très-difficile. Nous avons vu que cette preuve, dans les Coutumes où elle était admise, se faisait par témoins âgés au moins de cinquante-quatre ans, de manière qu'ils pussent déposer *de visu* pour quarante ans, et par ouï dire pour les années antérieures (1). Il faudrait donc, pour appliquer cette règle,

---

(1) Coquille, sur les articles 9 et 10 du chap. XVII de la Coutume de Nivernais. — Et L. 28. Labeo. De Probationibus, D. L. XXII. T. III. — L. 2. § 3. Paul. De aqua et aquæ pluviæ arcendæ. L. XXXIX. T. III.

et fournir aujourd'hui la preuve d'une possession immémoriale acquise dès 1804, trouver des témoins déjà âgés de cinquante-quatre ans, le 10 février 1804, ce qui est maintenant devenu impossible.

Néanmoins, comme cette règle de l'ancien droit n'était fondé que sur une tradition, elle ne s'opposait point à ce qu'on cherchât à prouver la possession immémoriale par d'autres moyens, tels que des actes, d'anciennes énonciations, etc. Cette preuve pourrait encore aujourd'hui être admise, du moment qu'elle ne tendrait qu'à établir un droit acquis dès le 10 février 1804.

Mais comme cette preuve devient de plus en plus difficile à fournir, les usagers ont pu se faire délivrer des titres récognitifs, soit à l'amiable, soit judiciairement, où sont mis par leur négligence, dans l'impossibilité de prouver leurs droits; en sorte qu'on peut dire aujourd'hui, qu'en fait, sinon encore absolument en droit, la servitude usagère ne se fonde que sur le titre.

Nous aurons à examiner tout-à-l'heure les règles à suivre pour l'interprétation de ces titres.

Mais il convient d'exposer auparavant les mesures qui ont été prises pour prévenir les usurpations ou les extensions abusives des droits légitimes, dans les forêts de l'Etat.

SECTION I. — *Examen des titres des usagers dans les forêts de l'Etat.*

L'ancienne législation avait pris de nombreuses mesures ayant pour but d'arrêter les envahissements multipliés auxquels étaient exposés les forêts du domaine.

La période révolutionnaire avait rendu plus dangereuses encore ces dévastations. Par un décret des 10-27 Mars 1791, l'Assemblée Nationale déclara qu'aucun droit d'usage n'avait dû être compris dans la vente des biens nationaux, et que la vente qui aurait pu avoir été passée de semblables droits, était nulle et révoquée. Un arrêté du 5 vendémiaire, an VI (1), portant sur le droit de pâturage, n'en permet l'exercice dans les forêts de l'ancien domaine qu'aux usagers « reconnus et conservés dans les états anciennement arrêtés par le ci-devant conseil » (art. 1) et, dans les forêts du nouveau domaine « aux usagers qui auront justifié de leurs droits par devant les administrations des départements.... » (Art. 2.) (2).

La loi du 28 ventôse, an XI (3), rendit ces dispositions applicables à tous les usagers (4). L'article 1 prescrit aux communes ou particuliers « qui se prétendront fondés par titres ou possession en droit de pâturage, pacage, chauffage et autres usages de bois, tant pour bâtiments que pour réparations, dans les forêts nationales....., de produire dans les six mois, aux secrétariats des préfectures et sous-préfectures dans l'arrondissement desquelles les forêts prétendues grevées desdits droits se trouvent situées, les titres ou actes possessoires sur lesquels ils se fondent....., à peine, s'ils continuent l'exercice de ces usages, d'être poursuivis et punis comme délinquants. » L'art. 2 dispensait de la production de leurs titres les usagers reconnus et conservés par les états arrêtés au ci-devant conseil.

---

(1) Arrêté du Directoire exécutif, du 5 vendémiaire, an VI (26 septembre 1797). Voy. le président Henrion de Pansey. Des Biens Communaux, Chap. XVII, n° 23.

(2) Les articles suivants remettaient en vigueur les règles prescrites par l'ordonnance d'août 1669, concernant la défensabilité (articles 3, 4, 5).

(3) La loi du 28 brumaire an VII ordonne l'examen et la révision des jugements arbitraux qui ont adjugé à des communes des droits de propriété ou d'usage dans les forêts prétendues nationales : la loi du 19 germinal an XI prescrit l'examen et la révision des jugements des tribunaux civils rendus dans le même but. Ces deux lois ne concernent que les communes, et les cas où des jugements ont été rendus : elles ont donc « un objet absolument distinct de celui de la loi du 28 ventôse an XI », qui mentionne seulement les *titres* et *actes possessoires* dont les Communes et les *particuliers* infèrent l'existence de droits d'usage à leur profit. — Cassation, 11 février, 1808.

(4) Voy. Curasson sur Proudhon, n° 398. — Droits d'Usage. T. II. p. 13.

Mais, comme elle ne prononçait aucune déchéance, cette loi fut en partie inexécutée. L'administration, une fois expiré le délai de six mois, ne put se décider à poursuivre les usagers considérés par la loi comme délinquants.

Pour obvier à cet inconvénient, la loi du 14 ventôse an XII, prorogea de six mois le délai fixé par la loi de ventôse an XI (art. 1), d'un an, pour certains départements (art. 2), et établit une sanction : « Les prétendants aux droits d'usage qui n'auront point satisfait aux dispositions de la loi du 28 ventôse, an XI, dans les délais ci-dessus fixés, seront déclarés irrévocablement déchus de tous droits. » (Art. 3.)

Les titres déposés en exécution de la loi de ventôse an XI, art. 1, furent examinés par les Conseils de préfecture. En dehors de toute contestation, les Conseils de préfecture pouvaient, dans les limites de leurs attributions administratives et de leur juridiction gracieuse, constater l'existence du titre et en prononcer la maintenue, mais sans que leur avis ni la décision du Ministre des finances, qui approuvait cet avis (1), préjugeassent en rien sur la validité ou sur l'étendue des droits en eux-mêmes (2). La loi de ventôse an XI, en effet, n'ayant point indiqué l'autorité qui devait statuer sur ce point, on doit appliquer ici le droit commun et reconnaître la compétence des tribunaux civils, puisqu'il s'agit d'apprécier des droits réels et de propriété.

Ces principes furent cependant contestés dans les premiers temps de l'application de la loi.

---

(1) L'art. 3 de la loi du 28 brum. an VII ordonne aux administrations des départements ayant maintenu les droits et jugements qu'elles avaient à examiner, d'adresser leur avis à l'approbation du ministre des finances. La loi du 19 germinal an XI, prescrivant un nouveau délai pour l'exécution de la loi précitée, celles du 28 ventôse an XI et du 14 ventôse an XII, relatives aux droits d'usage, n'ayant point rappelé l'obligation pour les administrations locales de soumettre leur avis à l'approbation du ministre des finances, un avis du Conseil d'État, approuvé le 11 juillet 1810, décide que cette approbation est nécessaire pour les arrêtés de maintenue dans les droits d'usage, conformément à la loi du 28 brumaire an VII.

(2) Voy. Curasson sur Proudhon, nos 399-400.

Une circulaire de l'administration forestière, du 23 germinal an XI, et une lettre du ministre des finances, du 30 messidor an XII, semblaient reconnaître aux Conseils de préfecture une juridiction contentieuse.

Mais on revint bientôt sur cette interprétation, et de nombreuses décisions fixèrent la jurisprudence dans un sens favorable à la compétence des tribunaux civils, pour le cas où l'usager, se voyant privé des délivrances, à la suite de la décision ministérielle, rendue sur l'avis du Conseil de préfecture, poursuit en justice la reconnaissance de ses droits, soit quant à leur légitimité, soit quant à leur étendue (1).

Ainsi, le Conseil de préfecture constate le dépôt et l'existence des titres, il ne statue pas sur les contestations qui peuvent s'élever à leur sujet. De même, malgré l'arrêté du Conseil de préfecture, un tiers pourra s'adresser au tribunal civil pour réclamer la propriété de la forêt, ou pour prouver que les droits d'usage ne sont pas dus à la commune.

Pas plus que le Conseil de préfecture, le ministre n'est compétent pour statuer sur la déchéance des usagers ou sur la reconnaissance définitive de leurs droits en eux-mêmes. Ses décisions n'ont d'effet qu'à l'égard de la jouissance.

Ainsi, comme d'une part la déchéance entraînerait privation d'un droit qui constitue un démembrement de la propriété, que d'autre part les Conseils de préfecture ou le ministre des finances, n'ayant point le droit de constituer des servitudes sur les forêts de l'État, ne peuvent pas davantage reconnaître un droit en lui-même contestable, l'autorité judiciaire est

---

(1) « Considérant que la loi du 28 ventôse an XI, ainsi que l'arrêté du 5 vendémiaire an VI, soumettent bien les usagers à justifier de leurs titres ou actes possessoires, c'est à-dire à les produire devant l'autorité administrative ; mais que si ses titres sont contestés, c'est aux *tribunaux seuls* à prononcer sur leur validité, la contestation, dans ce cas, présentant véritablement une question de propriété. — Considérant, en outre, que la loi du 19 germinal an XI a reconnu formellement ce principe, puisqu'elle a statué.... etc. » Conseil d'État, 23 avril 1807. — Et Conseil d'État 23 juillet 1823.

seule compétente pour décider d'une manière définitive, si le droit est ou non légitime et fondé.

A la suite de ces lois des 28 ventôse an XI, et 14 ventôse an XII, l'article du projet correspondant à l'art. 61 du Code Forestier, ne reconnaissait comme usagers dans les forêts de l'État que ceux dont les titres avaient été reconnus valables par l'administration.

Mais, (1) à la suite d'observations dont un certain nombre portaient sur le mot *administration*, la nouvelle rédaction de l'article 61 fut arrêtée :

« Ne seront admis à exercer un droit d'usage quelconque dans les bois de l'État, que ceux dont les droits auront été, au jour de la promulgation de la présente loi, reconnus fondés, soit, par des actes du gouvernement, soit par des jugements ou arrêts définitifs, ou seront reconnus tels par suite d'instances administratives ou judiciaires actuellement engagées, ou qui seraient intentées devant les tribunaux, dans le délai de deux ans, à dater du jour de la promulgation de la présente loi, par des usagers actuellement en jouissance. »

L'art. 61 du Code Forestier a donc établi trois classes d'usagers, comprenant tous les usagers dans les forêts de l'État, même ceux ayant subi un aménagement-réglement.

1re *Classe*. — Usagers dont les droits ont été reconnus fondés soit par des *actes du gouvernement*, soit par *des jugements ou arrêts définitifs*.

Sont compris dans cette première classe :

1° Les Usagers dont les droits ont été reconnus soit par les commissaires nommés en exécution de l'Ordonnance de 1669 (T. XX, art. 7), soit par les décisions de l'ancien conseil (art. 2 de la loi du 28 ventôse, an XI).

Nous devons remarquer que les droits de ces usagers leur sont définitivement acquis par les titres récognitifs qui leur ont été délivrés en exécution de l'Ordonnance de 1669, et des lois postérieures.

Mais comme ils jouissent en vertu de ces titres récognitifs, ils doivent se conformer à la teneur de ces actes, et « ne peuvent plus se prévaloir de leurs anciens titres (1). » « Ces titres, dit Pecquet, ne peuvent être que ceux reconnus ou accordés par les arrêtés du Conseil, ou validés depuis par des décisions particulières du Conseil (2), »

2° Les Usagers dont les Droits ont été reconnus fondés ou par *des jugements et arrêts devenus définitifs*, auquel cas ils ne peuvent plus être inquiétés, ou par des *actes du gouvernement*.

Quelle est la situation de ces derniers?

Par *actes du gouvernement*, il faut entendre les arrêtés des Conseils de préfecture, *approuvés* par le ministre des finances. D'une part, en effet, l'arrêté non approuvé constitue un simple avis qui ne fixe même pas, d'une manière définitive, le simple exercice du droit d'usage; d'autre part, l'approbation du ministre étant la dernière opération de l'instance administrative, il n'y a pas *acte du gouvernement*, tant que cette approbation n'est point intervenue; d'où il résulte que l'usager appartient dès lors à la deuxième, non à la première classe de l'art. 61 (3).

Si maintenant nous supposons que l'arrêté du Conseil de Préfecture a reçu l'approbation du ministre, et constitue par conséquent un véritable acte du gouvernement, cet acte, comme déjà nous l'avons montré, ne fixe pas la situation de l'usager quant à son droit en lui-même, dont la légitimité ou l'étendue peuvent toujours être contestées devant l'autorité judiciaire (4).

(1) Curasson sur Proudhon, n° 396 *in fine*. — Cass. 20 janv. 1833.

(2) Pecquet, Lois Forestières. T. I. p. 509; sur l'article 1 du Titre XIX de l'Ordonnance de 1669.

(3) Rej. 17 juill. 1833.

(4) Curasson sur Proudhon, n° 402. Voy. aussi le président Henrion de Pansey. Des Biens Communaux Chap. XVII n° IX p. 99.

Cette solution, toutefois, pourrait être contestée.

Un argument consisterait à montrer que l'article 61 parle simultanément des actes du gouvernement et des jugements ou arrêts ; elle a donc voulu leur donner une force égale et reconnaître par conséquent aux arrêtés approuvés des Conseils de préfecture, le droit de statuer d'une manière définitive sur les droits de l'usager.

C'est ainsi, du reste, que M. le comte Roy interprétait la loi, dans son rapport à la Chambre des Pairs : « Les dispositions de l'art. 61 reconnaissent comme jugements définitifs les décisions des Conseils de préfecture approuvées par le gouvernement. »

La première solution peut cependant être soutenue par plusieurs considérations.

En principe, les tribunaux civils sont seuls compétents pour statuer, d'une manière définitive, en matière de droits réels et de propriété. Il faudrait donc une exception formellement énoncée, pour s'écarter du droit commun. Or, trouvons-nous cette exception dans l'art. 61 ? S'il parle simultanément des actes du gouvernement et des jugements et arrêts, n'est-ce pas que ces actes, arrêts et jugements concernent les usagers d'une même classe, et doivent, par conséquent, être compris dans la même formule ? Mais est-ce à dire que cet art. 61 leur donne une force égale ? Toute autre est la considération qui a trait uniquement à *l'effet* de ces actes et jugements ; et ce n'est pas à ce point de vue que la loi a entendu les rapprocher. Nous en trouvons la preuve dans l'art. 61 lui-même, puisque le mot « *définitifs* » ne s'applique évidemment qu'aux jugements et arrêts, et non pas aux actes du gouvernement : « *Soit* par des actes du gouvernement, *soit* par *des jugements ou arrêts définitifs*. » Considérés en ce sens, les termes de l'article sont formels.

Quant aux explications présentées par M. le comte Roy, à la Chambre des Pairs, elles ne sauraient avoir une force décisive, puisqu'elles s'appliquaient également aux arrêtés antérieurs au Code Forestier ; or, nous avons vu que dans cette période, les arrêtés, même approuvés, des Conseils de préfecture n'avaient certainement aucune force définitive quant au fond du droit lui-même. Si donc l'art. 61 avait entendu innover, il l'aurait fait dans des termes plus expressifs.

D'ailleurs, une jurisprudence constante (1), et les approbations même du Ministre des finances, qui réservent toujours les droits de l'Etat quant à la légitimité même de l'usage constaté, viennent encore appuyer notre solution.

Suivant M. Serrigny (2), le pouvoir de reconnaître ces droits de servitude n'appartient qu'au Chef du gouvernement. Ce serait donc cette reconnaissance qu'il faudrait entendre par cette expression, acte du gouvernement.

Les arguments que nous venons de développer, peuvent être également opposés à cette opinion. Rien ne prouve que la loi a voulu donner aux actes du gouvernement une force définitive; or, en l'absence de texte, le Chef de l'Etat, pas plus que les Conseils de préfecture, n'aurait le pouvoir de reconnaître un droit d'usage, puisqu'il ne pourrait l'établir (article 62 du C. for.). « Celui qui ne peut disposer, ne peut pas reconnaître (3). »

2ᵉ *Classe.* — L'article 61 range dans une deuxième classe : « les usagers qui seront reconnus tels, par suite d'instances

(1) Rej. 6 févr. 1838, - 19 mars, 1839, — Cons. d'Et. 7 déc. 1825. — « Considérant que les conseils de préfecture n'ont pas juridiction pour prononcer sur les réclamations des particuliers qui prétendent avoir dans les forêts des droits d'usage et autres.... — Qu'en approuvant leur avis, le ministre des finances lui-même ne rend pas une décision susceptible d'être attaquée devant nous, par la voie contentieuse, parce qu'il agit, à cet égard, comme chargé de l'administration des forêts, refusant de reconnaître un droit qu'il croit pouvoir contester, et que ce refus ne fait pas obstacle à ce que la contestation, sur le fond du droit, soit portée devant les tribunaux ordinaires. »

(2) Traité de l'organisation de la compétence et de la procédure, en matière contentieuse administrative, etc., par M. Serrigny. 2ᵉ édition. T. II, p. 338, nᵒ 1045.

(3) Rej. 27 février, 1838.

administratives ou judiciaires *actuellement engagées,* » c'est-
à-dire lors de la promulgation du Code Forestier.

Quel sens faut-il attacher à l'expression « *instances administratives,* » puisque l'administration ne saurait statuer en
cette matière par voie contentieuse?

Suivant M. Curasson, voici l'explication qu'il faut adopter :
« La loi du 5 novembre 1790, exigeant que toutes les actions
qui concernent le domaine soient précédées d'un mémoire
adressé au préfet, ce préliminaire n'a d'autre but que celui
de faire connaître à l'administration les moyens qui lui sont
opposés, afin de ne pas engager le gouvernement dans une
mauvaise difficulté et de le mettre à même d'accéder à la demande, s'il la croit fondée. Dans ce cas, il n'y a plus de
procès, tout se termine par la voie administrative. C'est évidemment ce que la loi a voulu dire, en parlant de droits reconnus par suite d'instances administratives (1) »

Nous avons dit que l'approbation ministérielle était la dernière opération de l'instance administrative, qui s'ouvre par
le dépôt des titres aux secrétariats des préfectures. Il est donc
naturel d'entendre par : « *instances administratives actuellement engagées,* » la situation des usagers qui, lors de la promulgation du Code Forestier, avaient déposé leurs titres, sur
lesquels les Conseils de préfecture, en dehors de toute contestation, avaient donné leur avis, non encore approuvé par
le Ministre.

Ici encore, l'action de l'autorité judiciaire était réservée
pour les questions susceptibles de soulever sur le droit lui-
même un litige à l'avenir (2).

3e *Classe.* — Elle comprend les usagers dont les droits
devaient être reconnus par suite d'instances « qui seraient
intentées devant les *tribunaux, dans le délai de deux ans,*

____

(1) Curasson sur Proudhon, n° 403, *in fine.*
(2) Rej. Chambres réunies, 25 avril 1843.

à dater du jour de la promulgation de la présente loi (31 juillet 1827), par *des usagers actuellement en jouissance.* »

Cette troisième partie de l'article 61 relève de la déchéance prononcée par la loi du 14 ventôse, an XII, les usagers qui avaient négligé de produire leurs titres dans les délais légaux, mais qui avaient continué à jouir de leur usage. C'était donc à cette dernière condition que l'usager pouvait profiter de la loi, sinon il était considéré comme ayant lui-même reconnu l'inexistence de ses droits. De plus, il devait produire ses titres dans les *deux ans*, sinon, « n'ayant point profité du délai de grâce que lui accordait le Code (1), » il perdait irrévocablement tous ses droits, ou ceux de ses droits dont il avait négligé de produire les titres. Il n'aurait pu, en effet, s'appuyer sur le texte général de l'article 218 du Code Forestier, puisque l'article 61 est une disposition spéciale qui fait exception à la règle générale.

Les règles que nous venons d'examiner se rapportent uniquement aux droits d'usage établis dans les forêts de l'État. Les développements qui vont suivre s'appliquent, au contraire, aux usages des forêts des particuliers, comme aux droits établis dans les forêts de l'État.

SECTION II. — *Différentes espèces d'usages forestiers.*

Il est certain que le nombre des servitudes usagères, dont un fonds peut être affecté au profit d'un autre, est indéterminé, et qu'il en est de même pour les destinations multiples que peuvent avoir ces Droits d'usage (2).

Les usages les plus généraux portent : 1° sur le bois de chauffage, ce qui est l'*affouage;* 2° sur le bois de construction, ou *marronnage;* 3° sur les droits de pâturage, de panage et

(1) Curasson sur Proudhon, n° 104. — Bourges, 16 janv. 1820.

(2) Henrion de Pansey, Des Biens Communaux, Chap. XVII n° 2, p. 71.

de glandée pour les animaux. Tels sont les grands usages.

Parmi les petits usages, on classe : 1° le droit au bois-mort et branches sèches; 2° le droit aux feuilles mortes pour servir à la litière des animaux.

On peut enfin citer les droits d'extraire dans les forêts de la pierre, du sable, de l'argile, de la marne, de la tourbe, de couper des bruyères, etc. Disons toutefois que ces derniers ne sont point régis par les prescriptions de police du Code forestier, contenues aux articles 65 et suivants, mais qu'ils ne doivent être exercés qu'après la délivrance ou l'autorisation du propriétaire (art. 144, C. f.) et qu'ils sont rachetables (art. 64.).

Nous nous arrêterons avec plus de détail sur les principaux usages forestiers, que l'on peut ranger sous deux espèces :

1° Les Droits au bois;

2° Les usages destinés à la nourriture des animaux.

1° Droits d'usage portant sur le bois.

« Il y a, dit Fréminville, des usagers qui n'ont droit que de prendre du bois pour leur chauffage, d'autres celui de couper dans la forêt des bois à bâtir, et d'autres ne peuvent prendre que la rame pour boucher et clore leurs héritages : et certains usagers ont deux de ces facultés et quelquefois les trois ensemble; ce sont les titres de concession qui les fixent. » (1)

Distinguons, le droit au bois d'œuvre, et l'affouage.

1° Droit au bois d'œuvre.

Il comprend :

1° *Le marronnage*, droit de se faire délivrer du bois, soit pour construire à neuf, soit pour réparer (bois à maisonner). Il se nomme marnage en Alsace, et grand ramage en Normandie. Lorsque son étendue n'est pas expressément indiquée par le titre lui-même, il s'en faut rapporter à la coutume locale. Généralement le droit au bois de construction, sans autre indication, comprend également le bois à réparer.

Quant au mot même de *Marronnage*, il se rapproche des

---

(1) Fréminville. Pratique universelle des Terriers. T. III, p. 287.

expressions : « *marreur ou matière*, et « *merrena* » que nous avons vues dans l'Ordonnance de Philippe-le-Hardi (1280).

Par *Materia* on entendait généralement le bois propre à la charpente. « *Materia* est quæ ad ædificandum, fulciendum, necessaria est : *Lignum* quidquid comburendi causa paratum est. » (1)

Aussi Pasquier, dans ses Recherches sur la France (2), fixe-t-il ainsi l'étymologie du mot *marrien*, d'où est venu marronnage :

« *Marrien* vient de *materien*. Je trouve un vieux registre parlant des loges de bois qui ont été faites dans Rheims au sacre du roy Philippe-le-Bel, qu'en fin elles furent vendues beaucoup moins qu'elles ne valaient en *materien* et façon. Ce qui me fait dire que de ce mot est issu notre *marrien*, que nous avons retenu, et rejeté *materien*. »

2° Le bois à charruer, pour la fabrication des instruments aratoires, ou destinés à l'ébénisterie, menuiserie, etc.

3° Les bois de fente, ou bois merrain, employés à fabriquer les douves et à réparer les tonneaux. (3)

4° Le bois d'étais, « que les anciennes Ordonnances appellent branches de plein poing » employé à clore les héritages et à ramer les légumes. (4)

Ces usagers étaient nommés *ramagers* (5), et le droit, *ramage*, comme dans la coutume de Normandie.

(1) L. 55, princip. Ulp. De Legatis. L. XXX. 3°. — Voy. Proudhon, Droits d'Usage, n° 30. T. I. p 52. — Et Ducange. Glossarium mediæ et infimæ latinitatis : « Materia, mæremium (merennum, meranum) voces quæ in unum idemque significant materiam, scilicet ligneam ædibus ædificandis idoneam. » Coutumes de Lorraine. T. XV, art. 17 et 21.

(2) Pasquier, au Chapitre. « Des Dictions raccourcies en nostre langue. »

(3) « Usagers qui en forests et bois de haute futaye, ont droit de prendre *bois marien* ou de mainage pour fonds et douilles de cuves et tonneaux... etc. » Coutume de Gorze. T. XVI. art. 12 et 14.

(4) Comment. de l'Ordonnance de 1669, par Simon et Segauld, Tit. XX de l'Ordonn. T. II. p. 41.

(5) Fournel, Traité du voisinage. T. II, p. 530. 4° Edit.

5° Le droit aux chablis, ou arbres abattus par le vent (1).

6° Dans certaines régions, comme en Alsace, en Lorraine, en Franche-Comté, le droit d'enlever les souches et branchages des coupes en exploitation.

7° Enfin dans plusieurs Ordonnances de Franche-Comté (2), il est parlé du droit de *bouchoyage* (3), qui ne constitue un véritable droit d'usage au bois que s'il se fonde sur un titre. Il remonte vraisemblablement à l'antique loi des Burgundes que nous avons étudiée.

2° *L'affouage* est le droit qui porte sur le droit de chauffage *(Lignum)* (4).

Il faut distinguer ce droit, de *l'affouage communal*, qui concerne les forêts dont les communes sont *propriétaires*, et dont les produits, en vertu de ce droit de propriété, sont répartis entre les habitants.

Si le titre donnant droit à l'affouage ne s'explique pas, l'Usager, devant user en bon père de famille, ne pourra exiger d'abord que le bois mort et le mort-bois, et seulement à défaut de ceux-là, le bois dur. Si le titre restreint le droit de l'usager au bois mort et au mort-bois, il faut déterminer le sens de ces expressions, suivant les coutumes locales.

Bois Mort.

Suivant Rousseau (5), on entend par *nemus mortuum*, « nemus quod ad terram cecidit. »

---

(1) Nommés *ventoirs* dans la Coutume de Luxembourg. Voy. Coutumier général de Richebourg. T. II. p. 352. Coutumes de Luxembourg T. XVIII, art. 10.

(2) Voy. Proudhon. Droits d'usage. T. I. p. 51, n° 29.

(3) De *Buchagium* (Curasson sur Proudhon).

(4) L. 55 De legatis. — Voy. Proudhon. Droits d'usage. T. I. n° 30. — Et Ducange, dans son Glossaire : « *Affuagium*, idem quod affocagium, jus excidendi ligni in nemore *ad focum* suum, seu ad ignem domi accendendum. »

(5) « Il fut trouvé que *nemus mortuum* signifiait le bois, *quod ad terram cecidit*, mais *mortuum nemus* se devait entendre *de bosco viridi et vivo, stante supra pedem, fructum tamen non portante.* » note b sur l'art. 40 de l'ordonnance de Charles V. (Juillet 1376).

Mais la coutume de Nivernais distingue : « Bois mort est bois chou, abattu, ou sec debout qui ne peut servir qu'à brusler (1). »

C'est ainsi qu'il faut encore entendre cette expression. Sauf les limitations qui seraient indiquées dans son titre, l'usager a « droit au bois mort ou sec en cime et racines ou gisant (2), » « c'est-à-dire aux arbres qui sont secs et morts tout à la fois en cime et en racines, quoiqu'ils soient encore sur pied, et aux branches et brins tombés par caducité et gisant sur le sol » (3).

Mais l'usager n'aurait point droit de couper les arbres morts sur pied qui seraient bons encore pour la construction (4), ni droit aux arbres qui ont été abattus par le vent (5), ni enfin au bois sur pied qui dépérit, mais qui n'est pas encore tout-à fait sec.

Mort-Bois.

La charte aux Normands de Louis X le Hutin (1315), indique les neuf espèces de bois, qui sont désignées sous le nom de *mort-bois*, c'est-à-dire : « Sauls (saule) Marsauls (saule-marsault), Espino, Puisne (cornouiller), Seur (sureau), Aulne, Genest, Genièvre et Ronces (6). »

(1) Art. 12 du Chap. XVII de la Coutume de Nivernais.

(2) Art. 5 *in fine* T. XXIII de l'Ordonnance de 1669.

(3) Proudhon. Droits d'usage. T. 1. n° 124.

(4) « L'usager ne prendra les troncs, mais seulement les cimeaux et petites branches : car les troncs et ce qui est près, est bon à faire ouvrage... » Coquille, sur les art. 11 et 12 du Chap XVII de la Coutume de Nivernais.

Orléans, 31 juill. 1848. — Cass. 9 janv. 1843.

(5) Coquille, Id. — Le président Bouhier chap. 62, n° 58. « Nous tenons avec Coquille qu'en aucun cas ces arbres n'appartiennent aux usagers. » Et Coutume de Luxembourg, T. XVIII, art. 16.

Enfin l'usager n'a point droit à l'arbre mort, « si l'arbre était devenu mort et sec, pour avoir été féru par le pied ou autrement par le fait des usagers. » Coquille, loc. cit.

(6) Voy. Charte aux Normands de Louis-le-Hutin, Recueil de Rousseau, p. 5. — Et l'art. 40 de l'Ordonnance de Charles V, en 1376. Rousseau, p. 37.

Les Ordonnances royales, et, en dernier lieu, celle de 1669, par l'art. 5 du Titre XXIII, généralisèrent l'application de la charte aux Normands.

Nous avons vu, cependant, que certaines coutumes, entre autre celles de Nivernais et de Lorraine (1), entendaient par *mort-bois* : « le bois non portant fruict (2). » Mais il fut jugé, par arrêt du Conseil du 10 septembre 1748, que l'Ordonnance de 1669, déroge sur ce point aux coutumes, à moins que les titres ne s'en réfèrent expressément à la coutume locale (3). (Cass. 21 mars 1832).

Elle s'applique également aux forêts seigneuriales (4), mais elle ne peut, toutefois, régir les titres passés dans les provinces qui ont été, depuis 1669, réunies à la France, comme la Lorraine, la Franche-Comté, etc. (5). (Req. 22 nov. 1832. — Rej. 30 déc. 1844).

2° La *seconde classe* de Droits d'Usage comprend ceux destinés à la nourriture des animaux.

---

(1) Mort-bois, ou *blanc-bois*, art. 20 du Titre XV de la Coutume de Lorraine. — Et Coutume de Gorze : « Mort-bois est bois non portant fruicts, quoyque vif, autrement dit *blanc-bois*, etc. » — « En quelques lieux *mort-bois* est réputé *toute sorte de bois*, hormis le chesne et le foug. » Articles 56 et 57. T. XVI de la Coutume de Gorze.

(2) Coutume de Nivernais. Chap. XVII, art. 12.

(3) Commentaire de l'Ordonnance de 1669, sur l'art. 5 du T. XXIII. — Chaillant, Fréminville, Curasson sur Proudhon, n° 123.

(4) Curasson sur Proudhon, n° 122. — *Contrà* Proudhon, n°s 120 et 121.

(5) Curasson sur Proudhon, n° 123 : « Quoi qu'il en soit, dit M. Curasson (n° 123, *in fine*), concluons que la Charte Normande confirmée par l'Ordonnance de 1669 est le droit commun de la France, et doit servir de règle pour l'appréciation de tous les titres de concession d'usage au mort-bois, à moins d'une exception formelle et contraire ; exception qui peut résulter des termes du contrat ou de la coutume locale. Dans ce dernier cas aussi bien que dans le premier, on convient que l'exception doit être respectée, parce que les parties sont censées avoir voulu s'en rapporter à la loi locale sous l'empire de laquelle elles ont traité ; mais il faut pour cela que la disposition légale soit expresse, autrement la règle générale doit être observée. » De même : Meaume, Comment. du Code forestier n° 471.

Nous trouvons ici : le pâturage, pour toute espèce de bestiaux ; le Pacage, pour les bêtes aumailles et chevalines : puis les droits de Glandée, de Panage et Paisson, qui consistent à introduire les porcs dans les forêts, pour qu'ils s'y nourrissent de glands ou de faînes.

Nous avons précédemment définis ces différents droits qu'il importe de distinguer de la *Vaine Pâture*. « Le droit de Vaine Pâture, dit Proudhon (1), consiste dans la faculté que les habitants d'une commune ont d'envoyer, pêle-mêle en dépaissance, leurs bestiaux sur les fonds les uns des autres, lorsque ces fonds sont en jachères, ou après qu'ils ont été dépouillés de leurs fruits, comme encore lorsque ces fonds ne consistent qu'en friches qui, par rapport à l'infertilité du sol, sont abandonnées sans culture de la part des propriétaires. »

L'exercice des droits de parcours et de vaine pâture, sur les terres et prés, après la récolte des fruits, est soumis à des règles spéciales (2).

SECTION III. — *Interprétation des Titres Constitutifs de Droits d'Usage forestiers.*

L'obscurité répandue sur l'origine comme sur les premiers développements de la Servitude Usagère, et d'autre part la rédaction souvent défectueuse des titres anciens, originaux ou confirmatifs, ont créé les difficultés de cette matière.

Déjà nous avons signalé le doute qui peut porter sur le sens même du mot : « Usage ». Suivant Merlin (3) et Henrion de Pansey (4), le mot Usage ne désigne que la Servitude : « A-t-il été un temps, dit Merlin, où les dénominations étaient confon-

(1) Droits d'usage, n° 35. — Merlin, Répert. V° vaine pâture.
(2) Proudhon, id. et T. 1. chap. XII, n°° 329 à 345.
(3) Merlin, Répertoire. v° Droit d'usage, section II, § 1.
(4) Henrion de Pansey. Des Biens Communaux, chap. XVII, n° 5 — et Dissertations féodales, v° Communaux, § III. « Il est vrai, dit-il, que l'on

dues, où les mots n'étaient pas faits pour représenter les idées, où le style des actes était un piége pour les siècles futurs? Non, cette espèce de chaos n'a existé dans aucun temps : les dénominations ont toujours été prises dans la nature des choses, et jamais la même expression n'a été employée pour désigner deux objets absolument contradictoires. » Et Merlin cite des passages de la Touloubre (Jurisprudence féodale), établissant que la propriété est présumée appartenir au Seigneur justicier : « Les communautés d'habitants n'ont, suivant le droit commun observé en Provence, qu'*un simple Usage*, dans les terres gastes. »

Dans l'opinion contraire, le mot *Usage* se confond avec celui de propriété et implique par conséquent un droit de propriété en faveur des habitants. Suivant Salvaing, la présomption est pour les habitants, le seigneur ne peut la détruire que par un titre exprès (1). « Si les vassaux, dit Houard (2), jouissent en vertu d'une possession immémoriale sans titre...., la commune est présumée appartenir au roi et avoir précédé l'inféodation des seigneurs, présomption d'où il résulte que le feudataire n'a reçu l'investiture de son fief, qu'à la condition de conserver aux vassaux qui en dépendraient l'*Usage de la commune*, et de ne pouvoir y prendre part que concurremment avec eux. »

Telle est également l'opinion de MM. Proudhon et Latruffe-Montmeylian : « Pourquoi les biens communaux, dit ce dernier (3), ont-ils été appelés les *Usages*? C'est qu'on donne

a donné plus d'une fois la dénomination d'*usage* aux *communes* des habitants, mais nous ne pensons pas que cette manière de parler, très-vicieuse, et qui n'appartient qu'à l'idiôme vulgaire, puisse influer sur l'interprétation des Titres. Il faut croire que dans les actes sérieux on a toujours employé les mots dans l'acception qui leur est propre. »

(1) Salvaing. Traité de l'Usage des fiefs, chap. 96.

(2) Houard, Dictionnaire de Droit Normand, v° Communes.

(3) Latruffe Montmeylian, Des Droits des communes sur les Biens communaux. Paris 1825. T. I. p. 531-2.

toujours aux choses un nom analogue au genre d'utilité qu'elles procurent, ou à l'espèce de droit qu'on exerce sur elles. On a appelé *pastis* ou *pasquis* les champs communs où chacun pouvait mener paître ses bestiaux ; on a appelé *Usages* les forêts communes dont le produit était destiné à l'usage des habitants.... Ces dénominations n'étaient pas bonnes, sans doute ; elles n'ont été que trop funestes aux communes.

.... Concluons que si on rencontre dans des titres anciens, soit transactions, soit arrêts, le mot *Usages*, ou la qualification d'*Usagers*, ou bien encore la mention d'un *Droit d'usage*, attribués aux habitants d'un village, ces expressions, loin de repousser l'idée que la communauté dont ils dépendent fût propriétaire, doivent faire supposer qu'elle avait le droit de nue-propriété, tant que la preuve contraire n'est pas établie par titres ; elles signifient par elles-mêmes que les membres de la commune étaient *Usagers in sylvâ communi.* »

Nous n'avons pas à rentrer ici dans cette discussion, mais à appliquer les conséquences des principes que nous avons précédemment posés.

L'une et l'autre de ces opinions extrêmes offrent le même danger : celui d'être absolues.

Dans un premier ordre d'idées, il conviendrait au moins de distinguer entre les Coutumes où les seigneurs sont présumés fondés en la seigneurie directe sans titre, et celles au contraire où ils ne le sont pas : « Nous ne devons pas dire, comme aucuns, que tous usages, soit forêts ou pâtures, viennent des seigneurs...., mais plutôt que de toute ancienneté.... les forêts étaient publiques et communes....., ce qui doit avoir lieu principalement en cette coutume et autres auxquelles.... le Roy ni par conséquent les seigneurs ne sont pas fondés en la seigneurie directe au dedans de leur territoire, s'ils n'ont titre exprès. » (1)

<hr>

(1) Legrand, sur l'article 168 de la Coutume de Troyes. (Tit. X) : Glose II, n° 15.

Mais, même indépendamment de cette première restriction, il est certain que le mot *usages* fut pris dans des sens divers. Très-souvent, il exprimait la jouissance des habitants sur les forêts ou terrains d'autre nature, dont la communauté était propriétaire.

Entre autres textes, nous en trouvons la preuve formelle dans l'Ordonnance du mois d'Avril 1667, qui emploie constamment l'expression *usages* pour désigner la propriété communale :

« Nous avons estimé, dit le roi dans le préambule de l'Ordonnance, que nous ne pouvions employer de moyen plus convenable, que celui de faire rentrer les Communautés dans leurs *usages* et *communes* aliénés. »

Dans l'article 7 de l'Ordonnance : « Seront tenus tous les seigneurs prétendants *Droits de tiers* dans les *Usages, Communes et Communaux* des communautés, ou qui auront fait faire le *triage* à leur profit..... » (1) Dans l'article 12, le roi confirme les Communautés « dans la possession et jouissance des *Usages* et *Communs* qui leur ont été concédés par les rois Nos prédécesseurs et par Nous-même, et leur remettons *le droit de Tiers* qui Nous pourrait appartenir dans lesdits *Usages et Communs*. »

Nous avons précédemment expliqué comment l'on fut conduit à employer dans ce sens le mot *usage* (2).

Il arrive souvent que ce mot, désignant la *propriété*, est employé au pluriel (Metz, 17 mai 1850) ; mais cette règle elle-même est loin d'être absolue.

Inversement, dans bien des cas, les mots usage, communaux, communs, communes, sont destinés à exprimer une simple servitude réelle (Nancy, 21 janv. 1837 ; — Req. 18 juin 1839 ; — Grenoble, 18 janv. 1855, etc.) : « Le mot

____

(1) Voy. pour le texte de l'Ordonnance, Latruffe Montmeylian, T. II. p. 49, 55, 59.

(2) Voy. à la note 2 de la page 175.

d'*usage*, dit Bouhier (1), ne convient pas aux héritages que nous appelons *communaux*, et que les habitants possèdent en propriété, il n'est applicable qu'au *droit* qu'on a *sur le fonds d'autrui*, suivant la règle, *res sua nemini servit.* »

Enfin, le mot *Usufruit* désigne même parfois la Servitude Usagère (2).

Ainsi la plus grande réserve doit présider à l'interprétation des titres. Le plus sûr moyen d'en saisir le véritable but, est de se reporter à la première exécution de l'acte (Req. 7 avr. 1840), aux termes les plus généralement employés dans la province pour désigner tel ou tel droit (Colmar, 28 mars 1832); d'appliquer enfin la maxime : « Non quod scriptum, sed quod gestum inspicitur. » (Nancy, 18 déc. 1845.) D'ailleurs, à défaut de texte ou de circonstances explicatives, il faudra comprendre le mot *usage* dans son sens propre, c'est-à-dire dans celui de servitude usagère (3).

Lorsque le sens du mot *Usage* est arrêté, quant à la *nature* même du Droit, une seconde difficulté peut s'élever sur l'*Espèce* de l'Usage, si le droit est accordé sans indication qui le spécifie.

Mais ici des textes formels fixent l'interprétation. L'article 11 du Chapitre XVII de la Coutume de Nivernais porte : « Usage de bois régulièrement est tel que l'Usager peut prendre *bois mort* et *mort-bois* en son espèce de bois *pour se chauffer* et pour ses autres nécessités, si ledit usage n'est amplié ou limité par titre ou prescription suffisante au contraire. » Et Coquille (4) ajoute : « De ces articles résulte que le droit d'usage pris et dit simplement ne s'étend ny à bastir ny à paisson pour les porcs; mais seulement pour prendre bois mort et mort-bois,

---

(1) Le président Bouhier, Observations, ch. 62, n° 31. — Voy. aussi Henrion de Pansey, Des Biens Communaux. Chap. XVII, n° 5.

(2) Proudhon n° 38 Titre I, chap. IV.

(3) Curasson sur Proudhon.

(4) Sur les art. 11 et 13 du Chap. XVII de la Cout. de Nivernais.

et n'est pas seulement pour chauffer, ains est adjousté pour ses autres nécessités, comme pour boucher ses héritages. »

Loysel, en ses *Institutes Coutumières*, fixe en ce sens le droit commun, pour les provinces où la servitude usagère existait : « Simple Usage en Forest, n'emporte que bois mort et mort-bois. » (1)

Ainsi, on écarte, sauf désignation explicite, le droit au bois pour construire et tous ceux de pâturage. Le motif de cette règle est facile à saisir. En présence d'une concession usagère dans une forêt, l'esprit se porte naturellement sur les produits principaux de la forêt, c'est-à-dire sur le bois, ce qui écarte les droits de pâturage ; d'un autre côté, le propriétaire ne doit pas être présumé avoir grevé sa propriété des plus lourdes charges, ni renoncé en partie aux plus précieux des produits forestiers ; c'est pourquoi le droit au bois de construction, qui porte sur la haute futaie, doit être expressément accordé à l'usager, pour lui être reconnu.

Cette dernière règle n'est d'ailleurs que l'application d'un autre principe qui devra également guider l'interprétation en notre matière, principe en vertu duquel la présomption est pour la liberté de la propriété (2). Ici donc, comme généralement en matière de servitude, le doute devra s'interpréter en faveur du propriétaire du fonds servant (3).

D'un autre côté les règles générales applicables à l'interprétation des conventions, pourront trouver ici leur application. Supposons, par exemple, qu'un droit au bois ait été accordé pour le chauffage, pour bâtir et *pour toutes autres nécessités*.

(1) Loysel, Institutes Coutumières, annotées par E. de Laurière L. II. T. II. art. 24. T. I. p. 307.

(2) Demolombe. Des Servitudes T. II. nᵒ 875 etc. passim. — Orléans 31 juill. 1848.

(3) « Semper in obscuris, quod minimum est, sequimur. » L. 9. Ulp. De diversis regulis juris. L. L. T. XVII.

Curasson sur Proudhon, nᵒ 57. — Henrion de Pansey. Des Biens Communaux, chap. XVII. nᵒ 8, p. 94.

On pourra donner à ce titre la plus large extension et l'entendre des différentes espèces de droits au bois (1).

Il faut distinguer les droits d'usage des droits d'affectation (Code Forestier, T. III. sect. VII).

« On appelle ainsi, dit M. le comte Roy, dans son rapport à la Chambre des Pairs (2), la faculté qui a été accordée de prendre annuellement dans les forêts de l'Etat, pour un établissement d'industrie, les bois nécessaires à l'alimentation de cet établissement, moyennant une rétribution qui était peu en proportion de la valeur des matières livrées. »

Ce droit, comme la servitude usagère, porte donc sur les produits d'une forêt. Mais il s'en distingue en ce qu'il ne participe point du caractère de perpétuité que présente la servitude usagère. Son but « a été de procurer à des établissements industriels le moyen de surmonter les premières difficultés qui s'opposaient à leur création, mais non pas de leur servir de dotation irrévocable, lorsque surtout ils seraient en possession de leur plein développement. Il est donc difficile de trouver une pensée de perpétuité dans la permission donnée par un propriétaire de bois à une usine, d'alimenter son chauffage par une affectation. Par leur nature, les affectations n'ont été qu'un secours provisoire accordé à l'industrie, et il faut des preuves bien certaines pour les regarder comme irrévocables; c'est en quoi le droit d'affectation diffère des droits d'usage proprement dits. » (3) Il en diffère aussi par son origine, puisque les droits d'usage remontent aux premiers temps de notre histoire, tandis que les affectations ont accompagné la première apparition de l'industrie en France (4). En-

(1) Cassation 11 nov. 1856.

(2) Sur le projet de Code Forestier, amendé par la Chambre des Députés (Séance du 8 mai 1827) no 131.

(3) Troplong. De la prescription, n° 408. T. I. p. 619. — Nancy, 11 févr. 1833.

(4) En Lorraine, où elles sont plus nombreuses qu'ailleurs, les affectations ne datent que de la dernière moitié du XVIe siècle.

— 258 —

fin « l'usager a communément le droit d'être pourvu jusqu'à concurrence de ses besoins, tandis que l'affectataire est réduit à une quantité fixe et déterminée des produits de la forêt. » (1)

Citons aussi, comme n'ayant point le caractère de perpétuité, les droits d'usage qui se fondent sur des actes où se trouve insérée la *Clause de Bon Plaisir*, particulièrement usitée en Lorraine. Toutefois, cette clause doit être elle-même interprétée suivant les circonstances. Si, par exemple, elle se trouve contenue dans le titre primitif, son but est évidemment de rendre le droit révocable à volonté. Si elle est insérée dans un titre récognitif, elle peut se rapporter uniquement à certaines dispositions nouvelles contenues dans le titre nouveau. Souvent, enfin, cette clause était de style (2).

SECTION IV. — La Servitude Usagère peut-elle s'acquérir autrement que par titre valable?

Nous examinerons ici :

1º Si la prescription acquisitive est applicable à notre matière;

2º L'Effet du titre putatif;

3º L'Interversion de titre.

Mais il faut d'abord observer que ces questions concernent uniquement les droits d'usage dans les bois des particuliers. L'article 62, du Code forestier, décidant que ces droits ne peuvent plus être acquis dans les bois de l'Etat par titre, prohibe à plus forte raison leur acquisition par la prescription.

Iº Les Droits d'Usage peuvent-ils s'acquérir par l'effet de la Prescription?

Il est évident que cette question est intimement liée à celle

____

(1) Curasson sur Proudhon, nº 406. T. II. p. 37.
(2) Nancy, 18 déc. 1845, — 13 mars 1850. — Colmar, 22 juin 1850.

de savoir quelle est la nature propre de ces Droits. Les deux solutions dépendent entièrement l'une de l'autre.

Le Droit d'Usage, en effet, est-il un véritable droit de copropriété? La prescription acquisitive pourra être admise comme pour le droit de propriété.

Admet-on, au contraire, qu'il constitue une servitude réelle; on aura à appliquer avec plus ou moins de rigueur, et suivant les différentes interprétations dont nous aurons à parler tout à l'heure, les principes généraux en matière de servitude réelle. Or, l'article 691 du Code civil porte : « Les servitudes continues non apparentes, et les servitudes *discontinues* apparentes ou non apparentes, ne peuvent s'établir que par titres. »

Telle est du moins la manière dont les auteurs qui ont discuté sur ce point, ont posé la question.

Mais il nous semble qu'elle doit être envisagée sous une forme plus complexe.

Nous verrons que les articles 2232 et 691 peuvent recevoir en cette matière des applications séparées.

Aussi poserons-nous ainsi la question :

Faut-il considérer l'exercice d'un droit d'usage non fondé sur un titre, comme une simple tolérance, auquel cas il tomberait sous l'application de l'article 2232. Devons-nous, au contraire, le considérer, *ou* comme tendant à constituer un droit de copropriété, auquel cas la prescription acquisitive est ici admissible, *ou* comme tendant à la constitution d'une servitude réelle discontinue, solution qui *pourrait* repousser, par l'article 691, l'admission de la prescription acquisitive?

Examinons d'abord les opinions des auteurs.

Suivant Merlin (1), qui d'ailleurs ne développe pas son argumentation, les Droits d'usage constituent des servitudes discontinues (art. 688); or, l'article 691 en prohibe l'acquisition autrement que par titres; donc les Droits d'usage réel ne peuvent s'acquérir par prescription.

<hr>

(1) Merlin. Répertoire. V° Usage, section II. § 3.

Suivant M. Proudhon (1), au contraire, dont nous avons précédemment exposé la doctrine, les Droits d'usage constituent des droits mixtes, participant à la fois de la propriété foncière et de la servitude. On ne saurait donc leur appliquer les règles concernant les servitudes réelles simples. Dès lors, il convient de distinguer entre ceux de ces usages qui modifient gravement la jouissance du propriétaire et ceux au contraire dont l'exercice atteint à peine le droit de propriété. Les premiers pourront se prescrire, moyennant les conditions requises, parce qu'on ne peut présumer que le propriétaire les souffriraient s'ils n'étaient fondés sur un droit acquis. Les seconds, au contraire, ne sauraient s'acquérir de cette manière, parce qu'ils peuvent s'expliquer par la tolérance, et tombent dès lors sous l'application de l'article 2232 (2).

Suivant M. Proudhon, la possession sera donc utile pour prescrire :

1° Le droit au bois pour chauffage ;

2° Le droit au bois pour construire ;

3° Le droit au bois mort et au mort-bois ;

4° Le droit aux échalas ;

5° Le droit au bois destiné à chauffer les fours à chaux ;

6° Le droit d'extraire de la pierre, de la marne, de la tourbe, etc.

Sont imprescriptibles :

1° L'usage aux feuilles mortes ;

2° Le droit de pacage.

Suivant M. Troplong (3), les Droits d'usage constituent, il

---

(1) Proudhon. Droits d'usage. T. I. chap. XI. T. I. p. 274 et suiv. n°° 197 et suiv.

(2) Il a été jugé : « Que les articles 691 et 688 du Code Nap. sont inapplicables au droit de pâturage, qui est plutôt un démembrement de la propriété, et une sorte de partage de ses fruits qu'une servitude ordinaire. » Dijon 20 fév. 1857. — Req. 25 janv. 1858.

(3) Troplong. De la prescription. T. I, p. 606 et suiv. n°° 400-408.

est vrai, des servitudes réelles : mais on ne peut cependant leur appliquer l'article 691, du Code civil.

Pour les Droits d'Usage concernant d'autres terrains que les forêts, il faut se reporter au Code civil et appliquer l'article 691, qui écarte la prescription acquisitive; mais pour les Droits d'usage forestiers, plusieurs considérations viennent arrêter l'application de cet article.

D'une part, les anciennes Coutumes ont toujours réglé les Droits d'usage et les servitudes réelles dans des titres distincts : « Pourquoi donc cette différence (1)? C'est que, par les conditions de leur exercice, de leur établissement et de leur surveillance, les Droits d'usage sont différents des servitudes ordinaires..... Aussi, voyez quel antagonisme dans les coutumes, entre l'établissement des usages par la possession et l'établissement des servitudes par le même moyen d'acquérir. Dans la Coutume de Châlons, toutes les servitudes s'acquéraient par la servitude décennale ou vicennale avec titre, ou de trente ans sans titre, et cependant le droit d'usage ne pouvait être acquis que par titre, ou paiement de redevance par trente ans, ou par possession immémoriale. »

M. Troplong cite ainsi les Coutumes de Meaux, de Nivernais et de Bourgogne.

En second lieu : « L'Imprescriptibilité des servitudes discontinues ordinaires est fondée sur la présomption de tolérance et de clandestinité dont sont viciés les actes possessoires par lesquelles elles s'exercent. Ces actes sont souvent occultes, ils ont lieu presque toujours à l'insu du propriétaire qui n'a pas les moyens de les surveiller (2). » Or, il n'en est pas de même pour les Droits d'usage, qui ne peuvent se réaliser sans délivrance, même dans les bois des particuliers (art. 79-119-120, C. F.). Ces délivrances consenties par le propriétaire écartent le vice de clandestinité; l'importance de ces

_____

(1) Troplong, Id., nᵒˢ 401 et 402.
(2) Troplong, Id., nᵒ 403.

droits ne permet pas de supposer la tolérance ; une telle possession équivaut évidemment à une convention, et ne peut tomber sous l'application de l'article 2232.

Enfin l'art. 636 écarte de notre matière l'art. 601 du Code Civil. On peut donc appliquer à la servitude usagère le droit commun qui proclame la prescriptibilité de tous les droits.

Ainsi les droits d'usage forestiers pour lesquels les délivrances ont été consenties par le propriétaire, peuvent valablement se prescrire.

Mais il ne faut pas étendre cette solution, comme le fait M. Proudhon, au cas où il n'y a pas eu de délivrance (1), dès que « la somme des émoluments est assez considérable pour rendre l'idée de précaire impossible. Il y a, dit M. Troplong, une réponse aussi simple que tranchante à cette exagération ; c'est que la prise de bois dans une forêt, sans délivrance, et l'envoi des bestiaux au pâturage sans les précautions contradictoires voulues par la loi, sont des délits. Le Code Forestier (art. 70) est formel à cet égard. » (2) Et Coquille s'exprimait ainsi : « Couper, prendre bois, c'est délit, dont procède l'action du droit romain *arborum furtim cæsarum*, et ne serait pas raison que telle possession criminelle et vicieuse produisit action et attribuast aucun droit..... » (3)

M. Proudhon soutient que les usagers n'étaient pas astreints à prendre délivrance, et que le Code Forestier a innové sur ce point. Mais, comme nous l'avons vu, de nombreuses dispositions de l'ancien droit prescrivent au contraire la délivrance. Nous rappelons la coutume de Lorraine (T. XV, art. 17-18-20 21-22), celle de Nivernais (XVII, art. 13) et les Commentaires de Coquille et de Legrand.

Or, on ne saurait fonder un droit sur un délit.

Dans le cas au contraire où il y a délivrance, il faut recon-

(1) Troplong N° 401.
(2) N° 401.
(3) Coquille, sur l'article 10 du chap. XVII de la Coutume de Nivernais.

naître, selon M. Troplong, que l'art. 691 du Code Civil étant inapplicable en vertu de l'art. 636 ; qu'en second lieu l'art. 2232 l'étant également, puisqu'il ne s'agit pas ici de simple tolérance, rien ne s'oppose plus à la prescription acquisitive, qui pourra fonder ainsi la servitude usagère dans les forêts des particuliers.

Selon nous, les droits d'usage forestiers constituent de véritables servitudes réelles discontinues, pour l'acquisition desquels l'effet de la prescription ne peut jamais être admis.

S'il n'y a pas eu délivrance, l'exercice de l'usage constituant un délit (C. F. art. 70) ne pourra jamais fonder un droit. Le Code Forestier n'a fait que reproduire à cet égard de très-anciennes dispositions que la nature même des choses avait dû rendre depuis longtemps nécessaires.

Supposons que des délivrances ont été consenties.

Pour admettre ici la prescription acquisitive, M. Troplong s'appuie d'abord sur la distinction que les Coutumes établissaient entre les droits d'usage et les servitudes réelles en les réglant dans des titres différents.

Mais, comme déjà nous l'avons vu, l'importance des Droits d'usage, les conditions particulières de leur exercice, la nature des héritages sur lesquels ils portent sont des motifs suffisants pour expliquer une réglementation spéciale.

Il n'est pas nécessaire de supposer que cette distinction détruit tout rapport de droit entre les deux institutions. Il suffit de rappeler le droit commun de l'ancienne législation, que nous atteste Laurière, dans ses notes sur Loysel : « Il faut remarquer, dit-il, que la prescription n'a point lieu dans les Coutumes qui n'admettent point de servitudes sans titre, comme celles de Paris et d'Orléans. » (1) En cas de silence du titre consacré aux droits d'usage, il fallait donc se reporter à la règle commune des servitudes réelles.

<hr>

(1) Sur l'article 23. T. II. L. II. des Instilutes Coutumières de Loysel. T. I. p. 307.

Ainsi, M. Troplong ne s'appuie que sur des exceptions à la règle générale. Mais ces exceptions elles-mêmes ne sauraient fonder une preuve en sa faveur, puisque les règles qu'elles posent sont plus sévères, tantôt pour l'acquisition des Servitudes Réelles, comme dans les Coutumes de Meaux et de Nivernais, tantôt pour l'acquisition des Droits d'Usage, comme dans les Coutumes de Châlons et de Bourgogne.

Enfin, l'esprit de toute la législation nouvelle en cette mamatière est de limiter à leurs titres les anciens usagers, de prévenir tout abus ; elle prohibe toute constitution de Droits nouveaux dans les forêts de l'État. Rien n'autorise, par conséquent, à supposer que le législateur a entendu maintenir pour les Droits d'Usage et généraliser une prescription qui, même dans l'ancien droit, n'était point générale.

Mais le principal argument de M. Troplong se fonde sur la portée qu'il donne à l'article 636.

Cet article, dit-il, écarte pour les Usages Forestiers l'application des règles du Code civil sur les Servitudes ; or, l'art. 691, qui paralyse l'effet de la prescription, se trouve au titre des Servitudes et Services fonciers ; donc il ne peut s'appliquer aux Droits d'Usage Forestiers.

Selon nous, l'art. 636 ne creuse point un abîme aussi profond entre les principes du Code civil sur les Servitudes Réelles et les Droits d'Usage Forestiers. La prescription sera donc inadmissible en vertu de l'art. 691 ; en outre, par application de l'art. 2232.

Déjà nous avons cherché à prouver que l'art. 636 n'a point pour but d'écarter l'application des principes qui régissent la réglementation, mais seulement de réserver des applications différentes de ces mêmes principes, applications conformes à l'importance des Droits d'Usage, et aux conditions spéciales de leur exercice.

Nous allons chercher ici à démontrer qu'il n'a pas trait, à plus forte raison, au fond du droit lui-même, aux règles se rattachant immédiatement à la nature propre de ces droits, comme un mode de constitution.

Quel est son véritable but? Nous l'avons dit, il concerne uniquement la réglementation de l'exercice des Usages Forestiers.

C'est ce qui ressort des termes eux-mêmes de l'article : « L'Usage des bois et Forêts, dit-il, est régi, etc. » l'*Usage*, c'est-à-dire l'action même d'user, le mode d'exercice.

Ce qui est également significatif, c'est la place de l'art. 630, qui se trouve au titre de l'Usage, bien que les Droits d'Usage ne soient point servitudes personnelles, tout le monde le reconnaît. Pourquoi donc est-il question à cet endroit des Usages Forestiers ? En voici l'explication. Ces droits présentent deux caractères, selon le point de vue sous lequel on les considère. Quant au fond du droit lui-même, ils constituent, comme nous l'avons indiqué, des Servitudes Réelles. Mais en vertu de leur but, de leur utilité pratique, et pour ce motif même, au point de vue de la réglementation de leur exercice, ils se rapprochent de l'Usage Personnel réglementé au Code civil. C'est en ce sens qu'on peut les qualifier de droits mixtes.

Voilà pourquoi l'art. 630 se trouve au titre de l'Usage ; c'est que, se rapportant uniquement à l'usage considéré dans sa réglementation, il en réserve une spéciale pour les Droits Forestiers. S'il avait trait au fond du droit, il eût été placé au titre des Servitudes et Services fonciers.

Une fois l'art. 630 ainsi écarté, nous nous trouvons en présence d'une objection nouvelle de M. Troplong, fondée sur ce que la délivrance implique le consentement du propriétaire, et équivaut à une convention.

A cet argument, on peut faire deux réponses : quelle est d'abord la véritable valeur de la délivrance ?

Prouve-t-elle irrésistiblement que le propriétaire a entendu concéder un droit sur sa propriété ? Ce serait bien largement interpréter son intention. La délivrance ne prouve rien, sinon qu'il a réglé tel et tel usage dont il a toléré jusqu'ici l'exercice dans sa forêt. Mais est-ce à dire qu'il a voulu en même temps le confirmer pour l'avenir, en constituer un droit, et le rendre irrévocable? Peut-on s'appuyer sur un fait si peu précis et si peu significatif, pour y reconnaître un acte considérable, la concession de droits aussi importants et onéreux que les Droits d'Usage? Le Code civil a-t-il déterminé les cas dans lesquels nous devrons cesser de voir la simple tolérance? Il est évident que nous sommes dans le doute, et dans le doute, nous devons présumer la liberté de la propriété. Le propriétaire a été imprudent, il est vrai, de ne pas s'expliquer plus clairement en présence d'un danger si sérieux; mais sa volonté n'apparaît pas formellement. On ne saurait se fonder sur cette imprudence pour en tirer la preuve d'un véritable droit. Nous trouvons ici une simple tolérance, dont le propriétaire a seulement entendu limiter et surveiller l'exercice. L'art. 2232 peut donc recevoir ici son application.

D'ailleurs, en supposant même que l'art. 2232 ne doive pas être invoqué, sous prétexte qu'on ne pourrait voir dans des actes renouvelés de délivrance une simple tolérance, il y aurait encore lieu d'appliquer l'art. 691. Sans doute la possession n'est plus clandestine, mais ce n'est là que l'absence d'un vice. Une impossibilité d'un autre ordre se présente toujours, fondée sur l'article 691.

Que peut-on trouver dans ce fait de la délivrance? un Titre? Non, puisqu'il est nécessaire d'y ajouter la prescription. Le titre se suffirait à lui-même. On n'y peut voir qu'une simple présomption. On remplace donc le titre par une présomption et par la prescription. C'est ce que la loi a formellement repoussé dans l'art. 691. Dira-t-on que ces délivrances souvent réitérées constituent une telle preuve qu'il est impossible d'y voir une tolérance n'impliquant aucun droit pour l'avenir? Nous répondrons que rien, sauf la déclaration formelle du propriétaire, ce qui constituerait un titre, ne peut donner droit d'*affirmer* que le propriétaire a entendu concéder le droit pour l'avenir.

Par conséquent, à la certitude du titre, on substitue l'incertitude d'une simple présomption, résultat que précisément la loi, par l'art. 691, s'était proposé d'éviter. Elle a voulu que le titre ne fût point absolument possible, et dans ce but, elle a exigé un *Titre*.

Et d'ailleurs, puisque la prescription trentenaire se suffit à elle-même, si nous l'admettons, nous la devons admettre qu'il y ait ou non connaissance de la part du propriétaire : par cela seul qu'il y aura eu délivrance, la prescription devra être possible. En effet, la prescription trentenaire n'a pas besoin de se fonder sur une présomption, pas plus que sur un titre. Elle se suffit à elle-même. Or, que pouvons-nous trouver ? un Titre ? Alors la question ne s'élève pas. Est-ce tout autre chose qu'un titre, une présomption, par exemple ? Elle sera inutile, car la prescription de trente ans se suffit à elle-même. Est-ce enfin le laps de temps ? La prescription est repoussée par l'art. 691 pour les Servitudes discontinues. Or, les Droits d'Usage sont, comme nous l'avons vu, des Servitudes discontinues, et l'art. 636 ne s'oppose point à ce que les principes généraux du Code civil, touchant le fond du droit quant aux Servitudes Réelles, s'appliquent aux Droits d'Usage forestiers.

Ainsi, qu'il n'y ait pas de délivrance, que la délivrance constitue une simple tolérance ou aille jusqu'à établir déjà la présomption d'un droit, par là même qu'elle ne va pas jusqu'à constituer un *Titre*, nous disons que, dans tous ces cas, les Droits d'Usage Forestiers sont imprescriptibles, par application des articles 79 du Code Forestier, 2232 et 691 du Code civil.

Cette discussion nous permet de saisir l'utilité distincte de l'article 2232, dont le domaine semble être le même que celui de l'article 691.

L'article 2232 concerne les actes de simple tolérance.

L'article 691 arrête l'effet de la prescription acquisitive pour les faits qui, s'ils constituaient des droits, seraient des Servitudes Réelles discontinues.

La plupart du temps, comme tous les auteurs l'enseignent, ces deux formules s'appliquent sans doute au même objet.

Nous pouvons cependant signaler une exception à cette assimilation, dans les systèmes que nous venons d'exposer.

D'après le système de M. Proudhon, c'est une erreur que de prétendre appliquer l'article 691 aux Droits d'Usage, qui sont de nature mixte, et tiennent plus de la propriété foncière que de la servitude. L'art. 691 n'est donc pas le texte de la matière; et si, pour les moins importants des droits d'usage forestiers, la prescription acquisitive est impossible, c'est parce que, étant présumés dus à la tolérance, ils tombent sous l'application du *seul* article 2232.

Si l'on soutient au contraire, pour les plus importants de ces droits, que la présomption de tolérance est inadmissible, tout en reconnaissant qu'ils constituent des Servitudes Réelles, l'article 2232 est écarté, et c'est en vertu *du seul* article 691 que la prescription acquisitive ne sera pas possible.

II° Les Droits d'Usage peuvent-ils être acquis par le titre putatif, par un titre émané d'un non-propriétaire ?

Aux termes de l'article 691, les Servitudes discontinues ne peuvent s'établir que par *titres.* Or on ne peut entendre ce mot *Titre* dans le sens d'un titre coloré, « impuissant à créer par lui-même la servitude, et qui ne pourrait servir qu'à la rendre susceptible de la possession à l'effet de prescrire. » (1) Quel est en effet le but de l'article 691 ? De paralyser l'effet de la prescription. La doctrine contraire aboutit précisément à un résultat opposé.

On ne peut dire que la prescription présente ici un caractère nouveau : à l'égard du propriétaire elle n'aura pas changé.

D'ailleurs, il suffit de comparer les articles 690-691-695, pour se convaincre que la loi, dans l'article 691, a voulu parler du juste titre émané du véritable propriétaire (2).

Nous donnerons la même solution dans le cas où le propriétaire du fonds prétendu dominant s'appuie sur un exercice

<hr>

(1) Demolombe. Des Servitudes ou Services fonciers, n° 788.
(2) Demolombe, id. n° 788.

de trente ans à partir de la contradiction qu'il a opposée au propriétaire du fonds prétendu servant. Cette contradiction ne saurait constituer un titre, dans le sens formel de l'article 605. Le silence du propriétaire peut tenir à tout autre motif qu'à un acquiescement. On ne peut interpréter ce silence que par la présomption ; et la présomption n'est pas admise en cette matière.

Sans doute, dans le cas de l'article 2238, la contradiction aboutit à fonder une possession utile pour prescrire, mais c'est qu'il s'agit alors d'une chose prescriptible de sa nature, et que le titre seulement en vertu duquel on la détenait, rendait imprescriptible.

Il n'en est pas de même ici, car les servitudes discontinues sont en elles-mêmes imprescriptibles.

III° Interversion de Titre (1).

Mais cet article 2238 recevra au contraire son application, si nous supposons que la prescription a pour effet, non plus d'acquérir la Servitude Usagère, mais de transformer ce droit de Servitude en un droit de Propriété.

L'article 2240 pose le principe :

« On ne peut pas prescrire contre son titre, en ce sens que l'on ne peut point se changer à soi-même la cause et le principe de sa possession. »

Par conséquent, lorsqu'une commune au profit de laquelle des Droits d'Usage ont été constitués, transforme insensiblement le caractère de sa jouissance, et exerce en apparence un droit de propriété, elle ne pourra invoquer la prescription si le propriétaire, mieux informé, prouve son droit, et la nature véritable de ceux de la commune.

Dumoulin le dit : « Titulus perpetuo clamat, scriptura semper vigilat, et adhuc hodie, sicut ab initio. »

<hr>

(1) Nous examinons ici l'interversion de titre, à propos de l'article 2238, bien qu'il eût été plus logique peut-être d'exposer cette matière au Chapitre de l'Extinction de la servitude usagère.

« C'est ce que les praticiens, dit M. Troplong, ont voulu exprimer par ce brocard : ad primordium tituli posterior semper refertur eventus. » (1)

Et le président Henrion de Pansey (2) :

« Cum apparet titulus, ab eo possessiones legem accipiunt : voilà la règle de la matière. En vain les habitants établiront-ils que depuis des siècles ils jouissent et disposent en vrais propriétaires, et cela sous les yeux du seigneur, et sans réclamation de sa part ; si les titres de la seigneurie prouvent que la communauté n'a qu'un simple droit d'usage sur les bois, pâturages et marais du territoire, à l'instant où ces titres paraissent, on s'y réfère ; on regarde les actes possessoires des habitants comme l'effet de l'usurpation, et les reconnaissances du seigneur comme le résultat de l'erreur, de la surprise ; et des siècles de jouissance sont comptés pour rien..... Ainsi, la possession de l'usager, quel qu'en soit le caractère, ne prouve autre chose qu'une jouissance précaire, c'est-à-dire l'usage même. S'il a fait des actes indicatifs de propriété, on ne les regarde que comme des extensions abusives de son droit d'usage, à moins qu'il ne prouve l'*interversion* des anciens titres, et la cause du changement de sa possession. Ce principe est consacré par un grand nombre de jugements émanés de tous les tribunaux, et notamment du Conseil du roi. »

« Des arrêts innombrables, dit M. Troplong, ont forcé les détenteurs précaires à rentrer, malgré de longues déviations, dans la cause et dans le principe de leur possession attestée par leurs titres. »

(1) Troplong. De la Prescription, n° 522.

« Illud quoque a veteribus præceptum est, neminem sibi ipsum causam possessionis mutare posse. » L. 3. § 19. Paul. De acquir. vel amitt. possess. L. XLI. T. II. — Et L. 33. § 1. Julien. De usurp. et usuc. L. XLI. T. III.

(2) Des Biens Communaux. Chap. XVII n° VII.

Et M. Troplong cite plusieurs décisions, notamment un arrêt de la Cour de Nancy, du 31 mai 1833 (1).

L'art. 2238 indique les causes d'interversion :

« ..... Le titre de la possession se trouve interverti, soit par une cause venant d'un tiers, soit par la contradiction... opposée au droit du propriétaire. »

Le fait d'un tiers se présente, lorsque le possesseur précaire achète ou reçoit la chose, en vertu d'un titre translatif de propriété, de toute personne se prétendant propriétaire de cette chose, et qu'à compter de l'obtention de ce titre, l'ex-détenteur précaire se met à posséder publiquement, *animo domini*, et avec toutes les conditions requises par l'art. 2229 du Code Civil (2).

Le titre translatif de propriété doit être sérieux et non pas un vain simulacre concerté pour tromper le véritable propriétaire.

Il y a interversion de titre par la contradiction, lorsque le détenteur précaire, soit judiciairement soit extra-judiciairement, résiste par un acte formel à l'exercice du droit de celui pour lequel il possédait, en niant positivement ce droit (3).

Cette contradiction met le propriétaire en demeure de s'expliquer et d'agir : s'il s'abstient, la prescription trentenaire lui fera perdre son droit.

(1) Troplong. De la Prescription, nos 523-524.

De même, Nancy, 11 mai 1843 — 29 juin 1832. — Req. 3 janvier 1827.

(2) Troplong. De la Prescription, n° 806. — Marcadé. De la Prescription, sur l'art. 2241 — IV° 1o.

(3) Marcadé, sur l'art. 2241 — IV° 2o.

CHAPITRE III.

Obligations et Droits de l'Usager.

La première règle est que les Droits d'usage forestiers se déterminent par le titre qui les a constitués.

C'est au titre qu'il faut se reporter pour connaître la nature, l'espèce et l'étendue de la Servitude Usagère (C. N. art. 628). Si le titre s'exprime clairement, on peut donc éviter bien des difficultés d'exécution qui sont généralement inhérentes à cette sorte de droits.

Par conséquent, si le propriétaire n'a pas limité dans le titre de concession les droits des usagers, il est tenu de délivrer toute la quantité nécessaire à leurs besoins, alors même que cette quantité absorberait tous les produits de la forêt (1).

Toutefois cette règle est elle-même limitée par ce principe, que les Droits d'usage ne peuvent excéder la possibilité de la forêt : « L'Exercice des droits d'usage pourra toujours être réduit par l'administration, suivant l'état et la possibilité des forêts..... » (C. F. art. 65-67-110.)

Il y a là un principe d'ordre public et de police, contre lequel aucune prétention contraire ne saurait prévaloir.

A ce sujet, il faut distinguer les prescriptions d'ordre public, à l'encontre desquelles les titres même de concession ne sauraient aller, et les règles générales prescrites en leur absence, mais auxquelles ils pourraient déroger.

Les premières intéressent l'ordre public, en ce qu'elles se proposent directement la protection et la conservation de la forêt, que leur infraction tendrait donc à ruiner.

Telle est, par exemple, la règle qui limite l'usage à la possi-

___

(1) Nancy, 29 juin 1832. — 20 juillet 1843. — Rej. 1er juillet 1839.

bilité (1) (C. F. art. 05) : il en est de même pour la nécessité de la délivrance (2) (art. 70-120 C. F.) qui a pour but d'assurer l'exécution de la précédente. Le propriétaire pourra toujours exiger que l'usager se soumette à la délivrance.

A l'égard des droits de pâturage, ce même principe, dont la délivrance est une application, se manifeste par la règle de la Défensabilité (3) (art. 67-119 C. F.). Les Usagers ne pourront introduire leurs bestiaux dans les bois qui seraient trop jeunes encore pour supporter l'atteinte des animaux.

Ainsi, l'Usager sera toujours tenu de jouir en bon père de famille (art. 627 C. N.).

Mais au contraire le titre pourrait le relever de l'obligation où il se trouve naturellement de consommer lui-même les produits qu'il a reçus (art. 83), et lui permettre, par exemple, de vendre les bois qui lui ont été délivrés, de les employer à la destination qui lui semblera convenable (4) (Cass. 20 août 1833. — Nancy, 2 janvier 1844.)

De même, le titre de l'usager peut valablement lui permettre de mener dans la forêt d'un particulier les bestiaux dont il fait commerce (art. 70-120, C. F.).

On comprend que ces règles ne sont point rigoureusement d'ordre public, comme celles dont nous avons parlé d'abord.

---

(1) Ce principe a toujours été considéré comme le point de départ de toute police des Droits d'usage. — Voy. les Ordonnances de 1376 (art. 30), 1402 (art. 27), 1515 (art. 29), 1583 (art. 10), 1669 (Tit. XX. art.5).

(2) Ordonnances de 1280, 1529, 1540, 1583. Ces anciens textes ont été appliqués à plusieurs reprises par la Cour de Cassation — 3 sept. 1808 — 21 août 1820 — Et, depuis le Code Forestier : 16 mars 1836, 13 août 1839. — Bourges, 10 déc. 1841. — Nîmes 13 mars 1840, etc.

(3) Pecquet, dans son Commentaire, cite une charte de l'an 1220, qui établit le principe de la Défensabilité. (Lois Forestières, T. 1. p. 509). — Voy. Ordonn. de 1318, 1515 (art. 72), 1669 (Tit. XIX, art. 1).

(4) Ainsi il arrive souvent, que l'administration, délivrant aux usagers des bardeaux pour la toiture de leurs maisons, leur permet de vendre ces bois, à la condition d'employer la tuile, afin de éliminuer les dangers d'incendie.

Nous avons dit qu'il faut se reporter au Titre pour connaître l'étendue de l'usage ; qu'il faut en outre ne point dépasser la possibilité de la forêt.

Mais la plupart du temps, le titre garde le silence ; souvent aussi les besoins des usagers sont en eux-mêmes très-variables. Il peut donc arriver que, dans les limites de la possibilité, une difficulté s'élève sur le point de savoir quelle quantité doit être délivrée aux usagers.

Si l'Usage est établi au profit d'une maison, il faut considérer quelle était l'étendue de la maison lors de la constitution de l'usage : « Les droits d'usage appartenant à la classe des servitudes réelles, dit M. Henrion de Pansey (1), ce n'est pas à l'habitant que le bois usager est asservi, mais à l'habitation. » Pour le droit de chauffage, il faut donc considérer le nombre de cheminées au moment de la concession, et l'étendue de la maison pour le droit au bois de construction (2).

Nous avons vu qu'il en serait autrement pour l'usage concédé à une famille (3).

Si l'Usage est établi au profit d'une exploitation agricole, les délivrances doivent être proportionnées aux besoins de cette exploitation (4). Si elle augmente d'importance, les délivrances doivent être proportionnellement étendues, puisque primitivement la servitude usagère avait été constituée en vue et dans l'espoir de ce développement. Toutefois, comme la Servitude est Réelle, on ne pourra l'étendre au service d'un autre

(1) Des Biens Communaux Chap. XVII. n° 13.

(2) Legrand, sur l'article 168 du Titre X de la Coutume de Troyes. Glose II, n° 23. — Coquille, sur l'article 12 Chap. XVII de la Coutume de Nivernais. — Henrion de Pansey. Des Biens Communaux. Chap. XVII, n° 12. — Comp. Ordonnances de 1402, art. 71 et de François Ier mars 1515, art. 83. Recueil de Rousseau p. 102-103.

(3) Legrand, sur l'article 168 du T. X. de la Coutume de Troyes Glose II n° 22. — Henrion de Pansey, Des Biens Communaux : Chap. XVII n° 14, qui rapporte l'opinion du président Bouhier, dans ses Observations sur la Coutume de Bourgogne.

(4) Henrion de Pansey. Chap. XVII, n° 12.

fonds (Cass., 20 juin 1827). — Sauf la réserve que nous venons d'indiquer, il faudra appliquer en effet l'article 702 du Titre des Servitudes (1).

La question devient plus délicate, lorsque l'usage est établi au profit d'une Commune ou d'une Section de Commune.

Écartons d'abord le cas où les habitants d'une commune sont, d'après leurs titres, usagers *ut singuli*. Il faudrait alors leur appliquer les règles précédentes (Colmar, 12 juillet 1839).

Dans notre nouvelle hypothèse, c'est l'ensemble des habitants, considérés *ut universi*, c'est la *Commune* qui a l'Usage.

Plusieurs systèmes ont été proposés pour déterminer dans ce cas la quotité des délivrances.

M. Henrion de Pansey (2) signale quatre arrêts du XVIe siècle, qui n'admettent à la jouissance des droits d'usagers que les maisons bâties *d'ancienneté*, c'est-à-dire « bâties avant quarante ans, ou bâties depuis, mais sur anciens fondements (3). » Cherchant les motifs de cette jurisprudence, M. Henrion de Pansey y trouve une interprétation de la volonté présumée des anciens seigneurs.

Les Droits d'usage avaient été constitués dans le but d'utiliser des propriétés stériles et d'y attirer des cultivateurs. Quand vint le moment où les campagnes furent peuplées, où les forêts présentèrent une valeur plus considérable, il est évident que les seigneurs n'eurent pas l'intention de maintenir ces avantages au profit des nouveaux-venus. Les résultats étant obtenus, l'effet des concessions usagères ne devait plus

(1) Proudhon Droits d'Usage, n° 133 T. I. p. 181-182.

(2) Des Biens Communaux. Chap. XVII, n° 15.

(3) Arrêt de 1581, rapporté par le président Bouhier, — «... domus ante quadraginta annos... extructæ, aut veteribus fundamentis super-structæ, ab eodem tempore. » Arr. de sept. 1545, rapporté par Duluc, *Placita summæ curiæ* L. VII T. VII, n° 4. — Arrêt de février 1572, rapporté par Rousseau, dans son Recueil, p. 641. — Et Règlement pour la forêt de Rouvray; 22 Oct. 1584. Rousseau. p. 676.

s'étendre. Et cette époque, comme nous l'apprend l'histoire, se réfère aux premières années du XVIe siècle.

Ainsi s'expliquent tous les arrêts rendus à la fin du XVIe siècle : ils se fondent non sur la lettre des titres primitifs qui favorisait les prétentions des nouveaux habitants, mais sur l'esprit de ces mêmes titres, qui protégeait les seigneurs.

Suivant Merlin, la Servitude Usagère étant Réelle, est attachée aux maisons. Par conséquent, si la concession n'a pas été faite de manière à comprendre formellement toutes les maisons qui pouvaient être bâties dans la suite, la Servitude usagère n'est pas susceptible d'augmentation. Et comme en fait de contrats, on doit s'en tenir à l'état où étaient les choses au temps de la convention, les droits d'usage anciennement concédés à une commune devraient, en droit strict, être restreints aux maisons qui existaient à l'époque de la concession. Mais, après un laps de temps de plusieurs siècles, il n'est plus possible de distinguer les maisons qui existaient à cette époque, de celles qui ont été construites postérieurement. Aussi, pour plier le principe rigoureux du droit aux exigences de l'application, a-t-on dû se borner à reconnaître seulement comme usagères les maisons auxquelles leur ancienneté donnait une sorte de droit : « Vetustas habet vim, non solum probationis, sed etiam tituli. »

On considère comme anciennes « les maisons bâties avant quarante ans, ou depuis, mais sur vieux fondements. » C'est ce que décidèrent de nombreux arrêts et règlements. Description devait être faite des maisons anciennes et usagères (1) : ces maisons devaient être : « distinctes par marques faites au-dessus des portes (2). »

Suivant M. Proudhon (3), comme les Droits d'usage ont été

---

(1) Règlement pour la forêt de Rouvray, 1381. — Voy. Recueil de Rousseau p. 676-680.

(2) Règlement général du 4 sept. 1601, n° 37 Voy. Rousseau p. 760.

(3) Et, arrêts conformes : Rouen 16 juin 1837 — Nancy 18 mai 1827. — Proudhon, Droits d'usage n°˙ 135-136.

constitués pour favoriser le développement de l'agriculture, il était dans l'intention des fondateurs que les Droits d'Usage fussent étendus à tous les cultivateurs qui viendraient s'établir dans la commune. Les villages, en effet, renferment dans la perpétuité de leur existence un germe perpétuel de variations quant au nombre des individus qui les composent, variations auxquelles devaient s'attendre les seigneurs.

Mais, en même temps, ces intentions ne doivent pas être dépassées. Si donc l'accroissement de la population tient, non pas au développement de l'agriculture, mais à une autre cause, à la présence d'un établissement industriel, par exemple, les Droits d'usage devront être, non pas proportionnellement étendus, mais réservés aux seuls cultivateurs, et à tous les gens de métier que l'on doit considérer comme leurs auxiliaires (Req., 24 juin 1851).

L'opinion de M. Troplong, rapportée par M. Meaume (1), se fonde à la fois sur les faits historiques et sur un principe fondamental de droit.

Le seigneur offrait des droits d'usage dans ses forêts, en échange d'une augmentation de ses revenus féodaux, et des autres avantages que lui procurait la présence sur ses terres de cultivateurs plus nombreux. C'était véritablement un contrat *Do ut des*. Tant que le seigneur a pu profiter des avantages qu'il avait en vue, le contrat a pu se former. Mais il a été rendu impossible à partir du moment où l'habitant nouveau n'a plus rien apporté en échange de la servitude usagère qui avait autrefois attiré les cultivateurs. Ce moment se présente le 4 août 1789, lors de l'abolition des droits féodaux. Par conséquent, aucune servitude usagère n'a pu être constituée de cette façon depuis le 4 août 1789, et les maisons construites depuis cette époque ne sont pas usagères (2).

---

(1) Commentaire du Code Forestier, n° 495.

(2) « Considérant qu'il est incontestable que les droits d'usage n'ont été

Il est certain que les considérations sur lesquelles se fondent ces différents systèmes sont justes.

Il est difficile d'ailleurs de formuler en cette matière une règle absolue. C'est le titre qu'il faudra d'abord consulter, pour connaître la véritable intention du fondateur, et les limites dans lesquelles il a entendu concéder les droits d'Usage.

Par exemple, si le titre déclare expressément que les droits sont accordés pour tous les futurs habitants, il serait difficile de ne point les étendre indéfiniment à tous les habitants nouveaux (1). D'un autre côté, il serait souvent contraire aux prévisions et aux intentions apparentes du seigneur, de ne fixer aucune limite.

Quant au fait de l'abolition des Droits féodaux, il doit sans doute avoir une influence prépondérante pour les usages qui étaient accordés en échange d'un simple accroissement dans l'ensemble des droits féodaux. Mais, au contraire, si la servitude usagère était due moyennant une redevance spéciale pour l'exercice de ce droit, et si cette redevance a continué à être payée depuis le 4 août 1789, on ne peut méconnaître à ceux qui se sont acquittés de ces redevances la qualité d'Usagers.

établis au profit des habitants des communes de St-Quirin, qu'en considération des redevances auxquelles ils étaient soumis — Que s'il y avait accroissement d'habitations et d'habitants, les revenus du seigneur augmentaient dans la même proportion, — Que, comme tous ceux qui se sont établis dans les communes de St-Quirin jusqu'en 1789, ont dû acquitter ces redevances, ils ont par là même des droits acquis, dont ils ne peuvent être privés même par l'abolition des rentes qu'ils devaient payer, ces rentes ayant été supprimées par la loi du 4 août 1789... — Mais comme depuis cette époque, les seigneurs de St-Quirin ne pouvaient plus s'opposer à l'établissement de nouveaux habitants, ce qu'ils étaient en droit de faire auparavant, les nouveaux habitants, qui n'ont jamais rien pu offrir en compensation des droits de marronnage, ne peuvent raisonnablement y rien prétendre; ils doivent être repoussés par les conséquences de la loi du 4 août 1789... » Nancy, 26 juin 1828. — Et Nancy, 23 mai 1833.

(1) Req. 23 mars, 1818.

Remarquons enfin qu'il faut justifier de la qualité d'habitant pour participer à l'usage, lorsque ce droit est communal. Toutefois, comme il est, d'autre part, servitude réelle, il pourrait être exercé, au nom du propriétaire non résidant, par les fermiers exploitants les biens de celui-ci (1).

Nous avons à parler maintenant des principes qui régissent l'exercice des Droits d'Usage.

Il en est deux principaux, dont nous connaissons déjà de nombreuses applications, et qui dominent toute la matière :

1° L'Usager doit jouir en bon père de famille.

2° L'Usage est destiné à la satisfaction des besoins du fonds dominant.

Ne pouvant entrer dans le détail des mesures de police prescrites par le Code Forestier, nous nous bornerons à rattacher aux principes les solutions et les mesures les plus importantes.

Iᵉʳ Principe.

L'Usager doit jouir en bon père de famille (C. N., art. 627). Ainsi, c'est au principe formulé par le Code civil, que viennent se rattacher les règles nombreuses ayant pour objet la protection de la forêt.

De ce que l'usager doit jouir en bon père de famille, il en résulte qu'il ne doit point dépasser les limites de la possibilité de la forêt (C. F., art. 65-112).

C'est là une règle absolue que l'art. 120 du Code Forestier n'étend point cependant aux bois des particuliers. Mais il n'en faut pas conclure qu'elle ne leur est pas applicable. L'art. 65, en effet, ne prescrit pas une mesure nouvelle, mais ne fait que rappeler un principe général d'ordre public, et reconnu de tout temps. Nous l'avons vue dans les Ordonnances de 1376, art. 30, de 1388, de 1402, de 1515 et de 1583 (2), comme dans

____

(1) Voyez cependant Henrion de Pansey, Des Biens Communaux, Chap. XVII, n° 20.

(2) Rousseau. p. 31.

les arrêts et règlements que cite Sainctyon (1). « Il est de principe, dit Chaillant dans son Dictionnaire, à propos des forêts seigneuriales, que l'Usager ne doit jouir que selon la possibilité de la forêt. »

D'ailleurs, pour les droits de pâturage, la règle de la défensabilité, qui n'est qu'une conséquence du même principe, est expressément rappelée par l'art. 119. Le propriétaire d'une forêt pourrait donc certainement l'invoquer.

Si donc le législateur ne rappelle pas l'art. 65 dans l'art. 120, c'est qu'il a simplement voulu que l'art. 65 ne fût pas tout entier applicable aux bois des particuliers.

Ce silence porte en effet sur le second alinéa de l'art. 65 : « En cas de contestation sur la possibilité et l'état des forêts, il y aura lieu à recours au Conseil de préfecture. »

Cette disposition n'est applicable qu'aux forêts de l'Etat, à celles des communes et des établissements publics (art. 112). Le Conseil de préfecture serait donc incompétent pour statuer sur l'état et la possibilité des forêts des particuliers (C. F. art 121) : il le serait aussi, même quant aux forêts de l'Etat pour interpréter le titre et pour fixer l'étendue du droit, d'après le titre, les produits, le nombre des usagers. L'examen de ces questions doit être renvoyé aux tribunaux ordinaires.

Par *Etat* de la forêt, il faut entendre l'âge et la consistance du bois ; par *Possibilité*, la quotité des produits qu'on peut retirer annuellement de la forêt, sans s'exposer à une diminution progressive de la production.

Mais il peut arriver que la possibilité subisse des modifications à la suite de travaux entrepris par le propriétaire, d'opérations d'aménagement ou de sylviculture, par exemple. L'usager devra-t-il supporter la diminution de jouissance résultant de ces travaux, ou pourra-t-il exiger des indemnités ?

M. Henrion de Pansey (2) reproduit sur ce point les textes

(1) Sainctyon. L. III. T. XXIII, art. 59. p. 1086, et art. 3.
(2) Des Biens Communaux. Chap. XVII, n° 19, p. 123.

de l'ancien droit, d'après lesquels il faut, comme nous l'avons vu, distinguer entre les droits de pâturage et les usages en bois : malgré les premiers, le propriétaire pourra défricher et mettre ses terrains en valeur, la servitude continuant sur les terres mises en culture, après la récolte : les seconds, au contraire, ne peuvent être détruits ni modifiés par la seule volonté du propriétaire de la forêt.

Suivant M. Proudhon (1), deux principes sont à observer ici : le propriétaire ne peut nuire par son fait aux droits de l'Usager (C. N. art. 599) : et, de plus, le propriétaire du fonds servant ne peut rien faire qui tende à en diminuer l'usage, ou à le rendre plus incommode (art. 701).

D'une part, on ne peut empêcher le propriétaire de faire les changements de culture, et les améliorations raisonnables, d'où résulteront une augmentation de valeur et de produits. L'Usager subira sans doute une diminution temporaire, mais lui-même en doit recueillir dans la suite sa part de profits. C'est au propriétaire qu'appartient le droit de faire les plantations et les modifications qu'il juge à propos (C. N., art. 537-544-552) ; c'est donc à lui de fixer, dans les limites équitables, la possibilité de la forêt (C. F., art. 65).

D'un autre côté, l'Usager ne peut être forcé de subir des changements qui aboutiraient pour lui à diminuer sérieusement sa jouissance. La plupart du temps, il y aura donc sur ce point une question de fait dont l'appréciation souveraine doit appartenir aux tribunaux (Cass. 21 juillet 1846).

Ainsi, on ne peut reconnaître au propriétaire, comme le fait M. Henrion de Pansey, à l'égard des droits de pâturage (2), le droit de pratiquer des défrichements, malgré l'opposition des usagers. Il en résulterait certainement pour eux une diminution de jouissance qu'ils ne peuvent être contraints d'endurer.

Inversement, lorsqu'un terrain vague est grevé d'un droit

(1) Des Droits d'usage, n° 149.
(2) Des Biens Communaux, p. 143.

de pâturage, le propriétaire ne doit pas être contraint de voir son domaine à jamais stérile. Si l'Usager cependant est exposé à souffrir dans son droit, il pourra légitimement réclamer une indemnité. Par exemple, lorsque des terrains vagues sont changés en bois, le droit de pâturage est désormais soumis aux règles concernant la Possibilité et la Défensabilité des forêts. Mais les Usagers ne peuvent se plaindre, parce que le propriétaire convertit en bois ou en propriétés cultivées une partie seulement des terrains vagues, dont le surplus peut suffire à l'exercice de la servitude.

Enfin, suivant M. Proudhon (1), le propriétaire ne pourrait changer au préjudice des Usagers l'ancien mode d'exploitation de sa forêt. Par exemple, si un droit de pâturage est établi sur une forêt dont la coupe est exploitée tous les vingt ans, le propriétaire ne peut réduire ce délai à dix ans. En effet, la forêt étant déclarée défensable au bout de huit ans, les usagers, dans le premier aménagement, ont douze ans de parcours ; d'après le second, ils n'auraient plus que deux ans, ce qui leur porterait un préjudice considérable.

Suivant M. Curasson (2), le propriétaire n'a pu se priver du droit d'administrer sa forêt en bon père de famille. Sans doute, les Usagers ne peuvent souffrir de dommages injustes, mais les tribunaux auront à attribuer aux usagers des dommages-intérêts dont ils seront juges, sans que le propriétaire puisse être contraint à subir un aménagement qui lui serait désavantageux.

Si nous supposons qu'un droit d'usage porte sur le mort-bois et qu'un nouvel aménagement le fasse disparaître, on pourra ménager et conserver les droits respectifs du propriétaire et de l'usager, en délivrant à celui-ci des bois durs en moindre quantité, mais représentant la même valeur calori-

(1) Droits d'usage, nos 153-154.
(2) Curasson sur Proudhon, no 153.

fique, que celle des Lois moins précieux auxquels l'usager avait droit. (1) (Req. 29 juillet 1850.)

De ce que l'usager doit jouir en bon père de famille, il résulte que s'il a droit au bois de chauffage, il devra prendre d'abord les bois impropres à tout autre usage, c'est-à-dire « le bois mort et le mort-bois avant tous autres. » (2) Toutefois, il ne pourra souffrir une limitation abusive de ses droits, car ses besoins doivent être satisfaits (second principe). Le titre, ici comme toujours, doit avant tout être consulté.

Le moyen, de tout temps employé pour assurer l'application aux usages au bois du principe que nous étudions, a été la *Délivrance*, que prescrit encore l'article 70 du Code Forestier (C. F. art. 120). Il ne peut appartenir à l'usager de fixer sans contrôle les limites de ses besoins, et de se servir lui-même sans le consentement du propriétaire (3).

Le principe de la délivrance est évidemment contenu dans l'article 630 du Code civil ; et nous en trouvons aussi une application dans l'article 144 du Code Forestier pour les droits d'usage portant sur l'extraction de la pierre, du sable, ou sur l'enlèvement des feuilles mortes, des glands, etc.

Les articles 80 (120) (4), 81 et 82 règlent l'enlèvement des bois auxquels les Usagers ont droit.

La délivrance est le seul moyen pour le propriétaire de contrôler l'exercice de la servitude qui grève sa forêt. La caution serait ici une garantie insuffisante, et ne saurait la plupart du temps indemniser le propriétaire de dommages qui pourraient être considérables. L'obligation de la délivrance au contraire rend la caution inutile.

Et comme le droit porte sur une perception de fruits,

(1) M. Meaume. Commentaire du Code Forestier, n° 939.

(2) Coutume de Lorraine, T. XV, art. 18.

(3) Henrion de Pansey. Des Biens Communaux. Chap. XVII, n°ˢ 16 et 17.

(4) Il a été jugé que celui qui a droit au bois mort *en estant*, a droit de se servir de crochet de fer. — Cass. 4 août 1833 (sur l'article 80 C. F. a contrario).

comme cette perception est instantanée, c'est au moment où elle a lieu que la surveillance est nécessaire.

En ce qui concerne les droits de pâturage, la règle que l'Usager doit jouir en bon père de famille trouve son application dans l'article 67 du Code Forestier. Les Usagers ne peuvent exercer leurs droits que dans les cantons déclarés *défensables* (art. 67-110. C. F.).

C'est l'administration forestière qui déclare les cantons défensables.

En cas de difficultés sur la déclaration de défensabilité, le Conseil de préfecture est compétent, pour les forêts de l'Etat (art. 67).

Ici encore nous nous trouvons une règle d'ordre public et d'intérêt général, qui doit être appliqué : « nonobstant toutes possessions contraires » (art. 67).

Le bois est *défensable*, dès qu'il « se peut défendre des bêtes (1). »

Il est *en défends*, tant qu'il n'est pas permis d'y laisser paître les bestiaux.

L'article 67 ne prescrit aucun réglement général : il sera fait une déclaration spéciale pour chaque canton de bois, d'après les essences de la forêt et la nature du sol (2) (C. F. art. 69-70-120).

Les autres mesures prises pour protéger la forêt, sont :

1° La désignation des chemins par lesquels les bestiaux devront passer pour aller au pâturage (art. 71-110).

2° La formation d'un troupeau commun, conduit par un ou plusieurs pâtres choisis par l'autorité municipale (art. 72-120).

3° La marque des bestiaux (art. 73-74-75-120).

4° La détermination, d'après les droits des usagers, du nom-

---

(1) Ordonnances de 1318, art. 14 et de mars 1515, art. 72. Rousseau, p. 95.

(2) Pecquet. Lois Forestières, sur l'art. 1 du Titre XIX, T. I, p. 809.

bre des bestiaux qui pourront être conduits au pâturage (art. 68-69-77).

5° L'interdiction d'introduire dans les forêts des chèvres ou des moutons, nonobstant tous titres ou possessions contraires (art. 78-120).

6° La défense portée par l'article 57, et renouvelée par l'article 85 (art. 120), d'abattre, de ramasser ou d'emporter des glands, faînes ou autres fruits, semences ou productions des forêts.

7° Enfin l'article 66 (art. 120) règle spécialement l'exercice des droits de glandée et de panage (art. 76-77).

II° Principe.

Le second principe que nous avons formulé, est celui-ci : La servitude usagère est destinée à satisfaire les besoins du fonds dominant.

1ʳᵉ Conséquence.

L'Usage est quérable, c'est-à-dire que les usagers doivent faire au propriétaire la demande de la délivrance. S'ils s'abstiennent, en effet, le propriétaire est en droit de présumer que les besoins n'existent pas.

De son côté, le propriétaire de la forêt asservie ne saurait être contraint de rechercher si les besoins existent : les usagers doivent les lui faire connaître, en demandant la délivrance, sans que le propriétaire soit tenu de l'offrir, ni même d'adresser aux usagers un avertissement (1) ; conséquence de ce que la servitude est réelle.

2ᵉ Conséquence.

Comme les besoins sont à la fois l'objet et la mesure des droits, lorsque l'usager ne réclame pas, il reconnaît par son silence même que les produits auxquels il aurait droit, ne lui sont pas nécessaires ; d'où il résulte qu'ils cessent de lui être dûs.

(1) « Servitutium non ea natura est, ut aliquid faciat quis,.... sed ut aliquid patiatur, aut non faciat. » L. 15 § 1. *De Servitutibus.* L. VIII. T. I.

Aussi, comme la créance ne s'est pas révélée, ne pourra-t-il pas venir dans la suite réclamer, après avoir négligé de le faire, des délivrances qui auraient dû lui être faites à des époques antérieures. C'est ce que l'on exprime en disant que « *les Droits d'usage n'arréragent point* (1). » Les Ordonnances de 1376, art. 35, 1388, art. 34, 1402, art. 33, 1515, art. 50, portaient déjà : « défense.... de restituer arrérages aux usagers. » La raison en est que l'usage que l'on fait de ces produits est « temporel et momentané (2), » et que « la délivrance qui s'en faict regarde les nécessités futures de la personne et non du passé (3). »

3ᵉ Conséquence.

Mais d'un autre côté, il résulte du principe, au profit de l'usager, que le propriétaire est tenu de délivrer les produits auxquels l'usager a droit, dès que celui-ci lui en a adressé la demande.

C'est là un de ces cas où le propriétaire du fonds servant est astreint à une obligation *de faire*, en vertu de la servitude, mais en qualité de *propriétaire* seulement (C. N., art. 699. — Nancy, 17 mars 1850. — Colmar, 29 mars 1855).

Si le propriétaire refuse de faire la délivrance, l'usager pourra la réclamer devant les tribunaux civils, mais il devra agir dans l'année du refus ; car il n'est dû aucun arrérage pour le passé, à moins que la demande n'en ait été formée (Colmar, 30 mars 1832).

Pour que la maxime ne soit pas opposable à l'usager, il faut que sa demande ait porté spécialement sur la délivrance, et non sur un autre objet, par exemple, sur la légitimité de son droit lui-même.

Toutefois on ne doit point admettre une interprétation abu-

---

(1) Henrion de Pansey. Des Biens Communaux, Chap. XVII, nᵒ 18.
(2) Recueil de Rousseau, p. 70.
(3) Recueil de Sainctyon t. I. T. XXIX, art. 18. T. I. p. 377.
Req. 29 avr. 1839. — Metz, 18 déc. 1833. — Colmar, 11 juin 1833, etc.

sive que l'on a voulu faire du principe, et qui a reçu le nom de *Précompte* ou *Précomptage* (Nancy, 30 juillet 1836. — Colmar, 16 février 1838).

Voici sur quel raisonnement se fondait le précomptage : Du moment que l'usager n'a droit aux produits de la forêt assujettie que dans la limite de ses besoins (art. 630, C. N.), il doit d'abord appliquer à leur satisfaction ses ressources personnelles et réclamer les produits de son usage pour le surplus. Là seulement commence véritablement le besoin, pour l'usager.

Mais cette doctrine aboutit à opérer une extinction partielle, qui pourrait même être totale, de la servitude usagère, résultat qui ne saurait être accepté, à moins que le titre ne se prononce formellement en ce sens (Cassation, 7 mars 1842. — Nancy, 0 juillet 1847).

4e Conséquence.

Comme le propriétaire doit faire jouir intégralement les usagers, il ne pourrait accorder de nouveaux droits d'usage sur sa forêt, si les premiers devaient souffrir de ces nouvelles concessions (1).

Legrand décidait néanmoins que le propriétaire ne le peut en aucun cas, parce que les premiers usagers seraient toujours exposés à subir une diminution de jouissance (2).

Mais un propriétaire pourrait-il se fonder sur ce motif, qu'une portion déterminée de la forêt suffirait aux besoins des usagers, pour concentrer l'exercice de leur droit sur un canton déterminé?

Nous avons vu que cette opération, pratiquée dans l'ancienne jurisprudence, avait reçu le nom de réserve ou aménagement-règlement

Dans l'ancien Droit, aucune loi ne consacrait cette opéra-

---

(1) Proudhon, Droits d'usage, n° 151.

(2) Legrand, sur l'article 168, glose III, n° 4, et sur l'article 175, glose un., n° 3, de la Coutume de Troyes.

tion, que la jurisprudence des arrêts du conseil avait seule introduite. D'autre part, le cantonnement est le seul moyen légal offert au propriétaire pour libérer sa forêt d'une servitude devenue trop onéreuse.

Enfin, alors même que la jurisprudence des arrêts du Conseil pourrait être considérée comme obligatoire, elle serait abrogée par l'art. 218 du Code Forestier, aux termes duquel : « Sont et demeurent abrogés pour l'avenir, toutes lois, ordonnances..., arrêts du Conseil, arrêtés et décrets, et tous règlements intervenus, à quelqu'époque que ce soit, sur les matières réglées par le présent Code, en tout ce qui concerne les forêts. »

Le principe général de l'art. 701, al. 3 du Code civil, ne pourrait donc recevoir ici son application, puisque le texte spécial de l'art. 218 y déroge, et doit seul régir la matière (Bourges, 3 juill. 1828).

Toutefois, le propriétaire et les usagers pourraient s'entendre pour régler amiablement leurs droits respectifs au moyen d'une réserve ; cette convention n'aurait rien de contraire à l'ordre public.

5° Conséquence.

Le Droit d'Usage lui-même, comme nous l'avons vu, ne peut être séparément aliéné ni vendu, mais cette incessibilité tient plutôt, selon nous, au caractère de réalité de la Servitude Usagère. Mais, comme c'est à l'usager lui-même, que profitent en réalité les produits dus au fonds dominant, l'*incessibilité de ces produits* est au contraire une conséquence directe du principe que nous étudions. Les Usagers (art. 83, C. F.), ne peuvent vendre ni échanger les bois qui leur sont délivrés, ni les employer à aucune autre destination que celle pour laquelle le Droit d'Usage a été accordé. Bien plus (art. 84), ils doivent faire emploi des bois de construction dans un délai de deux ans, lequel, néanmoins, pourra être prorogé par l'administration forestière. Ce délai expiré, elle pourra disposer des arbres non employés.

En ce qui concerne les droits de pâturage, une conséquence analogue est contenue dans l'art. 70 : « Les Usagers ne pourront jouir de leurs droits de pâturage et de panage que pour les bestiaux à leur propre usage, et non pour ceux dont ils font commerce... »

6° Conséquence.

Suivant M. Henrion de Pansey (1), et d'après une circulaire du directeur général des eaux et forêts, du 12 août 1806, les frais de garde et de contribution sont une charge naturelle de la propriété. Ils ne sont donc pas dus par les usagers qui ont seulement un droit de servitude, et ne peuvent être tenus à d'autres obligations qu'à celles consignées dans leurs titres (Req. 38 juin 1838-13 août 1839. — Metz, 7 mars 1837, — Besançon, 28 février 1840).

Cette jurisprudence est aujourd'hui abandonnée. Il faut remarquer, en effet, que les Droits d'Usage sont des servitudes d'une nature particulière, qui portent sur des *fruits*. Or, il est de principe que les contributions sont établies sur la propriété, *à raison* des revenus (loi du 3 frimaire an VII, art. 2); et comme l'usager reçoit une partie de ces revenus, il est juste qu'il supporte les frais de contribution dans une même proportion.

D'ailleurs, nous avons vu que les Usagers ont droit à des prestations établies sur le *fonds lui-même*, puisqu'ils reçoivent les produits des délivrances en vertu d'une Servitude Réelle.

Par conséquent, si l'Usage Forestier ne doit pas être assimilé à l'Usage du Code civil, qui est une simple servitude personnelle, et si l'art. 635 du Code civil ne peut ici recevoir d'application, du moins la forêt où s'exerce ce droit se trouve précisément dans la position de ces fonds grevés de rentes ou de prestations, dont parlent les art. 07 et 08 de la loi du 3 frimaire an VII (23 nov. 1798) (Titre VI).

Art. 97. « L'évaluation du revenu imposable et la cotisation

---

(1) Des Biens Communaux, Chap. XVII, n° 23.

des propriétés foncières de toute nature, seront faites sans avoir égard aux rentes constituées ou foncières, et *autres prestations dont elles se trouveraient grevées*, sauf aux propriétaires à s'indemniser par des retenues, comme il est dit ci-après.... »

Art. 98. « Les propriétaires débiteurs d'intérêts et de rentes ou autres *prestations perpétuelles* constituées à prix d'argent ou *foncières*, feront la retenue à leurs créanciers dans la proportion de la contribution foncière..... »

De ce texte, sous l'application duquel rentrent évidemment les Droits d'Usage Réel, il résulte que le propriétaire, après avoir payé l'impôt, peut répéter la part qu'il a acquittée pour le compte de l'Usager (Nancy, 18 mai 1843, 29 déc. 1845, — Metz, 26 février 1850. — Toulouse, 11 avril 1853. — Lyon, 6 juin 1856).

Mais nous voyons en même temps, par cet article 97, que l'usager n'est pas contribuable. Aucun texte n'autorise à l'inscrire sur les rôles. L'obligation du propriétaire est donc la source de l'obligation de l'usager ; celui-ci ne contribue au paiement de l'impôt que pour indemniser le propriétaire (Cons. d'Et. 27 juill. 1853).

Il en résulte que les Usagers dans les Forêts domaniales ne doivent pas être assujettis à payer la contribution foncière.

En effet, l'article 1 de la loi du 19 ventôse, an IX (10 mars 1801), porte : « Les bois et forêts nationaux ne paieront point de contribution. » Cette loi a pour objet non pas seulement d'empêcher l'Etat d'avoir à se payer une contribution à lui-même, mais de soustraire entièrement les forêts domaniales à la cotisation. Si une loi était ici nécessaire, en effet, c'est qu'il s'agissait d'augmenter dans la même proportion la charge des propriétés assujetties à l'impôt.

La véritable portée de cette loi de ventôse, an IX, étant ainsi déterminée, la solution se présente naturellement.

D'une part, le propriétaire, l'Etat, est affranchi de la contribution foncière.

D'autre part, nous avons reconnu que l'usager est uniquement tenu d'indemniser le propriétaire. D'ailleurs on n'a point cherché à le déclarer personnellement redevable de la contribution.

Comme l'Etat ne saurait agir en remboursement d'une somme qu'il n'a pas déboursée, il en résulte nécessairement que l'usager, dans les forêts domaniales, est, en vertu de la loi de ventôse, an IX, affranchi de toute obligation, relativement au payement de l'impôt foncier.

On ne saurait enfin tirer un argument de l'art. 2 de la loi de ventôse, an IX, relatif aux fermiers et affouagers assujettis, *par les clauses de leurs baux ou traités*, à payer la contribution des bois nationaux composant leurs fermes ou leurs affouages.

Dans l'hypothèse que régit cet article, ces contributions font partie du prix de bail ; la loi avait donc pour objet d'empêcher que les fermiers et affouagers ne fussent dispensés d'exécuter une partie des obligations de leurs fermages, ce qui eût été évidemment injuste.

De leur côté, les frais de garde sont une charge des produits (C. N. art. 608-635), non du fonds ; et comme ce sont les produits qui sont affectés aux besoins des usagers, ces frais doivent être supportés par eux et par le propriétaire proportionnellement à la part de produits qui revient à chacun d'eux (C. N. art. 635).

Il est certain toutefois que le propriétaire ne peut être le maître de fixer arbitrairement le salaire ou le nombre des gardes ; l'usager ne peut être tenu que de la dépense nécessaire, dont l'appréciation, en cas de difficultés, appartiendra aux tribunaux.

CHAPITRE IV.

Extinction de la Servitude Usagère.

En général, les Servitudes ordinaires ne peuvent s'éteindre que par le consentement mutuel des parties, ou par l'effet de la prescription. Mais la Servitude Usagère peut en outre s'éteindre par la seule volonté du propriétaire de la forêt, et contre le gré de l'usager, au moyen d'un *rachat*. Ce rachat, pour les droits d'usage en bois, s'opère en nature et se nomme *cantonnement*.

Des motifs spéciaux expliquent suffisamment cette dérogation au droit commun.

La Servitude Usagère, en effet, étant déterminée, quant à son étendue, par les besoins des usagers, offre cette particularité qu'elle peut exposer le propriétaire à une aggravation indéfinie de la charge qui grève son domaine, à moins que le titre ne s'explique expressément sur ce point.

D'un autre côté, il est évident qu'à l'époque de la concession, les fondateurs n'ont pas prévu l'importance et la valeur que devaient prendre, par suite de la diminution des forêts et de l'accroissement de la population, les avantages qu'ils accordaient.

Ajoutons enfin que les propriétaires des forêts assujetties, ne profitent plus aujourd'hui des avantages qui avaient autrefois déterminé les concessions usagères, et dont les fondateurs jouissaient, en échange de ces concessions.

Pour ces motifs, la loi n'a point voulu que le propriétaire fût exposé à voir la servitude prendre des développements imprévus, au point d'absorber peut-être la totalité des produits forestiers.

Mais, d'autre part, les communes peuvent évidemment invoquer un droit acquis. Aussi ne doit-on pas détruire l'antique concession, sans indemniser les usagers en rachetant la servitude.

Bien plus, en ce qui concerne les usages en bois, depuis un temps immémorial, les habitants étaient accoutumés à recevoir en nature la délivrance des produits forestiers ; il ne convenait pas de rompre tout d'un coup des habitudes anciennes. Il était plus équitable à la fois et plus prudent de céder aux communes, en échange de leurs droits d'usage, des propriétés boisées, que de les indemniser au moyen d'une somme d'argent, qui n'eût pas atteint le même but, et n'eût pas offert aux communes une aussi complète sécurité.

D'ailleurs, le rachat en nature servait également les intérêts du propriétaire, puisque celui-ci, payant le prix de la libération avec une portion de la forêt elle-même, a toujours à sa disposition le moyen d'opérer ce rachat.

Le cantonnement remplit précisément ces différentes conditions.

Il faut cependant reconnaître qu'à un autre point de vue, le cantonnement peut aboutir à un résultat injuste. Supposons qu'une commune exerce un droit d'usage en bois dans une forêt. C'est la commune qui a la Servitude Usagère, mais c'est l'habitant, membre de cette commune, qui en profite, puisqu'il reçoit les produits. Le cantonnement opéré, la commune acquiert un immeuble, un droit de propriété sur un canton de forêt, dont elle sera libre de vendre les produits : le corps moral, seul, profitera du capital et des revenus. Ainsi l'habitant n'a plus nécessairement aucun droit sur la portion dont la commune est devenue propriétaire.

Le cantonnement aboutit donc, dans ce cas, à l'enrichissement de l'universalité, au détriment de l'individu.

Nous allons examiner :

1° Le *Cantonnement* des Droits d'usage en bois.

2° Le *Rachat* des autres droits d'usage forestiers.

3° L'Effet de la prescription extinctive.

SECTION I. — *Du Cantonnement.*

On nomme *Cantonnement* la transformation de la Servitude Usagère en un droit de propriété exclusive, au profit de celui qui était usager, sur un canton déterminé de la forêt.

Comme nous l'avons vu, le cantonnement n'est pas un partage, mais un *rachat en nature*, destiné à opérer la libération du fonds.

Le Code forestier, dans l'article 63, a restitué à la servitude usagère son véritable caractère, comme le prouvent les travaux préparatoires du Code forestier : « Le projet de loi, dit M. le comte Roy dans son rapport à la Chambre des Pairs, porte que l'action en affranchissement d'usage par la voie du cantonnement n'appartiendra qu'au gouvernement et non aux usagers.

Cette disposition est conforme à ce qui avait toujours été admis. Elle est conforme à la nature du Droit d'usage, qui n'est qu'un droit de servitude, et à celle du cantonnement, qui n'est qu'un acte de rachat destiné à opérer la libération du fonds : c'est pour cela que les tribunaux n'admettaient jamais l'action en cantonnement, qu'autant qu'elle était intentée par le propriétaire pour l'affranchissement de son fonds; les usagers n'étaient pas reçus à le proposer, parce qu'il n'y a que celui qui est copropriétaire d'un fonds qui puisse en exiger le partage, pour en avoir à lui seul une portion. »

Et dans le rapport de M. Favard de Langlade à la Chambre des Députés : « Si, comme on n'en saurait douter, l'usage, ou, en d'autres termes, le droit de prendre une portion des fruits de la propriété d'autrui, n'est qu'une servitude, celui qui en subit la charge doit être seul admis à s'en plaindre. »

Fondés sur de telles considérations, les articles 63 et 118 reconnaissent au seul propriétaire le droit de cantonner.

Disons toutefois que les actions introduites par les usagers sous l'empire de la loi de 1792, et non encore jugées au moment de la promulgation du Code forestier, ont dû être terminées d'après les principes de la loi antérieure. Une fois la demande formée, le contrat judiciaire est intervenu, le droit de l'usager est fixé, et la loi postérieure ne saurait exercer son influence.

Comme le propriétaire est seul maître de cantonner (Besançon, 9 juillet 1831) et que, d'autre part, la servitude usagère étant indivisible, le cantonnement doit s'opérer pour le tout, il se peut qu'un des propriétaires de la forêt divise sur laquelle une commune est usagère, soit mis dans l'impossibilité de cantonner, ou contraint, s'il persiste, de racheter l'intégralité du droit par l'abandon d'un canton de forêt pris sur sa portion. En cas d'indivision, tous les copropriétaires devront s'entendre pour opérer le cantonnement du droit d'usage tout entier.

Pour cantonner, le propriétaire devra mettre en cause tous les usagers (Req., 13 août 1830). Toutefois, si nous supposons plusieurs communes usagères, le propriétaire ne sera pas contraint de cantonner les droits de chacune d'elles, pourvu toutefois que la portion de forêt désormais seule destinée à l'exercice de la servitude, soit encore suffisante pour les besoins des communes qui demeurent usagères. S'il en était autrement, la commune cantonnée serait injustement favorisée.

De même, si une commune a plusieurs droits d'usage distincts, le propriétaire peut cantonner l'un d'eux seulement, et non les autres, ce qui n'offre évidemment rien de contraire au principe d'indivisibilité (Req. 11 mai 1847).

Si plusieurs communes auxquelles des droits d'usage ont été concédés à différentes époques, exercent simultanément leurs droits, celle de ces communes qui s'appuie sur les plus anciens titres ne pourra prétendre à un privilége lors du cantonnement, alors même que le concours des autres communes usagères lui fait subir une diminution dans la portion de forêt qui lui est attribuée (Besançon 28 février 1840).

Quels Droits peuvent être cantonnés ?

Le Code Forestier ne modifie que pour les usages forestiers, les principes admis par la loi des 28 août 14 septembre 1792. Or cette loi, dans son article 5 rappelant l'article 8 du décre du 19 septembre 1790, établit la réciprocité du cantonnement pour les Usages constitués sur les bois, prés, marais et terrains vains et vagues. Par conséquent l'action en cantonnement sur les prés, marais et terrains vains et vagues, appartient toujours aux usagers comme aux propriétaires (1).

Dans les forêts, *les Usages en bois seuls* peuvent être cantonnés.

Mais *tout* usage en bois est cantonnable. Ce mode d'extinction est même applicable aux droits qui ont été concentrés sur un canton déterminé de la forêt par l'aménagement-réglement de l'ancienne jurisprudence.

En effet, il ne s'agit plus ici d'opérer une concentration nouvelle de la servitude, ce qui serait violer le titre ou la chose jugée, mais de l'éteindre, et de la transformer en un droit de propriété. (Req. 1er déc. 1835. — 7 août 1833 : « Il n'y a pas là violation du principe : cantonnement sur cantonnement ne vaut. »).

En ce qui concerne la forêt elle-même, son étendue sera fixée par d'anciens plans approuvés par les communes usagères, ou consacrés par une exécution réitérée. (Cass. 7 avril 1840).

Les différentes portions de la forêt asservie que le propriétaire aurait défrichées ou aliénées, seront fictivement réunies à l'ensemble de la forêt pour la détermination des droits des usagers, car ces faits ne sauraient leur nuire, ni modifier les résultats du cantonnement (Cass. 11 juillet 1839).

Mais faut-il réunir fictivement au canton de forêt sur lequel a été limité le droit d'usage, les portions dont le propriétaire s'était autrefois réservé la jouissance exclusive, par l'aménagement-réglement de l'ancienne jurisprudence ?

---

(1) Les droits de pâturage, établis sur ces mêmes terrains, sont en outre *rachetables*. (Loi des 28 septembre — 6 octobre 1791. T. I. Sect. IV, art. 8).

Cette opération n'a eu d'autre résultat que de déterminer la quotité des produits dus à l'usage, et l'étendue de la servitude. On ne peut donc considérer le droit d'usage comme subsistant toujours sur les autres parties de la forêt, puisque l'appréciation de ce droit ne saurait être modifiée par ce moyen. Sans doute, si la Réserve avait maintenu la servitude sur les autres parties de la forêt, et simplement concentré *son exercice* sur un canton limité, la réunion fictive n'en devrait pas moins avoir lieu, en vertu de l'indivisibilité de la servitude usagère ; mais tel n'était point le caractère de cette opération dans l'ancienne jurisprudence, comme nous le prouvent les termes formels de Legrand et de Coquille, que nous avons précédemment cités ; elle avait véritablement pour effet de libérer de la servitude, le surplus de la forêt (Metz, 8 mars 1842).

Comme le cantonnement est un moyen par lequel le propriétaire peut arrêter l'extension de la servitude usagère, la volonté formellement exprimée de cantonner, arrête cette extension. Par conséquent la demande en cantonnement régulièrement exprimée, limite le nombre des fonds dominants à celui des maisons qui sont usagères au jour de la demande (Besançon, 14 février 1833. — Bourges, 8 février 1841).

Mais la demande en cantonnement n'a pas pour effet d'interdire les délivrances usagères (Cass. 11 mars 1840).

Il se peut qu'il y ait lieu de suspendre les exploitations, mais uniquement pour faciliter les opérations du cantonnement : on n'y saurait voir une conséquence nécessaire de la demande (Nancy, 18 décembre 1841).

Toutefois, dans la pratique, les usagers n'exercent leurs droits que sur les cantons qui leur sont attribués en propriété.

Dans le cas, en effet, où les exploitations ont eu lieu sur d'autres parties de la forêt, le bois qui pousse pendant ce temps et augmente de valeur sur la partie destinée à l'usager, représente la valeur des exploitations qui n'y ont pas été faites. Par conséquent, on reconnaît généralement que l'usager aurait à payer des indemnités au propriétaire, s'il avait exercé son droit sur d'autres parties de la forêt (Nancy, 5 juin 1841. — 31 août 1849).

Enfin, dès que l'usager a donné son consentement à l'opération, dès que le jugement ordonnant l'expertise est intervenu le contrat judiciaire est formé, et constitue au profit de l'usager, un droit acquis au cantonnement. Le propriétaire ne pourrait donc plus renoncer à l'opération, par là même qu'il ne la trouverait plus conforme à ses intérêts. Mais généralement, c'est une faculté qu'il réserve expressément, à la charge de payer les frais d'instance et d'expertise survenus jusqu'au désistement (Req. 7 mai 1816. — 4 avr. 1842).

Ces principes posés, il importe de déterminer les autres conditions du cantonnement, et de rechercher le mode suivant lequel il doit être opéré.

Le cantonnement, dit simplement le Code forestier, « sera réglé de gré à gré, et, en cas de contestation, par les tribunaux... » (art. 63).

En ce qui concerne le cantonnement des servitudes usagères établies dans les forêts de l'État et des communes, l'Ordonnance réglementaire du 1er août 1827 traçait la marche à suivre, par ses art. 112, 113, 114, 115.

L'opération préparatoire consistait en une expertise (art. 113) ayant pour but de déterminer la valeur des Droits d'usage, et celle des parties de bois à abandonner pour le cantonnement.

Si l'usager consentait à la proposition qui lui était faite par le préfet, il donnait acte, sous la forme administrative, de son engagement d'accepter, sans nulle contestation, ' cantonnement tel qu'il lui avait été proposé (art. 114).

Si l'usager, au contraire refusait son consentement, le préfet, sur l'ordre du ministre des finances, intentait l'action contre l'usager, devant les tribunaux, conformément à l'art. 63 du Code forestier (art. 115).

Un décret impérial du 12 avril 1854 modifie l'Ordonnance réglementaire pour le nombre et le choix des experts, mais sans leur prescrire encore aucune marche déterminée.

Cette lacune fut comblée par un décret du 19 mai 1857, qui, ayant pour but de dégrever les forêts de l'Etat, et d'assurer la prompte exécution des diverses opérations du cantonnement, est rédigée dans un esprit de libéralité envers les usagers. Il prescrit en effet d'offrir aux communes et aux particuliers qu ont des servitudes usagères dans les forêts de l'Etat, un cantonnement supérieur de 25 pour 100 à ce qui leur est dû réellement.

Mais, comme c'est là une pure faveur, dans le cas où l'usager refuse l'offre, il y a lieu à une action judiciaire; et les tribunaux ne sont pas liés par les dispositions du décret.

De son côté, l'Etat est libre de ne pas accepter les résultats de l'expertise.

Ainsi, le cantonnement peut être amiable ou judiciaire.

Les décrets dont nous venons de parler sont inapplicables au cantonnement des servitudes usagères établies dans les forêts des particuliers.

Aucune loi n'ayant tracé les règles d'après lesquelles on doit déterminer la part des usagers dans un cantonnement, cette appréciation appartient aux tribunaux qui décideront suivant l'étendue et la nature des différentes servitudes usagères.

L'absence de dispositions réglementaires doit également faire décider que les particuliers ne sont pas contraints de faire aux usagers des offres préalables à l'introduction de l'action en cantonnement. D'ailleurs, le préliminaire de conciliation pourra remplir le même but.

Il est certain toutefois que, le cantonnement n'étant pas un partage, les usagers ne peuvent plus, comme sous l'empire de la loi de 1792, réclamer l'application des principes du partage (1). Par exemple, on ne pourrait se borner à estimer la valeur de la nue-propriété, pour déterminer ainsi la part du

____

(1) Cass. 25 févr. 1845. Cet arrêt décide « que les principes du partage en général, adoptés pour la détermination des parts, d'après des droits déjà définis et fixés, sont inapplicables au cantonnement. »

propriétaire. C'est, en effet, le droit des usagers, non celui du propriétaire, qui doit subir le cantonnement. L'estimation doit donc uniquement porter sur les droits des usagers, puisque l'opération a simplement pour but une indemnité, un *rachat* en nature.

Il faut observer aussi que le cantonnement a pour effet de convertir en un droit de propriété foncière une servitude usagère, dont l'exercice ne conférait à l'usager aucune participation à la propriété, mais le faisait seulement jouir de délivrances mobilières. Si les revenus de ce droit nouveau offrent la même valeur que les produits de l'usage, l'usager aura conservé les mêmes avantages, et obtenu en outre un droit de pleine propriété. Il est évident qu'un tel résultat serait injuste, en donnant à l'usager ce qui ne lui était pas dû.

Donc le cantonnement, « en attribuant à l'usager la qualité de propriétaire, doit nécessairement diminuer son usage et lu faire perdre en étendue ce qu'il obtient en solidité (1). »

Le résultat nécessaire de cette opération, doit être de diminuer, dans une certaine proportion, les produits que l'usager retirait, avant le cantonnement, de l'exercice de la servitude, puisque nécessairement aussi, elle lui donne un droit nouveau, celui de pleine propriété, et « compense en propriété ce qu'elle ôte en droits d'usage (2). »

Nous savons enfin que la possibilité de la forêt asservie, est l'extrême limite du droit d'usage ; par conséquent, si la servitude usagère absorbe tous les produits de la forêt, c'est dans les limites de cette possibilité qu'elle sera renfermée.

Tels sont les principes auxquels doit se conformer les opérations et les résultats du cantonnement.

Ces points établis, examinons les systèmes qui ont été proposés.

I° Système de Merlin.

(1) Curasson sur Proudhon, n° 689.
(2) Cass. 7 août 1833.

Il est juste que les usagers perdent en étendue ce qu'ils gagnent en solidité (1). Il est donc certain que le cantonnement doit donner moins à l'usager que l'aménagement ancien, puisque l'aménagement limitait la servitude, sans la transformer en propriété.

D'un autre côté, « il n'y a point d'autre règle à suivre en cette matière que celle des circonstances ; ou, en d'autres termes, il faut mesurer le cantonnement sur les droits et les besoins des usagers. »

Après avoir posé ces principes évidemment justes, l'auteur cherche à indiquer une règle plus générale et plus précise. « A moins que des raisons de circonstances n'y obligent, on ne doit guère porter le cantonnement au-delà du tiers du fonds usager. En effet, il semble que l'estimation de l'usufruit, qui cependant forme un droit plus étendu que l'usage, n'a jamais excédé le tiers de la propriété (2). »

Ce système fixe arbitrairement à titre de maximum, le tiers de la forêt, comme devant servir de paiement aux usagers. Il ne fait donc pas prendre suffisamment en considération l'étendue de l'usage, ni son espèce, ni le nombre des usagers. Aussi n'a-t-il pas été admis en principe par la jurisprudence moderne ; et le Code Forestier lui-même permet la plus grande liberté d'appréciation suivant les circonstances. Ajoutons que l'on ne peut assimiler l'usage à l'usufruit, l'estimation de ce dernier droit étant nécessairement aléatoire, tandis que celle de l'usage doit être certaine.

II° Système de Proudhon.

Suivant Proudhon, qui réfute d'abord victorieusement le système de Merlin (3), le cantonnement est un rachat qui s'opère au moyen d'un partage (4).

---

(1) Merlin. Répertoire V° Usage (Droits d') Sect. II. § V. T. XIV. p. 360 col. 2.

(2) Merlin. Répert. id.

(3) Proudhon. Droits d'usage. T. II. Tit. III. Chap. III n° 664 à 671.

(4) Proudhon, id. n° 632.

Pour déterminer le prix du rachat, il faut connaître la valeur des Droits d'usage, qu'on détermine au moyen d'un aménagement-réglement fictif. L'usage se trouve alors concentré sur une portion de forêt qui constitue un immeuble indivis entre le propriétaire et les usagers. C'est ici que l'idée du partage intervient, puisqu'il s'agit d'opérer la division de cet immeuble. Dans ce but, on doit fixer la quote-part de chacune des parties dans l'objet à partager.

« L'aménagement, une fois opéré, ne pourrait justement être borné là, et on devra nécessairement l'étendre plus loin, par la considération qu'auparavant le propriétaire était chargé des frais de garde et de tous les impôts assis sur sa forêt, et qu'à l'avenir les usagers, qui jouiront de toute la superficie de leur aménagement, devront en supporter les frais de garde et les contributions, bien qu'ils n'aient pas été rendus propriétaires du sol, parce que les contributions foncières sont nécessairement à la charge de celui qui jouit exclusivement du fonds. »

« En admettant que les impôts et frais de garde soient l'équivalent du cinquième du revenu, il faudra augmenter d'autant le canton nécessaire à la production du bois des usagers... (1) »

Mais il faut aller plus loin ; il s'agit d'assigner à l'usager non pas un simple aménagement, mais bien un cantonnement, qui doit le rendre propriétaire. « Ici va se présenter le problème dont la solution consiste à déterminer les valeurs comparatives des droits de propriété et d'usage, » à savoir par conséquent qu'elle doit être la différence entre l'aménagement et le cantonnement. Or l'utilité de la propriété consiste en certains droits accessoires, comme ceux de pêche, de chasse, en droits éventuels, comme l'invention d'un trésor, la perte de l'usage qui eût été possible sans le cantonnement, soit par la prescription extinctive, soit par la destruction du fonds ser-

(1) Proudhon Droits d'usage, id. n⁰ˢ 672, 673 et suiv.

vant. Ces valeurs devront être estimées par les experts, pour que l'on réduise d'autant la portion cédée par forme d'aménagement et la ramener au taux que doit avoir le cantonnement.

En admettant que la somme de ces droits soit équivalente à un cinquième des revenus, « il en résultera que le *cantonnement* doit embrasser une étendue de forêt telle que la commune usagère puisse y trouver en coupes annuelles, tout le produit qu'elle avait le droit de prendre sur l'ensemble de la forêt, et que la charge des frais de garde et d'impôts, qui seront désormais à son compte, au lieu d'être à celui du propriétaire, sera une indemnité ou une compensation suffisante, à raison de la nue-propriété qui est cédée par celui-ci (1). »

Ainsi, dans le système de Proudhon, le propriétaire, tout en perdant une partie de la propriété, ne gagne rien en produits, résultat évidemment injuste.

Mais en outre, l'examen du raisonnement même qui conduit à cette conclusion nous prouvera qu'elle ne saurait être conforme aux intentions de la loi.

Pour arriver au cantonnement, en effet, l'auteur se place tout d'abord dans l'hypothèse de l'ancien aménagement-réglement, totalement étrangère à la première opération.

Il en résulte qu'il se trouve dans la nécessité de procéder à un partage préalable, à une attribution de parts dans un objet indivis, idée que le Code forestier et la jurisprudence ont formellement repoussée : « Il ne s'agit pas d'un partage ordinaire dans lequel chaque propriétaire obtient une portion équivalente à ses droits indivis. Il s'agit, au contraire, d'une interversion de titre, qui, en attribuant à l'usager la qualité de propriétaire, doit nécessairement diminuer son usage. » (2)

La seconde conséquence de cette assimilation, est de rendre nécessaire, l'évaluation d'un droit qui n'a rien d'appréciable

(1) Proudhon. Droits d'usage, id T. II. n° 676.
(2) Curasson sur Proudhon, n° 689.

en lui-même, qui n'est d'aucun produit, puisqu'on a supposé que tous ceux de la portion aménagée, sont absorbés par les usagers.

Cette évaluation de la propriété sera donc nécessairement arbitraire : bien plus, c'est même n'en tenir aucun compte, que de l'estimer d'après la valeur de droits éventuels ou minimes.

Ajoutons enfin que Proudhon ne tient non plus aucun compte de la *Possibilité*, limite naturelle des Droits d'usage. Il les apprécie comme si cette limite n'était pas imposée par la loi. Or, le propriétaire doit profiter de la restriction dérivant de la possibilité.

Aussi le système que nous venons d'examiner et de combattre, arrive-t-il comme dernière conséquence, à faire du cantonnement un véritable aménagement-réglement, en y ajoutant le droit de propriété ; à reconnaître aux usagers un produit égal ou presque égal à celui qu'ils avaient avant le cantonnement, résultats contraires aux principes que nous avons établis.

III°. Système de la Capitalisation.

Le système de la Capitalisation consiste à rechercher le capital équivalent aux droits d'usage qu'il s'agit de cantonner, et à livrer aux usagers un canton de forêt, dont la valeur en fonds et en superficie représente exactement le capital de rachat.

Ce système était déjà suivi par la jurisprudence avant la promulgation du Code Forestier ; il était en principe contenu dans l'ordonnance réglementaire de 1827, et c'est lui enfin que le décret du 19 mai 1857 consacre définitivement pour le cantonnement des Droits d'Usage établis dans les forêts de l'Etat.

On devra d'abord considérer l'espèce et l'étendue de la Servitude Usagère, d'après les titres, la quotité des délivrances, le nombre des parties prenantes. Puis on aura à déterminer exactement l'*Emolument Usager*, c'est-à-dire le produit annuel de la servitude. Pour trouver ainsi le revenu usager *en matière*, si les titres n'indiquent point la quotité fixe des délivrances, les experts auront recours aux délivrances opérées dans les quinze ou vingt dernières années, d'où ils pourront facilement déduire une année moyenne, qui représentera la valeur des délivrances en nature (art. 3 et 4 du décret du 19 mai 1857). On comprend en effet que les changements survenus dans la possibilité de la forêt, dans les besoins des usagers, et d'autres circonstances, peuvent rendre, suivant les années, les délivrances considérables ou peu importantes : on ne pourrait donc obtenir un résultat certain, si l'on ne cherchait un revenu moyen.

Si les délivrances stipulées par les titres dépassent la possibilité, la détermination de cette possibilité formera l'évaluation de l'émolument annuel de l'usage (art. 5).

De plus, il y aura une évaluation spéciale pour chaque espèce d'usage (art. 2).

Le revenu des droits d'usage estimé en matière, doit être ensuite déterminé *en argent*, d'après le prix courant des marchandises dans la localité (art. 6). Il faut observer toutefois que les bois d'affouage et de marronnage sont généralement délivrés sur pied, et que les frais d'abattage et de transport sont à la charge des usagers. Il faudra donc retrancher le montant de ces frais, du prix indiqué par les mercuriales. De plus, dans l'étendue de la forêt, les bois ont plus ou moins de valeur, suivant les facilités de transport ; il faudra donc prendre la valeur moyenne des bois pour toute la forêt. Comme c'est l'émolument net, et non l'émolument brut de l'usage qui doit être racheté, on devra défalquer de la somme représentant la valeur annuelle des délivrances :

1° Les redevances payées ou dues par les usagers, en vertu des titres ;

2° Les frais d'exploitation des bois délivrés (art. 7).

Enfin on transforme le revenu annuel moyen déterminé en argent, en un capital qui doit représenter exactement la valeur du droit d'usage. Dans ce but, on multiplie par vingt ce revenu moyen : « Le revenu net du droit d'usage sera capitalisé au denier-vingt » (art. 9.)

Comme le cantonnement est un rachat en nature, les usagers devront recevoir en paiement non pas ce capital, mais un canton de forêt choisi autant que possible à la convenance des usagers (art. 12) (1), et dont la valeur représentera le capital de rachat.

Ce canton se compose du fonds et de la superficie ; on estimera donc séparément ces deux éléments : le sol, d'après la valeur des sols boisés similaires dans la localité (art. 14) : la superficie à sa valeur vénale actuelle. Les bois trop jeunes pour avoir une valeur actuellement commerçables, seront estimés d'après leur produit présumé à l'âge où ils commenceront à remplir cette condition (art. 13), c'est-à-dire suivant leur valeur d'avenir. Le produit du pâturage sera compté parmi les éléments de revenu du sol (art. 14) (2).

Quant aux frais nombreux et considérables que peuvent entraîner les opérations du cantonnement, dans un premier système, qui considère cette opération comme mettant fin à une indivision entre le propriétaire et l'usager, ils doivent être supportés par chacune des parties dans la proportion de son émolument (Dijon, 3 janvier 1857). — Dans un second système, qui regarde l'usage comme une dette de la forêt, dont le propriétaire s'acquitte par le cantonnement, le propriétaire seul doit supporter les frais (Nancy, 31 août 1849)

(1) Toutefois, comme la position du propriétaire et celle de l'usager doivent être égales, on devra consulter également l'intérêt du propriétaire.

(2) L'art. 11 règle le cas où la forêt à affranchir de Droits d'usage, étant en outre grevée de droits de parcours, la partie de forêt attribuée en cantonnement se trouve grevée des mêmes droits. Il est alors ajouté au capital de l'émolument usager « une somme égale au produit de la capitalisation au denier vingt, du revenu annuel qui pourrait être retiré du parcours sur ladite portion de forêt. »

Quoiqu'il en soit, si des difficultés s'élèvent, et si ce débat est porté en justice, la partie qui succombe aura seule à sa charge les frais de l'instance.

Tel est le système de la Capitalisation (1).

Il est conforme à la raison, puisqu'il est fondé sur l'exacte évaluation des droits des parties ; il ne fait pas voir dans le cantonnement, comme le système de Proudhon, un partage, mais un rachat, qui consiste à procurer aux usagers un canton de forêt dont la valeur est égale au prix en argent qu'ils auraient reçu, si la loi n'avait pas ordonné le paiement en nature.

Remarquons aussi que dans ce système, l'usager ne reçoit plus, après le cantonnement, un revenu aussi considérable que par l'exercice de la servitude. Le revenu annuel, en effet, a été capitalisé au denier-vingt : un canton de forêt d'une valeur égale à celle de ce capital lui a été livré ; mais ce canton ne produira pas un revenu égal à celui dont le taux a fixé le capital en argent. La différence représente la valeur du droit nouveau de propriété que l'usager a reçu. Ce résultat est juste, puisqu'autrement l'usager eût reçu gratuitement, au détriment du propriétaire, la propriété qu'il n'avait pas.

On ne devait donc pas prendre pour taux de capitalisation, celui des placements en immeubles. D'une part ce calcul eût abouti à donner à l'usager cantonné un revenu égal à celui de la servitude, ce qui eût été injuste. D'autre part, l'usage au point de vue des avantages qu'en retirait l'usager, se manifeste par des délivrances de produits mobiliers, et l'usager n'est pas maître de les transformer à son gré en une propriété immobilière. Dès lors la valeur moyenne de ces délivrances *mobilières*, doit être capitalisée suivant le taux des placements *mobiliers*, lequel est fixé à 5 p. 0|0 (2).

(1) Nancy, 20 juillet 1829. — 13 février 1841. — 24 juin 1811. — Req. 23 février 1848, etc.

(2) « A raison des règles auxquelles le droit d'usage est soumis dans

*Section II. — Du rachat des autres Droits d'usage fores-
tiers.*

Le cantonnement est spécial aux Droits d'usage en bois. Les autres Droits d'usage forestiers ne sont que *rachetables*, « moyennant des indemnités qui seront réglées de gré à gré, ou, en cas de contestation, par les tribunaux. » (C. F. art. 64 et 120).

D'après les lois de 1790 (art. 8) et de 1792 (art. 5), les droits d'usage établis dans les bois, prés, marais et terrains vains et vagues, étaient réciproquement cantonnables. De plus, les droits de pâturage établis entre particuliers, même dans les bois, étaient rachetables (loi des 28 sept. 6 oct. 1791. T. I. Sect. 4., art. 8.)

Le Code Forestier n'ayant modifié cette législation que pour les droits d'usage forestiers, les droits de pâturage établis sur les prés, marais et terrains vains et vagues sont toujours rachetables (loi de 1791), et réciproquement cantonnables (1). (Lois de 1790 et 1792).

Pour opérer le rachat des droits de pâturage dans les forêts, il faudra déterminer le capital des droits à racheter, en appliquant les principes d'après lesquels on établit le capital des droits cantonnables.

On fixe d'abord l'étendue du droit d'après les titres ; puis on procède au compte des bestiaux, soit en consultant les titres, soit en constatant le nombre de ceux existant au jour de la demande, et destinés à l'usage particulier des habitants. (C. F. art. 70).

son exercice, des restrictions qu'il peut subir, de la précarité dont il est entaché par la faculté d'éviction attribuée au propriétaire, ce droit a été assimilé aux valeurs mobilières, pour lesquelles la loi a fixé le taux d'intérêt à 5 p. 0/0. Lui appliquer un taux plus faible, c'est l'égaler à la propriété foncière, et transformer le droit d'usage en un droit de copropriété. » Circulaire du directeur-général des forêts, relative à l'exécution du décret du 19 mai 1857 ; art. 9 de la circulaire.

(1) Rouen, 14 août 1843. — *Contrà*, Riom, 9 août 1838.

Cet arrêt de Riom a décidé que celui qui a, en vertu d'un titre, un

Pour estimer le revenu usager, on réduit, comme pour le cantonnement, les droits trop étendus à la possibilité de la forêt, on tient compte de la durée de l'exercice du droit dans les parties déclarées défensables ; on retranchera de l'émolument brut les redevances qui peuvent être dues par l'usager, le salaire des gardes, les frais de marque, la dépréciation qui peut résulter de la marque pour les bestiaux, etc. Enfin le revenu net ainsi obtenu sera capitalisé au denier vingt.

Pendant les opérations du rachat, l'usager a droit de mener ses bestiaux dans les cantons défensables ; c'est le payement de l'indemnité qui détermine le moment à partir duquel la servitude cesse d'exister. Toutefois, la demande faite par l'usager des intérêts du prix, implique renonciation à l'exercice de la servitude.

L'art. 64 indique une exception que l'usager peut opposer au propriétaire qui exerce l'action en rachat.

« Néanmoins le rachat ne pourra être requis par l'administration, dans les lieux où l'exercice du droit de pâturage est devenu d'une *absolue nécessité* pour les habitants d'une ou de plusieurs *communes.* Si cette nécessité est contestée par l'administration forestière, les parties se pourvoiront devant le Conseil de préfecture, qui, après une enquête de *commodo et*

droit de vaine pâture sur des fonds autres que des bois, ne peut en demander le cantonnement.

Il suffit de comparer, comme nous l'avons fait précédemment (II° Partie, Chapitre VI), l'article 3 du décret des 28-27 sept. 1790, aux articles 8 Titre I Section 4 de la loi du 28 sept. 1791, et 5 du décret du 28 août 1792, pour se convaincre que cette solution ne saurait être conforme à l'économie de ces textes.

L'arrêt ajoute que l'interprétation, qui donnerait l'action en cantonnement à celui qui n'a qu'un droit de vaine pâture *même par titre,* serait exorbitante du droit commun.

Mais n'est-il pas évident que c'est le titre seul qui constitue ici la force de l'usager et lui donne le droit au cantonnement. Sans le titre, il n'aurait qu'une simple faculté de jouissance ; avec lui, au contraire, il se fonde sur une véritable convention, qui fait la loi des parties.

incommodo, statuera, sauf le recours au Conseil d'Etat »
(art. 64. al. 2 du C. F.)

Cette exception est opposable aux particuliers (art. 120),
mais elle n'appartient qu'aux communes usagères. Les particuliers ayant des droits de pâturage ne pourraient donc l'invoquer. L'exception n'est pas opposable non plus pour des
droits autres que le pâturage : tels que le panage, la glandée,
etc. (Colmar, 15 déc. 1841).

Il y a absolue nécessité dans le sens de l'article 64, al. 2,
lorsque la commune, par la suppression de l'usage, serait privée de ses ressources, et menacée dans son existence matérielle (1), dans le cas, par exemple, où la stérilité du sol s'oppose à la création de prairies artificielles (Bourges, 5 juillet 1842).

Le Conseil de Préfecture n'aura compétence que pour l'appréciation de l'absolue nécessité, non au-delà.

Si le débat s'élève pour des droits de pâturage dans les forêts de l'Etat, l'article 64, al. 2, donne compétence aux Conseils de Préfecture.

Mais qui sera compétent pour les droits établis dans les forêts des particuliers ?

Suivant M. Baudrillart (2), la compétence appartient aux tribunaux ordinaires. On aurait dû sans doute ajouter à l'article
120 rappelant l'article 64, les mots « sauf le paragraphe 2 » ;
mais, la discussion à la Chambre des Députés établit clairement l'intention du législateur, puisqu'un amendement, qui attribuait compétence dans l'espèce aux Conseils de Préfecture,
fut rejeté (Colmar, 15 déc. 1841. — Bourges, 5 juillet 1842,
etc.).

Dans un second système que nous adoptons, MM. Coin-
Delisle et Frederich (3), pour soutenir la compétence des Con-

----

(1) Curasson sur Proudhon, n° 710. T. II. p. 601.
(2) Commentaire du Code forestier, article 121.
(3) Commentaire du Code forestier, sur l'article 121.

seils de Préfecture, s'appuient sur la lettre de la loi : les articles n'ont pas été modifiés, et la commission, dont le long travail fut si bien coordonné dans toutes ses parties, savait cependant que l'article 120 rappelait sans restriction l'art. 64. D'ailleurs l'obscurité de la discussion qui eut lieu à la Chambre des Députés, et les explications formelles de M. Favard de Langlade qui attribuent compétence au Conseil de Préfecture pour les questions de nécessité, atténuent la portée que l'on aurait pu donner au rejet de l'amendement contraire. (1) (Cons. d'Et. 6 août 1840.—18 mai 1854.—Cass. 11 nov. 1846. — Montpellier, 18 août 1854.)

SECTION III. — *De la prescription extinctive.*

« La servitude est éteinte par le non-usage pendant trente ans » (C. N., art. 706).

Cet article est applicable à notre matière, régie d'ailleurs par le principe général de l'art. 2262.

Mais il n'est question, dans ce texte, que de la prescription extinctive : ne devons-nous pas admettre une autre solution, en nous plaçant à un autre point de vue, où la prescription acquisitive de dix ou vingt ans pourrait avoir pour résultat d'anéantir la servitude par un plus bref délai ?

Supposons, par exemple, que la forêt usagère passe à un propriétaire nouveau, qui l'a reçue de bonne foi, franche de toute servitude.

Prescrira-t-il par dix ou vingt ans l'avantage démembré de la pleine propriété, et qui forme l'objet de la Servitude Usagère ?

Sans chercher à résoudre la question pour les servitudes en

(1) Meaume. Comment. du Code for. n° 928. — Serrigny. Organisation et Compétence administ. T. II. p. 562, 1049.

général, des raisons spéciales au caractère des Droits d'usage peuvent être invoquées pour soutenir la négative.

Sans doute, nous sommes en présence, dans l'espèce, de deux prescriptions différentes; et l'art. 706 ne s'est occupé que de l'une d'elles, de la prescription extinctive. Aussi invoque-t-on l'application de l'art. 2265, que l'art. 706 n'a point écarté, dit-on, puisqu'il régit une situation différente.

Mais qui ne voit que l'application de l'art. 2265 en notre matière entraînerait un résultat en opposition manifeste avec la prescription de la loi?

Par là même qu'on admettrait ici la prescription acquisitive de dix ou vingt ans, la servitude serait éteinte par moins de trente ans, et l'art. 706 serait évidemment violé.

Sans doute l'art. 2264 n'entend pas écarter absolument des matières spéciales les principes généraux de la prescription : il faut admettre cependant que si la loi s'occupe de la prescription à propos de ces matières spéciales, on ne doit pas réduire au néant ces règles particulières, en appliquant, malgré un texte formel, les principes généraux. Telle est l'hypothèse qui se présente. Il est évident que l'art. 706 est plus immédiatement applicable dans l'espèce, que l'art. 2265. Comme l'un d'eux doit être nécessairement écarté quant à ses résultats, nous devons appliquer de préférence l'art. 706, spécialement destiné à régler l'extinction des servitudes.

D'ailleurs, il est des droits d'usage qui, parfois, ne sont exercés qu'à de très-longs intervalles. Le Droit de Marronnage, par exemple, peut ne l'être qu'autant que le besoin de construire ou de réparer se fait sentir. Il serait injuste d'admettre pour ces droits, une prescription dont le délai ne serait évidemment pas proportionné au temps, souvent fort long, qui sépare les différents actes d'exercice de cette servitude.

Il faut décider, en effet, que pour le droit de marronnage, comme pour les autres servitudes, les trente ans doivent courir à partir du jour où l'on a cessé de jouir (art. 707), et non, comme on l'a soutenu (1), du jour où l'usager, ayant besoin de bois pour réparer, a négligé d'exercer son droit. On voudrait alors appliquer la maxime : « Contra non valentem agere, non currit præscriptio. »

Mais l'article 707 n'admet aucune distinction ; et, d'ailleurs, le même raisonnement pourrait être invoqué, à l'égard de toutes les servitudes de cette classe, pour écarter l'effet de la prescription. L'exercice seul est suspendu : le droit existe ; la prescription peut donc courir contre lui. Enfin, l'usager est toujours le maître de faire des actes conservatoires prouvant l'intention de conserver la servitude usagère, par exemple de demander un titre nouvel au propriétaire (Cass., 11 juillet 1838, — 6 février 1839). « Quoique l'exercice de cette servitude soit discontinu et déterminé par le besoin de réparer ou de reconstruire les bâtiments, on ne peut pas dire que la servitude est conditionnelle par sa nature, dès que son existence est indépendante de tout événement futur et incertain : à la vérité, les époques et l'étendue de son exercice sont indéterminées, mais elles doivent cesser de l'être, puisque le besoin de réparer et de reconstruire qui les fixe et les détermine, doit nécessairement arriver ; ainsi la servitude existe sans dépendre d'aucune condition ; d'où il suit que le point de départ de la prescription qui l'éteint, doit être fixé au jour où l'usage a cessé » (Cass., arrêt sur nouveau pourvoi, 23 nov. 1846).

Dans l'ancienne jurisprudence, on décidait que le paiement de la redevance prouvait à la fois le droit et son exercice. La même solution doit encore être admise et même : « lors que l'usager aurait négligé de percevoir effectivement son usage, parce que le propriétaire de la forêt n'aurait pu recevoir annuellement le payement de la redevance, sans faire par là même une reconnaissance annuelle de l'existence du droit » (2) (Grenoble, 17 janvier 1853. — Req., 4 janvier 1831).

(1) Troplong. De la Prescription, n° 789.
(2) Proudhon. Des Droits d'Usage. T. II. n° 598.

Mais, à l'inverse, l'usager pourrait prescrire la libération de la redevance, qu'il n'aurait pas payée depuis trente ans, tout en conservant le Droit d'usage qu'il aurait exercé (1). On ne pourrait objecter que les deux obligations, étant réciproques, sont indivisibles; bien que corrélatives, et réunies dans le même titre, il n'en est pas moins certain qu'elles ont une existence distincte et particulière.

La Servitude Usagère peut être non seulement anéantie (art. 706, C. N.), mais diminuée par la prescription ou modifiée dans son exercice (2) (art. 708).

Mais les Droits d'usage, étant des servitudes discontinues, ne sauraient être augmentés par cet effet du temps (art. 691, C. N.). La prescription peut donc être acquise contre l'usager; il ne pourrait au contraire s'en prévaloir contre le propriétaire.

Nous connaissons déjà les conséquences, en cette matière, de l'Indivisibilité de la Servitude usagère :

1° Il suffit que la servitude ait été exercée sur une partie quelconque de la forêt assujettie, pour qu'elle soit conservée sur l'étendue entière de la forêt (3).

2° Il suffit que la prescription ait été interrompue à l'égard d'un des copropriétaires de la forêt usagère, ou par l'un des copropriétaires du fond dominant, pour que la servitude soit conservée à l'égard ou au profit de tous (4).

Mais si la forêt usagère a été divisée entre plusieurs propriétaires, chacun de ces propriétaires pourra acquérir la libération de sa portion, par le non exercice de la servitude (art. 700. — Cass. 22 juillet 1835).

De la preuve de la prescription extinctive.

Sur qui doit peser l'obligation de la preuve? Sera-ce au

(1) Proudhon. Droits d'Usage T. II., n° 599.
(2) Demolombe. Des Servitudes T. II. n°ˢ 1023-1027.
(3) Bourges, 3 juill. 1828. — Colmar, 27 avr. 1838.
(4) Demolombe. Des Servitudes. T. II. Voy. n°ˢ 997-998.

propriétaire à prouver que la servitude est éteinte, ou à l'usager à prouver qu'il a conservé son droit?

Si l'existence antérieure du droit n'est point contestée, et si l'usager est en possession, c'est à celui qui allègue un fait nouveau à le prouver : le propriétaire devra donc prouver la libération de sa forêt.

Si au contraire l'usager n'est pas en possession, la preuve que la servitude n'est pas éteinte, doit être faite par celui qui en réclame l'exercice. C'est là une application de la règle générale, que l'obligation de prouver est imposée au demandeur, « ou plus généralement à celui qui affirme (1) » (art. 1315, C. N).

Mais quel est le caractère de la possession que l'usager devra prouver, pour repousser l'extinction par non usage, et comment devra-t-il faire cette preuve?

Dans un *premier système*, « il s'agit uniquement ici de l'interruption naturelle de la prescription libératoire du Droit d'usage, c'est-à-dire d'une interruption qui doit opérer tous ses effets nonobstant toute l'illégalité qu'on pourrait trouver dans la manière dont elle aurait eu lieu (2). » L'usager aura donc à prouver simplement le fait de sa jouissance, quel que soit d'ailleurs le caractère de cette jouissance (3). « En effet, dit M. Curasson, les moyens pour acquérir la possession ne doivent pas être confondus avec ceux qu'on emploie pour la retenir, cas auquel la loi, loin d'exiger que la possession ait tel ou tel caractère, se contente de la possession matérielle, et va jusqu'à admettre la possession par violence ou voie de fait. »

Quant à la manière dont la preuve doit être fournie, si l'usager, satisfaisant à la condition que lui impose l'art. 691, produit un titre positif, la question se réduit à un pur fait, pour lequel la preuve testimoniale est toujours admissible.

<hr>

(1) Demolombe, Des Servitudes T. II. n° 1015. — Proudhon et Curasson, Des Droits d'Usage, T. II. n° 605 et suiv.

(2) Proudhon, Droits d'Usage, T. II. n° 606-608.

(3) Curasson sur Proudhon, id. n° 609-617. — Merlin, Quest. de droit V° Usage.

Enfin, en ce qui concerne les actes de possession, « aucun texte de loi ne porte en termes formels que tout acte illicite sera inefficace pour empêcher la prescription.... Vainement dirait-on qu'il y aurait quelque chose d'immoral à attribuer un effet légal à un acte auquel la loi a attaché le caractère de délit , le fait par lequel les usagers exercent leur droit sans délivrance préalable, n'est pas un de ces délits qui blessent la morale publique.... Les usagers n'en restent pas moins soumis à l'observation de la délivrance, sous des peines pécuniaires. » (Arrêt de la Cour de Limoges, du 19 janvier 1831).

M. Troplong (1) admet un tempérament à ce système : sans doute les actes nécessaires pour conserver un droit acquis n'ont pas besoin d'être aussi fréquents et aussi irréprochables que ceux qui sont exigés pour faire acquérir un droit qu'on n'a pas ; mais si l'usager n'oppose que des faits de possession pour lesquels il a été condamné correctionnellement, on ne peut considérer ces délits comme capables d'interrompre la prescription. « L'Usager, dans les bois particuliers, est soumis à demander la délivrance au propriétaire.... La prescription ne peut être interrompue par un fait caractérisé délit, puni comme tel par un jugement de police correctionnelle, contre lequel on ne s'est pas pourvu » (Cass. 27 janv. 1820).

Suivant un *deuxième système*, l'Usager ne peut jouir que suivant son titre ; il ne peut exercer la servitude qu'en remplissant les formalités de la délivrance ; toute autre possession, étant illégitime, ne saurait lui conserver son droit.

De plus, comme il a toujours pu se procurer la preuve écrite du fait de la délivrance, il ne peut être admis à ne le prouver que par témoins (2). « Il est de principe certain que la preuve de la possession des droits de pacage, chauffage et lignerage, dans les forêts de l'Etat, des établissements publics,

<hr>

(3) Troplong De la Prescription, T. I. n° 264 p. 415.
(1) Dissertation de M. Loiseau, premier président de la Cour Impériale de Besançon.

des communes et des particuliers, est non recevable, si elle
n'est faite par des procès-verbaux de délivrance, ou des actes
équipollents, capables d'y suppléer dans des circonstances
particulières..... Nul ne peut être reçu à la preuve par témoins
d'une chose excédant la valeur prescrite, s'il a dépendu de
lui de s'en procurer la preuve par écrit. » (Cass. 26 janv. 1835).

Ce système fut longtemps celui de la Cour de cassation, qui
cependant admettait la preuve testimoniale lorsque l'usager
présentait un commencement de preuve par écrit, ou lorsqu'il
n'avait pas pu se procurer de preuves écrites (1).

D'après le *troisième système* (2), l'usager doit s'appuyer
sur une possession légale, et prouver *qu'il a joui en sa
qualité d'usager*. Sur ce point, cette doctrine se rapproche de
la précédente, mais elle s'en écarte quant à la preuve des
actes de jouissance. Aucune loi forestière, en effet, n'exige
que les délivrances soient prouvées par écrit. Or, à côté de la
délivrance écrite, la délivrance tacite est un mode de jouissance également légitime. L'usager pourra donc être admis à
prouver par témoins qu'il a joui au vu et au su propriétaire,
et à se fonder ainsi sur le fait du consentement tacite pour
repousser la prescription. « Il ne s'agit point ici de la preuve
de la délivrance, mais de la preuve d'actes de possession indé-
pendants de la délivrance (3). »

Par exemple, une commune ayant un droit de pâturage dans
une forêt de l'Etat, peut prouver par témoins qu'elle a joui
de son droit, en envoyant ses bestiaux dans la forêt, après
qu'ils avaient été marqués en présence d'un agent forestier
(Cass. Ch. réun. 23 mars 1842).

La jurisprudence sembla d'abord exiger le commencement
de preuve par écrit; car elle en constatait toujours l'existence, ou la présence de présomptions graves, précises et

(1) Cass. 15 juin 1836 — 31 déc. 1838 — 28 déc. 1841.
(2) Meaume. Comment. de Code Forestier. — n° 881.
(3) Besançon, 16 août 1838 — Cass. Rejet des pourvois, 23 mars, 1842.

concordantes, en admettant la preuve par témoins (1) : mais bientôt la jurisprudence décida formellement que la preuve par témoins de la délivrance tacite était admissible sans restriction (2).

Ne pourrait-on pas dire, cependant, que les principes généraux doivent recevoir ici leur application ; que le consentement tacite ne peut pas en principe être prouvé par témoins, lorsque l'intérêt en litige dépasse 150 francs (art. 1341 C. N.), sauf l'application, qui pourra être largement reçue en notre matière, des exceptions contenues aux articles 1347 et 1348 du Code civil. Sans doute, la délivrance tacite est un mode de jouissance non moins légitime que la délivrance écrite : sans doute son utilité sera de légitimer le fait de la possession ; mais autre chose sera de prouver le fait lui-même de cette délivrance tacite.

Les faits purs et simples, dira-t-on, peuvent en général être prouvés par témoins, quelle que soit la valeur de la contestation dans laquelle il s'agit d'en établir l'existence. Tels sont, par exemple, les faits matériels de possession. Mais si l'on ne peut supposer au législateur l'intention d'avoir voulu soumettre tous les faits de cette nature à la nécessité d'une constatation par écrit, c'est que ces faits, qui se reproduisent à chaque instant de la vie, n'entraînent qu'accidentellement des conséquences juridiques. Il eût donc été peu rationnel d'exiger un écrit attestant que ces faits ont eu réellement lieu, puisqu'à l'époque où ils se sont produits, on ne pouvait être dans l'obligation de prévoir leurs futures conséquences (3).

Mais ici, tout autre est la situation. Les faits qui constituent les délivrances tacites sont permanents, réguliers : ils résultent de la nature même de la servitude usagère : ils entraînent nécessairement des conséquences juridiques, faciles à prévoir dès le moment où ils ont lieu.

(1) Cass. 16 nov. 1842.
(2) Cass. 8 juill. 1857.
(3) Aubry et Rau. Ed. de 1858 T. VI p. 428.

Or, d'une part, tout fait, qui, de sa nature, produit un effet juridique, est par cela même un fait juridique (1) : d'autre part, tous les actes juridiques ayant pour objet de créer, de transférer, d'éteindre des obligations ou des droits, ne sont pas susceptibles d'être prouvés par témoins, lorsqu'ils portent sur des valeurs excédant 150 francs, sauf les exceptions admises par la loi.

L'usager est donc en faute, s'il a négligé de s'assurer un moyen de défense, pour le cas d'une contestation future, facile à prévoir ; il peut réclamer par exemple, une contre-quittance : s'assurer un écrit, ou du moins un commencement de preuve par écrit, qui lui donnera la faculté de s'appuyer sur la preuve testimoniale.

D'ailleurs, il suffit d'appliquer ici les principes généraux : d'après l'esprit de la loi, la prohibition de la preuve testimoniale peut être considérée comme la règle, et l'admissibilité de cette preuve comme l'exception (2).

Elle n'est donc recevable que dans les cas où la loi l'autorise explicitement ou implicitement. Or on ne peut faire rentrer les faits de délivrance tacite dans aucun des cas où la loi permet exceptionnellement la preuve testimoniale au-dessus de 150 francs (art. 1348 C. N.)

Enfin, dans une question analogue, les auteurs s'accordent à donner une solution qui doit, pour les mêmes motifs, s'appliquer en matière de Droits d'Usage : « Pour les faits qui se composent tout à la fois d'éléments juridiques et d'éléments matériels, disent MM. Aubry et Rau, on doit, pour admettre ou rejeter la preuve testimoniale, s'attacher au caractère des divers éléments dont le concours est nécessaire pour établir le fait complexe qu'il s'agit de prouver. » Par conséquent la preuve testimoniale au-dessus de 150 francs devra être admise ou rejetée, suivant que la personne qui se prévaut d'un droit,

(1) Aubry et Rau : Id. T. VI n° 769 note 12 p. 419, et note 4 p. 427.
(2) Aubry et Rau : Id. p. 422.

fonde sa prétention sur un fait juridique ou sur un fait pur et simple. Elle doit être rejetée, par exemple, « lorsqu'il s'agit de prouver une interruption résultant de la reconnaissance du propriétaire de l'héritage servant, ainsi que dans le cas où le paiement des intérêts d'une créance ou des arrérages d'une rente est invoqué comme fait interruptif de la prescription de cette créance ou de cette rente (1). »

La même solution est admise pour les rentes constituées moyennant l'aliénation d'un capital immobilier (2).

Il est donc juste de l'appliquer aussi aux faits de délivrance tacite, qui offrent avec les hypothèses précédentes une évidente analogie.

Les considérations, en effet, que l'on fait valoir pour ces hypothèses, sont également admissibles en notre matière : « Le créancier, dit M. Troplong (3), a eu une double facilité pour se procurer une preuve écrite : 1° Il a pu forcer le débiteur à lui passer titre nouvel ; 2° Il a pu, à chaque paiement d'arrérages, se faire donner une contre-quittance ou reconnaissance portant que la rente a été payée. »

Aussi pensons-nous que l'usager, ne devra pas être reçu à invoquer la preuve testimoniale au-dessus de 150 fr., s'il n'est pas dans un des cas d'exception indiqués par la loi (art. 1341-1147-1348. C. N.)

Comme l'usage constitué au profit d'une commune est un droit communal, exercé par les habitants individuellement, les actes de jouissance accomplis par les habitants sont interruptifs de la prescription ; l'exercice même du droit par un habitant, agissant en sa qualité et comme membre de la communauté, conserve le droit communal (4).

---

(1) Aubry et Rau T. VI p. 429.
(2) Toullier T. IX n° 97. — Fœlix et Henrion. Des Rentes Foncières, n° 213. — Troplong, De la Prescription T. II. n° 622.
(3) Troplong De la Prescription T. II. n° 621-622 Voy. aussi T. I. n° 280.
(4) Cass. 18 fév. 1835 — 22 juill. 1835 — 10 mai 1811, etc.

En général, on peut dire que la prescription sera interrompue par toute reconnaissance émanée du propriétaire; cet effet sera produit, par exemple, par tout acte de délivrance ou tout fait équipollent; de même par le payement opéré par l'usager, d'une redevance, d'une portion des frais de garde et de contributions, etc.

Mais le fait du dépôt des titres, accompli en exécution des lois de ventôse an XI et an XII, n'est pas interruptif de prescription. Nous savons en effet que l'examen de ces titres, quant au fond du droit, est réservé : le silence qui suivrait le dépôt, ne serait donc pas une reconnaissance tacite du droit, mais plutôt un signe d'incertitude à l'égard de sa légitimité (1).

(1) Troplong. De la Prescription. T. II., no 583. Contra, Curasson sur Proudhon T. II. no 617.

TABLE DES MATIÈRES

                                                              Page

AVANT-PROPOS. V
INTRODUCTION. — § 1. Notions générales. 7
                — § 2. Notions historiques. 0
                — § 3. Utilité de la Forêt. 15
                — § 4. Appréciation de la Servitude
                       Usagère. 20

PREMIÈRE PARTIE.

Droit Romain.

CHAPITRE Ier. — Recherches historiques sur les Droits
                       d'usage. 23
SECTION Ire. — Origines 23
SECTION IIe. — Régime des *Latifundia*. 30
SECTION IIIe. — Régime des Municipes. 45
CHAPITRE IIe. — Nature juridique de la Servitude Usagère 50
CHAPITRE IIIe. — Caractères spéciaux des Servitudes
                       Prédiales. 60

Page

SECTION Ire. — Condition d'utilité ou d'agrément. . . .   61

SECTION IIe. — Condition de Vicinité.   63

SECTION IIIe. — De la *Causa perpetua*   67

SECTION IVe. — Perpétuité de la Servitude Prédiale . .   71

  § I. — Mode employé pour constituer la Servitude..   71

  § II. — Exclusion du terme et de la condition en
       vertu de la nature même de la Servitude
       Prédiale. . . . . , ...   73

SECTION V^e. — Indivisibilité de la Servitude Prédiale .   75

    1° Au point de vue de la constitution
      de la servitude prédiale.   75

    2° Au point de vue de la stipulation
      de la servitude prédiale.   78

    3° Au point de vue de la chose jugée.   79

    4° En matière de legs   81

    5° Au point de vue de l'extinction de
      la servitude prédiale.   82

    Non usage.   83

    Confusion   83

    Remise.   84

    Explication de la loi 6, § 1, De Celse,
      L. VIII, T. VI.   85

DEUXIÈME PARTIE.

Ancien Droit Français.

CHAPITRE Ier. — Premiers développements de la Servi-
      tude Usagère.   87

SECTION Ire. — Origines Germaniques   87

Page

SECTION II. — Lois Barbares. 91

SECTION III. — Des Servitudes Usagères depuis Clovis
jusque Saint Louis. 106

§ 1. Quelles personnes et quelles terres, sous les deux premières races,
pouvaient participer aux concessions de Droits d'usage. 100

§ 2. Concessions usagères sous les
Mérovingiens. 117

§ 3. Discussion des Capitulaires. . . 120

§ 4. Droits d'usage dans le Polyptyque
d'Irminon. 125

SECTION IV. — § 1. Concessions usagères dans les
Chartes d'affranchissement. 127

§ 2. Premières réglementations des
Droits d'usage 135

CHAPITRE II*. — Discussion sur l'Origine des Droits
d'Usage. 137

CHAPITRE III*. — Des Droits d'Usage d'après les Ordonnances royales. 151

§ 1. Ordonnance de Philippe III (1280) . 151
(Jurisprudence des *Olim.*)

§ 2. Ordonnance de Charles V (1376). . 156

§ 3. Les Droits d'Usage dans les Ordonnances royales postérieures 163

Réserve. 173

CHAPITRE IV*. — Des Droits d'usage d'après les Coutumes 178

*SECTION I*e — Nature de la Servitude usagère 179

*SECTION II*e — Constitution de la Servitude usagère . . 184

*SECTION III*e. — Obligations et Droits de l'Usager . . . 189

Page

SECTION IV. — Extinction de la Servitude usagère
dans les Coutumes 199
CHAPITRE V*. — Des Droits d'usage d'après l'Ordonnance de 1669. 201
CHAPITRE VI*. — Le Cantonnement d'après les Lois révolutionnaires 207
Triage. 213

TROISIÈME PARTIE.

Droit actuel.

CHAPITRE I*. — Nature de la Servitude usagère. . . 217
Conséquences du principe. 226
CHAPITRE II*. — Constitution de la Servitude usagère . 234
SECTION I. — Examen des titres des usagers dans les
forêts de l'Etat. 236
1re Classe. 240
2e Classe. 243
3e Classe. 244
SECTION II. — Différentes espèces d'usages forestiers. 245
SECTION III. — Interprétation des Titres constitutifs
de droits d'usage forestiers. 251
SECTION IV. — La Servitude Usagère peut-elle s'acqué-
rir autrement que par titre valable. 258
I° Prescription. 258
II° Titre Putatif. 268
III° Interversion de Titre.. 269

Page

CHAPITRE IIIe. — Obligations et Droits de l'Usager. . . 272
    1° L'Usager doit jouir en bon père de
    famille. 279
    2° L'Usage est destiné à la satisfaction
    des besoins du Fonds dominant. . . . 285
CHAPITRE IVe. — Extinction de la Servitude Usagère. . 292
SECTION Ire. — Du Cantonnement. 294
    1° Système de Merlin. 300
    2° Système de Proudhon. 301
    3° Système de la Capitalisation. 304
SECTION IIe. — Du Rachat des autres Droits d'Usage
    Forestiers. 308
SECTION IIIe — De la Prescription extinctive. 311
    De la Preuve de la Prescription ex-
    tinctive. 314

POSITIONS

HISTOIRE DU DROIT ROMAIN.

Les Droits d'usage réel n'apparaissent pas dans le Droit romain à l'état d'institution distincte et générale.

DROIT ROMAIN.

Iº Dans les fonds provinciaux, les simples pactes et stipulations n'établissent point par eux-mêmes le droit réel de servitude.

IIº Quand le co-propriétaire du fonds dominant succombe dans l'exercice de l'action confessoire, ou le co-propriétaire du fonds servant dans l'exercice de l'action négatoire, le jugement est opposable aux autres co-propriétaires.

IIIº Explication de la loi 6 § 1 de Celse, au Titre Quemadm. servit. amitt. D. L. VIII. T. VI.

DROIT FRANÇAIS.

HISTOIRE DU DROIT.

Iº La Servitude réelle usagère se rattache à l'Indivision Germanique des terrains forestiers.

II° Le mot *Foresta*, dans les Capitulaires, s'applique à la forêt, considérée *au point de vue de l'exercice du Droit de Chasse*.

CODE NAPOLÉON.

I° L'article 636 du C. N., relativement aux Droits d'Usage forestiers, ne concerne pas le fond du droit lui-même : il n'a pas non plus pour objet d'écarter l'application des principes qui régissent la réglementation de ces droits, mais seulement de réserver des applications spéciales de ces mêmes principes.

II° Les Droits d'Usage forestiers, établis au profit de fonds, constituent de véritables servitudes réelles.

III° La Servitude réelle usagère ne peut s'acquérir par la prescription.

IV° Les droits de pâturage établis sur des prés, marais et terrains vagues et fondés en titres, sont rachetables et réciproquement cantonnables.

V° Les faits de délivrance tacite ne peuvent être prouvés par témoins, au-dessus de 150 francs, sauf les exceptions indiquées par la loi.

VI° Pour le Marronnage, le délai du non-usage court du jour de la dernière délivrance, non de celui où de nouveaux besoins sont nés.

DROIT CRIMINEL.

I° L'acquéreur des bois vendus par l'Usager contrairement à la prescription de l'art. 83 du Code forestier, ne peut pas être poursuivi comme complice.

II° Dans l'hypothèse de l'art. 76 du Code forestier, la divagation des bestiaux en dehors des cantons défensables peut n'être pas imputable au propriétaire des bestiaux.

DROIT ADMINISTRATIF.

Iº Lors de la révision des titres de Droits d'usage, les Conseils de préfecture n'étaient pas compétents pour statuer définitivement sur la légitimité ou l'étendue du droit lui-même.

IIº Les Usagers dans les forêts de l'Etat ne doivent pas être assujettis à payer la contribution foncière.

Vu par le Président de la Thèse,
Doyen de la Faculté.

PII. JALABERT.

Nancy, le 19 juillet 1870.

Vu et permis d'imprimer,

Le Recteur de l'Académie,

L. MAGGIOLO.

Nancy, le 19 juillet 1870.

Nancy. — Imp. de N. Collin.